W0249414

Walter Böckmann

Wer Leistung fordert, muß Sinn bieten

Walter Böckmann

Wer Leistung fordert, muß Sinn bieten

Moderne Menschenführung in Wirtschaft und Gesellschaft

Econon Verlag
Düsseldorf · Wien

2. Auflage 1987
Copyright © 1984 by Econ Verlag, GmbH, Düsseldorf und Wien
Alle Rechte der Verbreitung, auch durch Film, Funk und Fernsehen, fotomechanische Wiedergabe, Tonträger jeder Art, auszugsweisen Nachdruck oder Einspeicherung und Rückgewinnung in Datenverarbeitungsanlagen aller Art, sind vorbehalten.
Gesetzt aus der Excelsior der Fa. Linotype
Papier: Papierfabrik Schleipen GmbH, Bad Dürkheim
Gesamtherstellung: Pustet, Regensburg
Printed in Germany
ISBN 3 430 113881

Inhaltsverzeichnis

Einführung

Vor Jahren schrieb ich das Buch »Millionenverluste durch Führungsfehler«. Es wurde auf Anhieb ein Erfolg.

Warum? Genau läßt sich so etwas nie sagen, aber vermutlich hatte es den Nerv vieler Unternehmen oder sagen wir genauer: vieler Unter*nehmer* getroffen – Unternehmer, ganz gleich auf welcher Ebene der betrieblichen Verantwortung. Ich vermeide den Begriff Führungskräfte, denn geführt wird nicht durch Kräfte, sondern durch Führer. Erst wenn wir uns dazu wieder ohne alles Herumreden bekennen (so grell das manchem noch in den Ohren klingen mag), werden wir jenes echte, über alle hierarchischen Grenzen hinweg wirksame menschliche Verhältnis untereinander bekommen, das mehr ist als bloße ›Kontakte‹.

Die Idee zu dem genannten Buch entsprang einem solchen ›Kontaktproblem‹. Im Rahmen einer Unternehmensberatung – ich habe mich auf Motivations- und Führungspraxis und seit einigen Jahren auch auf psychotherapeutische Probleme des Arbeitslebens spezialisiert – hatte ich den Auftrag, die mangelnde Kooperation zweier Tochterfirmen eines Großunternehmens zu koordinieren. Der Chef hatte den Auftrag persönlich erteilt. Er war der Meinung, daß es sich dabei vor allem um organisatorische oder um Kommunikationsschwierigkeiten handele.

Es würde an dieser Stelle zu weit führen, darauf näher einzugehen: Es war mitnichten ein strukturelles, es war ein Führungsproblem, und geführt wird bekanntlich vor allem ›oben‹. Da man in diesem Fall aber nicht im Sinne von Zusammenarbeit führte, sondern lediglich die »üblichen Kontakte« pflegte, entwickelte sich das unausgesprochene ›Reibt euch, reibt euch!‹ zu einem törichten

Konkurrenzdenken, das allen schadete. Dabei verbutterte man Millionen, die wirkungsvoller hätten eingesetzt werden können: Millionenverluste durch Führungsfehler …

Im übrigen handelte es sich durchaus um ein fortschrittliches Unternehmen, dessen Manager allenthalben im Lande ausschwärmten auf der Suche nach immer anderen ›Managements by …‹, und man feilte auch eifrig an immer wieder neuen Betriebsverfassungen und sonstigen Grundsatzpapieren. Aber noch nie war jemand auf den Gedanken gekommen, daß die Mitarbeiter die persönlichen Rivalitätskämpfe an der Spitze, die hier eine verheerende Rolle spielten, keinesfalls als Motivierung ihrer eigenen Handlungen ansehen würden. Wer hatte sie schon je gefragt, worin sie eigentlich den Sinn ihrer Arbeit sähen? Weder eines der gerühmten Managementsysteme noch alle betriebswirtschaftlichen Raffinessen waren geeignet, das Riesendefizit an Antriebsenergien wettzumachen, das durch das Versagen an der Spitze aufgetreten war.

Niemand hatte begriffen, daß inzwischen ein ganz anderer Wind wehte, der auch in den Unternehmen nicht nur danach fragen ließ, was an Zielen und Soll-Erwartungen von oben vorgegeben war, sondern sich ebenso an den Mitarbeiter-Erwartungen und Sinn-Inhalten orientierte. In den Universitäten hatte man »unter den Talaren den Muff von tausend Jahren« aufgespürt, in den Parteien hatte die jeweilige Parteijugend ihren Honoratioren Dampf gemacht, und wenn man auch in den Betrieben weniger ›demonstrativ‹ aufgetreten war, so hatten sich doch im Laufe der Jahre auch hier dieselben Leute eingefunden: Sie gaben zwar noch nicht den Ton an, aber sie entschieden mit ihrer Leistung darüber, ob aus den geforderten Zielen jemals Wirklichkeit wurde.

Das ist auch bis auf den heutigen Tag nicht wieder anders geworden. Wer je darauf setzen wollte, daß eine angespannte Arbeitssituation die ›herr‹lichen Zeiten zurückbrächte, in denen man sich nicht auch um die immateriellen Anliegen der Mitarbeiter zu kümmern brauchte, würde sich täuschen. Fähige, hochmotivierte Leute müssen auch heute – ja heute ganz besonders! – mit der Lupe gesucht werden. Dabei ist die Nachfrage nach denen, die Verantwortung tragen könnten, immer größer, das Angebot aber immer kleiner geworden. Wer hat auch schon Lust, unter vielfach sinnlosen Arbeitsbedingungen die Risiken einer im Grund genommen fremdbestimmten Arbeit zu tragen, die Sinn – wenn überhaupt – immer nur für andere hat?

Gerade diese neue Einschätzung von Verantwortung und die klare Forderung nach Sinn in der Arbeit sind es, die ein neues Führen und einen überlegteren Umgang mit den Mitarbeitern erfordern. Dabei stößt man auf einen interessanten Zusammenhang: Einmal erweist sich eine Vielzahl scheinbar *struktureller Probleme* bei genauerer Analyse als die Wirkung *individueller Ursachen*. Man sagt: Schwierigkeiten, die jemand *macht*, sind Ausdruck der Schwierigkeiten, die er *hat*. Ebenso sind oftmals Schwierigkeiten, die ein Unternehmen hat, Ausdruck der Schwierigkeiten, die dieses Unternehmen mit seinen Arbeits- und Führungsstrukturen seinen Mitarbeitern macht. Womit wir wieder bei der ersten Feststellung wären. ...

Diskretion im Kundeninteresse verbietet es, Namen zu nennen, um so eher ist Klartext in der Sache möglich. Andererseits braucht damit nicht hinterm Berge gehalten zu werden, daß das Interesse groß ist, sich mit den Möglichkeiten vertraut zu machen, die ein neuer Führungs- und Motivationsansatz für Wirtschaft und Gesellschaft bietet. Schon das Buch »Millionverluste durch Führungsfehler« hatte ein Unternehmen wie Tengelmann veranlaßt, für seine Mitarbeiter mit Führungsverantwortung eine ganze Sonderauflage zu erwerben, die ein spezielles Vorwort des damaligen alleingeschäftsführenden Gesellschafters enthielt. Dabei waren es damals nur Ansätze, die eigentliche Entwicklung des neuen Konzepts ergab sich erst später.

In der Zwischenzeit sind aus ersten Ansätzen ausgedehnte Untersuchungen, eine Vielzahl von Seminaren und Vorträgen und auch einige Bücher geworden, die sich alle mit der Frage nach dem Sinn in Wirtschaft und Gesellschaft und der Sinnverwirklichung am Arbeitsplatz beschäftigen, ausgelöst von meiner jahrzehntelangen Beschäftigung mit der Logotherapie nach Viktor E. Frankl. An Zuhörern und Seminarteilnehmern hat es nicht gefehlt, obwohl wir uns manchmal wie Verschwörer vorgekommen sind, denn eine sinn-orientierte Mitarbeitermotivation und Führungspraxis kostet die Unternehmen zwar kein Geld, wohl aber die Manager der alten Schule mitunter ein Übermaß an Selbstüberwindung, bei allem Festhalten an den Unternehmenszielen nun mit dem ›Führen auch vom Mitarbeiter her gesehen‹ ernst zu machen:

WER VON ANDEREN LEISTUNG FORDERT, MUSS IHNEN DAFÜR SINN BIETEN!

Zum ersten Mal konnte ich mein Konzept einer »sinn-orientierten Leistungsmotivation und Mitarbeiterführung« vor den Spitzen der österreichischen Mineralölindustrie bei einer Tagung auf dem Semmering vorstellen. Seit dieser Veranstaltung im Jahre 1977 hat sich eine Vielzahl von Institutionen und Unternehmen damit befaßt: Die Vereinigung Österreichischer Industrieller bei ihrer Enquête »Sinn finden für Beruf und Freizeit«, der Österreichische Managementclub, die Fachgruppe Werbung in Oberösterreich, der Managerclub »Gruppe 1031« in Wien, das Managementinstitut der Industrie in Wien, die Österreichische Akademie für Führungskräfte in Graz, die Raiffeisenakademie in Wien; in der Schweiz die Vereinigung für freies Unternehmertum in Basel und der Consultant-Managerclub in Zürich: in der Bundesrepublik das Deutsche Institut für Betriebswirtschaft Frankfurt, die Kath. Akademie Freiburg, die Evangelische Akademie in Tutzing, die Arbeitsgemeinschaft selbständiger Unternehmer Ostwestfalen-Lippe, das Bildungswerk Gildenhaus und einige andere befreundete Seminarveranstalter, um nur einmal Institutionen zu nennen ...

Diese Begegnungen, Tagungen, Seminare, Symposien und Diskussionsveranstaltungen haben sicher nicht wenig dazu beigetragen, die praktische Anwendbarkeit dieses Vorgehens zu vertiefen, ganz abgesehen von der täglichen Erfahrung mit Unternehmen und Klienten aus dem Managementbereich, bei der diese Gesichtspunkte Anwendung finden.

Das Buch, das Sie gerade aufgeschlagen haben, möchte Ihnen einen Einstieg in dieses Denken geben. Nicht alles ist ›neu‹ darin, denn auch nicht alles, was früher gedacht und überlegt worden ist, wäre heute falsch oder überholt. Aber man muß wohl doch beinahe alles unter neuen Aspekten sehen, denn nichts prägt so sehr den sozialen und kulturellen Wandel, wie das sich ständig verändernde Menschenbild, das eine Gesellschaft entwickelt, in dem sie sich selbst spiegelt und aus dem sich ablesen läßt, wie sie mit dem Menschen umgeht. Insofern handelt es sich auch um ein Stück Kultur – Unternehmens/Unternehmerkultur. Auch das sollte man sehen. Gewinn allein ist noch *nicht* alles. Gewinn *wozu* – das ist die heute nicht mehr zu überhörende Frage.

Der Verlag nannte das Buch spontan ein Standardwerk. Nun, überlassen wir die Entscheidung darüber dem Leser, lieber noch dem Anwender, denn nichts würde dem Sinn des Buches mehr entsprechen, als wenn es in der Praxis auf die Probe gestellt würde.

Als Probe auf das Exempel finden Sie Exklusiv-Gespräche mit einigen Exponenten *bewußter Führung* – in der Wirtschaft wie in der Bundeswehr. Ich habe meine Gesprächspartner ganz konkret nach den Grundsätzen gefragt, die für sie richtungweisend sind und vor allem: Wieviel von den guten Vorsätzen tagtäglich auf der Strecke bleibt. Es ist erschütternd viel. Andere Führer in der Wirtschaft haben sich gedrückt. Bei einem geht zur Zeit zuviel in die Binsen, aber gerade das wäre ein Grund, sich darüber klar zu werden, wohin trotz einiger Milliarden Umsatz die Reise für die vielen tausend Menschen hingehen soll, die sich für ein solches Unternehmen (oder auch schon nicht mehr) einsetzen. Ein anderer hingegen liegt voll im Rückenwind, vielleicht will er deshalb die Katze nicht aus dem Sack lassen. Schade. Bemerkenswert ist aber nicht zuletzt das, was über die größte »Firma« gesagt werden muß, die wir in der Bundesrepublik haben. Mit einem Aufwand von 48 Milliarden DM (1984) produziert sie für uns alle ›Sicherheit‹, und zwar unter den besonders erschwerten Bedingungen einer Gesellschaft, die zwar an dem Produkt interessiert ist, dafür aber nicht mehr so recht aufkommen will. Kein Wunder, daß diesen äußeren Umständen auch die Entwicklung der ›Inneren Führung‹ entspricht.

Manche Stellen des Buches verlangen vom Leser vielleicht ein bißchen Durchhaltevermögen. Doch auch der Verlag riet dazu, nicht einfach den Weg des geringsten Widerstandes zu gehen, zumal Sie Anspruch darauf haben, Erkenntnisse der anspruchsvolleren Führungs- bzw. Managementliteratur mit berücksichtigt zu finden. Im übrigen war auch nie beabsichtigt, eine ›kleine Bettlektüre für

Manager‹ vorzulegen. Davon gibt es sicher ausreichend Vieles und Gutes.

Ganz wichtig ist mir jedoch, auf meinen großen Lehrer und Anreger Viktor E. Frankl zu verweisen. Die von ihm entwickelte Logotherapie, einer der drei großen Schulen der Wiener Psychotherapie nach Freud und Adler und damit zugleich die Überwindung der Freudschen Tiefenpsychologie, ist seit anderthalb Jahrzehnten für meine Arbeit eine Art Schlüsselerlebnis geworden. (Siehe hierzu Seite 289.)

Von dem Tage an, an dem mich Professor Frankl bei einem Referat im Rahmen eines Duttweilersymposiums in der Schweiz als jemanden identifizierte, der im Geiste der Logotherapie dachte, ohne je davon gehört zu haben, wurde die Beschäftigung mit dieser wohl modernsten und aktuellsten Form der Psychotherapie und damit auch der Menschenführung für mich Herausforderung und Aufgabe. So wie Frankl die Sinn-Suche des Menschen als dessen primäre Motivation in den Mittelpunkt seines Umgangs mit dem heute so vielfältig angefochtenen Menschen gestellt hat, so muß diese Sinn-Suche auch in den Mittelpunkt jeglicher Motivationspsychologie und Menschenführung und damit auch in den Mittelpunkt des Themas »Arbeit« gestellt werden. Von hier aus erscheint es möglich, eine Vielzahl heutiger Stagnationen und Frustrationen zu überwinden und zu einer neuen Produktivität und Humanität in Wirtschaft und Gesellschaft vorzustoßen.

Bielefeld
im Sommer 1984

Dr. Walter Böckmann

Erstes Kapitel:
Führung – Leistung – Motivation

Mehr als ein kleiner Unterschied: Führer oder Leiter?

Alle Welt redet heute von Vorsitzenden oder ›Leitern‹, den Begriff ›Führer‹ spart man möglichst aus. Seitdem ›der Führer‹ unseligen Angedenkens uns Deutschen (und nicht nur uns) auf den Magen geschlagen ist, sprechen wir lieber – wenn schon, denn schon – schamhaft von ›Führungskräften‹. Dabei wird nicht von Kräften geführt, sondern von Führern.

Während das nationalsozialistische ›Führerprinzip‹ gekennzeichnet wurde durch die ungeteilte Verantwortung eines einmal eingesetzten Führers ausschließlich ›nach oben‹, verlangen wir, daß Führer (1), wenn schon nicht überall von den Geführten anerkannt, wenigstens in den Führungszielen akzeptiert sein müssen. Wo eine Abwahl unfähiger Führer nicht möglich ist (wie in der Verwaltung, in der Bundeswehr und der eigentumsbeherrschten Wirtschaft), reduziert sich eine Spitzenposition oft auf die bloße Steuerung von Sachabläufen (›Leitung‹). Oder sie gerät gar zur Diktatur.

Überall, wo Menschen gemeinsam zielgerichtet handeln wollen, wo Zusammenarbeit notwendig ist, brauchen wir jedoch nicht nur zweckmäßige, sachgerechte Leitung, sondern motivierende, menschengemäße Führung, in der Wirtschaft wie in allen anderen Bereichen der Gesellschaft. *Je unpersönlicher die Leitung, um so persönlicher die Führung.*

Wollten wir die an den Anfang dieses Abschnitts gestellte Frage ins Englische übersetzen, müßten wir sagen: Leader oder Manager? Für manchen wird der Begriff dadurch klarer. Wenn wir vom Manager z. B. einer Partei sprechen, meinen wir nicht den Partei›führer‹. Unsere deutsche Begrifflichkeit ist hier nicht sehr trennscharf. Dazu kommt, daß wir aus jüngerer Vergangenheit mit gutem Grund dem Begriff ›Führer‹ etwas mißtrauisch gegenüberstehen. Ein Partei-Geschäftsführer (Bundesgeschäftsführer) ist eben nicht der Parteiführer oder, wie wir mit sittsam gesenktem demokratischen Blick sagen, der Partei-Vorsitzende. Bei einem Vorsitzenden stellen wir uns im Idealfall eine Tischrunde vor (›Runde‹ deshalb, weil es da keine so scharfe Trennung von unten und oben gibt), wobei der Vorsitzende vor allem auf die Einhaltung der Geschäftsordnung achtet und im Zweifelsfall mit seiner Stimme den Ausschlag gibt. Von weitem (und manchmal auch noch von nahem) sieht das wie ein bloßes Abwägen (Abwiegen = Auszählen) von Stimmen aus, nach der etwas naiven Vorstellung, die Mehrheit habe auch immer mehr Verstand. Dabei wird bei einem solchen Verfahren weniger die Richtigkeit der Einsichten abgewogen, als die Gewichtigkeit der Stimmberechtigten als *Macht*faktor.

Eine Geschäftsleitungssitzung kann auf diese Weise eine öde Abzählerei von Machtgewichten sein, mitunter aber auch ein permanentes In-den-Wind-Hängen der Meinungen, wenn der Wind scharf von oben bläst. In der Praxis hat sich mitunter eine rein hierarchische Unterscheidung von Leitung und Führung eingebürgert. Dabei steht Führung über Leitung; die Geschäftsführung trägt die Verantwortung für das Unternehmen insgesamt, und von Leitung spricht man vor allem im Hinblick auf gesonderte, der Geschäftsführung unterstehende Verantwortungsbereiche. Auch die noch heute an den Universitäten und Fachhochschulen vertretene Betriebswirtschaftslehre macht keinen prinzipiellen Unterschied zwischen Leitung und Führung. Vielmehr heißt es dort z. B. (2), daß »alle Entscheidungen, die sich auf die Grundfunktionen des dispositiven Faktors beziehen, ... Führungsentscheidungen seien, z. B. wenn Vermögens- oder Ertragsentscheidungen zur Debatte stehen und das Unternehmen in seiner Gesamtheit angesprochen ist«.

Warum haben wir indessen die Frage ›Führer oder Leiter‹ diesen Überlegungen vorangestellt?

Die Antwort ist eindeutig: Weil sich aus einer grundsätzlichen und qualitativen Unterscheidung von Führung und Leitung für den Aufbau und die erfolgreiche Steuerung eines Unternehmens, für Organisation und Personalarbeit und für die Produktivität aller Mitarbeiter ganz erhebliche Folgerungen ergeben.

Mit Qualität ist hier die wörtliche Bedeutung (lateinisch: qualitas) als Beschaffenheit und nicht als Kennzeichnung von ›besser‹ oder ›schlechter‹ gemeint. Führung richtet sich auf eine anders beschaffene Aufgabe als Leitung, *Führung ist etwas prinzipiell anderes als Leitung.*

Militärische Führungs- bzw. Leitungsverhältnisse machen dies sofort deutlich. Sprechen wir im militärischen Bereich von der Leitung bestimmter taktischer, vor allem strategischer Operationen, so taucht dabei sofort der Begriff ›Stab‹ auf; der Generalstab plant die Operationen, er entwirft die Konzeption, formuliert hierzu die notwendigen Befehle und Rahmenrichtlinien, berechnet die erforderlichen Ressourcen wie einst von der Erbswurst im Tornister des Soldaten bis zur Munition der schweren Feldhaubitzen, und legt die räumlichen und zeitlichen Abläufe fest. Die Heer- oder Armeeführer ›führen‹ im Rahmen dieser Konzeption: Bei ihnen liegt die Verantwortung für das Erreichen der gesetzten Ziele, sie tragen bei auftauchenden Schwierigkeiten kraft ihrer Erfahrung und ihrer Persönlichkeit, ggf. durch schnelles Umdisponieren und Improvisieren, der neuen Lage Rechnung. Sie reißen notfalls ihre Männer durch ihr persönliches Beispiel mit.

Bei großen Einheiten konnte dies nur dadurch geschehen, daß die Führer durch Ausbildung und persönliches Vorbild ihrem Offizierskorps – und über dieses auch der ganzen ihnen anvertrauten Truppe – ihren ›Geist‹ vermittelten. Diese Investition an Ausstrahlung der Persönlichkeit und vorbildlichem Verhalten wurde durch Vertrauen der Mannschaft in die Führung zurückgezahlt und durch militärische Leistungsfähigkeit, Einsatzbereitschaft – mit einem Wort: durch Kriegstüchtigkeit – ›amortisiert‹.

Manchem klingen solche Worte heute grell in den Ohren, denn die Kriegführung kann heute nicht mehr wie zu Zeiten eines Clausewitz (3) oder Moltke als ›Fortführung der Politik mit anderen Mitteln‹ angesehen werden. Krieg heute wäre das Ende aller Politik (und nicht nur der Politik, wenn auch sicher nicht aller in Tiefbunkern sitzenden Politiker).

Nichtsdestoweniger kann gerade das militärische Beispiel die in diesem Buch behandelten Prinzipien deutlich machen:

Die Operations›leitung‹ basiert zwar auf dem Vertrautsein mit den Leistungsmöglichkeiten der Truppe und hat diese als berechenbare Größe in die Kalkulationen einzusetzen, aber sie vermittelt ihre Intentionen nicht mehr persönlich wie in früheren Jahrhunderten, als Operationsplanung und Truppenführung in einer Hand lagen. In der nachnapoleonischen Ära findet Operationsleitung in Plänen und Tabellen, in Richtlinien, Anweisungen und Befehlen statt, wobei die Übermittlungsmedien immer technischer werden. Diese Technisierung läßt als Nebeneffekt die dahinterstehenden Personen immer stärker in den Hintergrund, bis hin zur völligen Anonymität, treten. Die Sender der Botschaften sind nur noch an ihrem Code erkenntlich (der gefälscht werden kann), und die Empfänger reagieren automatisch. Eine persönliche Rückkopelung ist weder vorgesehen noch möglich. Die ultraschnelle Nachrichtenübermittlung wie die rasche Reaktion von motorisierten Verbänden zu Wasser, zu Lande und in der Luft und minutenschnelle Waffenwirkungen selbst über Hunderte von Kilometern hinweg lassen eine Rückkoppelung vielfach schon gar nicht mehr zu.

Findet in einem so automatisierten Zusammenhang ›Führung‹ überhaupt noch statt, oder ist alles nur noch Funktionieren oder Nichtfunktionieren von Leitungsmechanismen?

Diese Frage kann man sich ebenso für ein Großunternehmen stellen, das weltweit operiert. Natürlich muß auch hier – wie im hochtechnisierten militärischen Verband – ›noch‹ Führung stattfinden. Man muß sogar im Gegensatz zu der zuvor gestellten Frage sagen, daß nur bewußtes und ganz persönliches Führen die ungeheuren Frustrationserscheinungen kompensieren kann, die durch die unpersönlichen, technisierten, roboterhaften Leitungsmechanismen zwangsläufig hervorgerufen werden. Auch der Mensch heute ist anthropologisch noch immer ›der Mensch aus dem Urwald‹ und hat sich in der Art seiner Wahrnehmung wie der Verarbeitung der aufgenommenen Eindrücke in den letzten 30000 Jahren nur unwesentlich verändert. Die Be-Wertung und die Be-Deutung der wahrgenommenen Inhalte (›Reize‹) hat sich verändert, aber – um es auf einen Punkt zu bringen: – die Angst ist geblieben.

Führen heißt tatsächlich auch ›Angst nehmen‹. Was ist Vertrauen schaffen anderes?

Aber Führung ist mehr. Es hat in der Wirtschaft viele große ›Beweger‹ gegeben, und es gibt sie auch heute noch, die ihre Anweisungen ihren Mitarbeitern wie ›Sattelbefehle‹ zu übermitteln pflegten. Vor Jahren gehörte ich zu der Runde eines solchen ›Bewegers‹, der es verstand, die morgendlichen Postbesprechungen genial zu hochmotivierenden Befehlsausgaben umzufunktionieren. Über den hohen Berg eingegangener Post gebeugt, referierte er die verschiedenen Probleme in einer Weise, die ebenso sein persönliches Engagement in der Sache deutlich machte wie den Zuschnitt desjenigen seiner Mitarbeiter, den er – ohne noch einen Namen zu nennen – für geeignet hielt, das betreffende Problem zu lösen. Er brauchte dann nur noch, wie immer ein wenig blinzelnd, um niemanden allzu scharf anzusehen, seinen Blick über die Runde schweifen zu lassen, und schon fühlten sich ›die geeigneten Leute‹ persönlich getroffen und wetteiferten darin, den offenbar so wichtigen Auftrag zu erhalten. Die Suggestivität dieses Mannes war so groß, daß es auch genügt hätte, wenn er die betreffenden Unterlagen nur wortlos dem von ihm Auserkorenen über den Tisch zugeworfen hätte, und man wäre auch dann noch ›mit wehenden Fahnen‹ davongestürmt; aber der Trick mit der Problembeschreibung, die immer eine herausfordernde Beschreibung auch der Schwierigkeiten war (nichtsdestoweniger nach seiner Meinung von einem guten Mann sehr wohl zu bewältigen!), ließ die Betreffenden sich geradezu daraufstürzen, und sie warteten nicht erst, bis ihnen der Auftrag in die Hand gedrückt wurde. Dahinter steht das vielerprobte Prinzip einer persönlichen Auftragserteilung, Auge in Auge, zugleich aber auch das einer Auftrags*übernahme*, im Gegensatz zu einer Auftragszuteilung. Die geschickt Angesprochenen hatten zumeist noch den Eindruck, daß sie selbst es waren, die sich aus eigenem Entschluß um diesen Auftrag gerissen hatten. Um so größer war dann auch ihr Eifer, aus der Sache einen Erfolg zu machen.

Daß aber Fähigkeiten auf einem bestimmten Sektor der Führungskunst noch lange nicht ›den Führer‹ an sich ausmachen, auch dafür war dieser Mann ein Beispiel. So förderte er, meines Erachtens in unzulässigem Maße, nicht nur den Wettbewerb in seinem ausgedehnten Einflußbereich, sondern er ließ auch kaltes, destruktives Konkurrenzdenken zu. Dies zeigte sich vor allem in seiner Unempfindlichkeit gegenüber dem geistigen Diebstahl, der in seiner Umgebung florierte.

Da die Karriere eines jeden davon abhing, inwieweit er mit eigenen Vorschlägen und Projekten persönlich Erfolg hatte – die ›übernommenen‹ Aufträge bildeten ja nur ein Element der Erfolgsgrundlage – kam es sehr darauf an, daß jeder selbst Ideen entwikkelte und ihre Verwirklichung mitunter listenreich und unter Ausnutzung aller denkbaren Tricks vorantrieb. Ich hatte zum Beispiel die Erfahrung gemacht, daß man selbst risikoreiche Projekte in Minutenschnelle genehmigt bekommen konnte, wenn man nur den einzig dafür geeigneten Zeitpunkt nutzte. Voraussetzung waren ein erfreulich verlaufener Vormittag mit guten Nachrichten von den Geschäftspartnern oder einige Streicheleinheiten der obersten Geschäftsleitung, eine ungestörte Mittagspause, die nicht von überdehnten Besprechungen beeinträchtigt gewesen sein durfte, ein ruhig anlaufender Nachmittag ... Wenn man dann noch Glück hatte, daß einem nicht zwischen drei und vier Uhr irgendein lausiger Wettbewerber die Aufmerksamkeit des Gewaltigen verdarb, durfte man damit rechnen, in zehn Minuten weiter zu kommen als sonst mit Dutzenden von Vorlagen, Ausarbeitungen und Demonstrationen. Dabei war die Geheimhaltung des betreffenden Projektes bis zur Vorlage oberstes Gebot. Er machte sich nämlich nichts daraus, auch Vorhaben zu fördern, von denen er wußte oder ahnte, daß sie nicht auf dem Mistbeet dessen gewachsen waren, der sie ihm vortrug. Offenen oder verhaltenen Hinweisen gegenüber, geistigen Diebstahl als demotivierend ernst zu nehmen, stellte er sich prinzipiell taub. Bis ihn eines Tages das Schicksal selbst ereilte.

Gleich morgens um halb neun hatte er einen ›Geeigneten‹ zu sich gerufen und ihm von einem Einfall erzählt, der ihm während des Rasierens gekommen sei, und der Herbeigerufene erhielt den Auftrag, sich ›darum zu kümmern‹. Der packte die Gelegenheit beim Schopfe.

Auf dem Rückweg zu seinem Arbeitsplatz ging er ›nur mal so‹ bei einem der größten Ideenklauer vorbei und ließ sich dabei ganz beiläufig über den Rasiereinfall des Chefs aus, stellte diesen aber als seinen eigenen dar: »... vielleicht läßt sich daraus etwas machen, möglicherweise mache ich daraus mal eine Vorlage.«

Keine zwei Stunden später wurde er von seinem Chef angerufen und gereizt befragt: »Wie kommt es eigentlich, daß sich soeben Herr Dr. S. bei mir gemeldet hat und mir meine Idee von heute morgen als die seine verkaufen wollte ...?«

Mit dem unaufhaltsamen Aufstieg des Dr. S. war es von diesem Augenblick an vorbei, und für eine Weile auch mit ähnlichen Versuchen anderer. Führung, richtig verstanden, hätte eine solche Intervention überflüssig gemacht.

So sehr der Genannte die Methode geschickter Auftragsvergabe beherrschte, war er doch unfähig, Zusammenarbeit zu organisieren. Immer lauerte einer auf den anderen, womit erhebliche produktive Energien verschwendet wurden. Führung ist aber nicht zuletzt die Organisation von Zusammenarbeit.

Wir können jetzt eine erste Feststellung treffen:

Leitung ist die Steuerung von Sachabläufen
Führung ist die Steuerung von sozialem Handeln.

Soziales Handeln„Handeln zwischen ›Genossen‹ (lateinisch: socius = der Bundes-Genosse) ist gemeinschaftliches Handeln: Marx nennt es associiertes Handeln, darin steckt derselbe Begriff: Zusammenarbeit.

Sachliche Abläufe können seit der Erfindung der Schrift weitgehend ohne persönliche Intervention vermittelt werden. Die Zeichnungen der Architekten und Ingenieure z. B. sind seit dem Altertum unpersönlich vermittelte Leitungsanweisungen, nicht anders als die Tonbandinformationen heute in japanischen und anderen Massenproduktionshallen, in denen stereotype Durchsagen über perlengroße Lautsprecher in den Ohrmuscheln ungelernter, jederzeit auswechselbarer Hilfskräfte technische Einzelanweisungen geben: »Grüne Mutter auf grüne Schraube, roter Draht an rote Buchse, gelbes Modul in gelbe Halterung ... usw.« Dazwischen erklingt mal eine beruhigende, mal eine aufmunternde Musik.

Alle arbeiten zur selben Zeit, aber nicht ›zusammen‹. Die Persönlichkeit des Leitenden interessiert nicht; ob die Sprecherin eine

›Nonne‹ oder ›Nutte‹ ist, der Urheber der Anweisungen ein widerlicher Querkopf oder ein verständnisvoller, hilfsbereiter Zeitgenosse, das bleibt für die Genauigkeit und Zuverlässigkeit der Leitungsanweisungen gleich. Das Intellektuelle, das Rationale sind entscheidend.

Mit dem Einzug von Robotern wird das überdeutlich. Roboter arbeiten ohne Emotionen. Sie brauchen noch nicht einmal (wie japanische Hilfskräfte) ab und zu einmal ein paar Freiübungen zwischen den Bandstraßen, von täglichen morgendlichen Banzairufen vor aufgezogener Firmenfahne ganz abgesehen.

Ich hatte einmal eine Sekretärin, die jede Stunde pünktlich auf die Sekunde das Fenster aufriß und mit bebenden Nasenflügeln bei fest verkrampftem Mund eine Anzahl von Frischluftatemzügen inhalierte. Dazwischen reckte sie die angewinkelten Arme einszwei-eins-zwei …, und schon saß sie wieder an ihrer Schreibmaschine, Sommer wie Winter. Sie mußte irgendwo einmal einen japanischen Film gesehen haben. Mit Robotern hat man diese Last nicht.

Auf das Gemeinsame in der Arbeit werden wir noch ausführlicher zu sprechen kommen, denn darin liegt eines der wesentlichen Elemente von Sinnerfüllung in der Arbeit. Zunächst war von *Zusammenarbeit als Führungsaufgabe* die Rede im Unterschied zur Anleitung in der Arbeit als unpersönliche Steuerung von Sachabläufen.

Die Unterscheidung von Führung und Leitung ist deshalb wesentlich. Sie hat Einfluß vor allem auf die Stellenbesetzung mit zur Leitung oder zur Führung bzw. zur Leitung und zur Führung geeigneter Bewerber.

Je kreativer die Arbeitsaufgabe, um so größer müssen die Führungsfähigkeiten des jeweiligen Abteilungs- oder Bereichs›leiters‹ sein. Forschung und Entwicklung, Marketing, Werbung und Vertrieb, Produkt- wie überhaupt jegliche Angebotsgestaltung, Öffentlichkeitsarbeit und weite Teile der Produktion – all dies sind typische Bereiche, in denen Kreativität und Innovationsfähigkeiten groß geschrieben werden. Ein Werbeleiter zum Beispiel braucht keinesfalls zugleich der beste Texter, Grafiker oder Medienexperte zu sein, aber er muß die Fähigkeit besitzen, erstklassige Fachleute individuell zu motivieren und Arbeitsvoraussetzungen zu schaffen, unter denen sie bereit und in der Lage sind, ›ihr Bestes‹ zu geben, ›etwas zu leisten‹. Der Leiter einer Forschergruppe, der lediglich der beste Wissenschaftler ist, aber ansonsten unfähig, auch nur zwei Leute in einer Aufgabe produktiv zusammenzuspannen, sollte schleunigst gegen einen ausgesprochenen Führertyp ausgewechselt werden, auch wenn dessen spezielle wissenschaftliche Fähigkeiten hinter denen des einen oder anderen seiner Mitarbeiter zurückstehen. Vor allem in der Produktion hat man sich vielerorts noch nicht dazu durchringen können, nicht unbedingt den besten Techniker, sondern den in der Organisation reibungsarmer Zusammenarbeit Erfolgreichsten an die Spitze zu stellen.

Je höher die Position in der Unternehmenshierarchie ist, um so geringer darf die Beherrschung – wenn auch nicht das Verständnis – der zur Anwendung gelangenden Techniken sein, und um so größer muß die Fähigkeit sein, andere zu führen und zu motivieren.

Eine der typischen Funktionen, bei der sich zeigt, ob der Inhaber ein bestenfalls im Sinne der Bewältigung von Sachaufgaben ›leitender‹ Angestellter, aber keinesfalls ein führender Mitarbeiter ist, stellt die Position des Personalchefs dar. ›Personalwirtschaft‹ und ›Personalverwaltung‹, recht vielsagende Begriffe der Betriebswirtschaft, machen bereits deutlich, worin sich eine solche Aufgabe erschöpfen kann.

Worin sie sich aber keinesfalls erschöpfen sollte!

Ich kenne aus meiner unmittelbaren Beratungspraxis eine ganze Reihe von ausgesprochenen Führerpersönlichkeiten unter den Personalchefs, deren Führungsfähigkeit, Vermittlungs- und Motivationsgeschick die in vielen Unternehmen weitverbreitete Führungsunfähigkeit und -unwilligkeit ganzer Abteilungs- und Betriebsleiterriegen ausgleicht. Leute dieser Art haben begriffen, daß es *nicht* darum geht, ihr Unternehmen immer wieder einmal mit neuen Führungsstilen und sonstigen Modellen von der Stange einfallsreicher Personaldesigner zu beglücken und das Schulungs- und Seminarkarussell (intern und extern) in Dauerschwung zu halten. Als häufigste Ursache nur scheinbar struktureller Störungen –

und deshalb auch nicht mit organisatorischen, kollektiven Mitteln zu beseitigen – haben sie längst die individuellen Anfechtungen erkannt, die eine Vielzahl von Mitarbeitern und Inhaber von Leitungs- wie Führungspositionen befallen. Diese sind deshalb auch nur individuell, in aller Behutsamkeit und Diskretion anzugehen. Personalchefs dieser Qualität handeln – neben ihren sonstigen juristischen wie tarifpolitischen Aufgaben – bereits aus der Sicht echter Psychotherapie, die allmählich ja auch ein Aspekt der Erkenntnisgewinnung, zumindest für den Personalchef von morgen, wird.

In meinem Buch »Sinn-orientierte Leistungsmotivation« (4) habe ich mich ausführlich mit dem Unterschied von Führung und Leitung auseinandergesetzt, und inzwischen ist auch von Prof. Dr. Fritz Bisani in seinem jüngst erschienenen Band »Personalführung« diese Differenzierung von Führung und Leitung vorgenommen worden (5).

Vergegenwärtigt man sich nur drei Aspekte der Personalpraxis heute, soweit Führungs- oder Leitungsaufgaben betroffen sind, nämlich die *Einstellung*skriterien der Betreffenden sowie die *Beurteilung*skriterien hinsichtlich ihres weiteren Beitrags zur betrieblichen Produktivität, ferner die *Inhalte der Weiterbildung* spezieller Führungsfähigkeiten *oder* Leitungsfähigkeiten, dann wird schnell klar, daß das meist unterschiedslose Gemenge von Führungs- wie Leitungsanforderungen keinen Erfolg zeitigt.

Menschenführung kann und muß man genauso lernen wie das Leiten kaufmännisch-technischer Bereiche. *Kein Mensch kommt weder als Führer noch als Leiter auf die Welt.*

Wenn für Leiter ein erhebliches Maß an kognitiven Fähigkeiten vorausgesetzt werden muß, dann erfordern Führer ein nicht geringeres Maß an Charakter- und Persönlichkeitseigenschaften. Das berühmte, von Max Weber angeführte Charisma stellt dabei einen Sonderfall dar. Die Vielzahl *un*charismatischer Führer (*Charisma:* griechisch = Gnade) muß ihre Qualifikation durch Anleitung, das Vorbild anderer und durch Arbeit an sich selbst erwerben.

Deshalb kann es nur eine Antwort auf die anfangs gestellte Frage geben.

Führung oder Leitung sind keine beliebigen Kategorien mit nur begrenzter Trennschärfe, etwa im Sinne des erwähnten ›weiter unten‹ oder ›weiter oben‹ in der Unternehmenshierarchie – Führung und Leitung sind scharf voneinander zu trennende Begriffe unterschiedlicher Bedeutung:

Hier technisch-sachliche Abläufe, dort Zusammenarbeit.

Leitung wird in zunehmendem Maße *medial* vermittelt, und der Tag ist nicht fern, an dem Leitungsinformationen nur noch auf diese Weise erfolgen, weil sie dann fehlerfrei, rechtzeitig und ohne störende Emotionen an den Empfänger gelangen. Die rasche Verbreitung von Personalcomputern wird diese Entwicklung noch beschleunigen.

Führung beruht immer auf unmittelbaren zwischenmenschlichen Beziehungen, auch wenn nicht alle Führungsaktivitäten ›Auge in Auge‹ vor sich gehen. Führung muß gerade in einer computergeleiteten und computerkontrollierten Zeit um so intensiver werden, je umfassender sich die Anonymität der elektronischen Medien ausbreitet. *Führung ist deshalb in verstärktem Maße Zukunftsaufgabe.*

Die Antwort auf die oben gestellte Frage ›Führer oder Leiter?‹ kann deshalb nur lauten: Führer und Leiter – aber jeder auf seinem Platz.

LEITEN Strukturieren von sachlichen Abläufen+

+zweck-bezogen

Leitung fragt

- nach dem Objekt *(was soll geschehen)*
- nach dem methodisch-technischen Aspekt *(wie wird der Ablauf strukturiert)*

  Leitungstechniken

  sind z. B. die verschiedenen »Managements by ...« und andere fälschlicherweise »Führungsmodelle« genannten Techniken (z. B. »Harzburg«). Sie fragen

- nach dem Zweck *(welcher allgemeine Nutzen wird erwartet)*

Leitung begründet Ko-Ordination

Kriterium:

Kosten/Nutzen-Analyse

Die Akzeptanz der Zielsetzung des Handelns kann erzwungen werden

Leitung heißt

objektive Kosten/Nutzen-Bedingungen schaffen

Leiten wie:

klären
anordnen
systematisieren
vorzeichnen
vormachen
vorberechnen

Handeln unter Kosten/Nutzen-Bedingungen heißt handeln unter objektiv meßbaren Ablauf- und Ergebniskriterien

FÜHREN | Strukturieren von sozialem Handeln+

+sinn-orientiert

Führung fragt

- nach dem Subjekt *(wer soll handeln)*
- nach dem psychologisch-motivationalen Aspekt
  (wie wird die Motivation mobilisiert)

  Führungsstile

  sind mitarbeiter-orientiert und auf Motivation gerichtet wie der kooperative Führungsstil und nicht bloße Verhaltensmuster wie der autoritäre Führungsstil. Sie fragen

- nach dem Sinn
  (welche individuelle Bedeutung hat das Handeln für den einzelnen Beteiligten)

Führung begründet Ko-Operation

Kriterium:

Sinn-(Bedeutungs-)Analyse

Die Akzeptanz der Zielsetzung der Führung wie der Person des Führenden muß freiwillig erfolgen

Führen heißt

individuelle Motivationsbedingungen schaffen

Führen wie:

erklären
begeistern, überzeugen
helfen
ermöglichen
vorleben
vorbedenken

Motiviertes Handeln
heißt handeln unter individuellen Leistungsbedingungen

Leistungsherausforderung als Führungsaufgabe

Wir leben in einer Leistungsgesellschaft, heißt es. Löhne würden vielfach als Leistungslöhne gezahlt. Diejenigen, die etwas gegen solcherart Leistung haben, beklagen den unerträglichen Leistungsdruck. Nichts von alledem trifft zu. Unsere Leistungsgesellschaft ist kaum eine Wettbewerbsgesellschaft, eher eine entnervende Konkurrenzgesellschaft.

Leistungslöhne würden einen Maßstab voraussetzen, der jedenfalls nicht von denen bestimmt würde, die jene Löhne bezahlen. Die Psychologie der Leistung und die Erfahrungen derer, die wirklich etwas leisten, machen deutlich, daß alles andere drückt, nur das nicht, was wirklich unter Leistungsbedingungen zustande gekommen ist.

Was also ist Leistung wirklich? Womit kann man begründen, daß Herausforderung zur Leistung eine Führungsaufgabe ist?

Die Antwort auf diese Frage finden wir, wenn wir uns mit dem komplizierten Problem der Motivation befassen, das ebenso vielfältig bis zwiespältig ist, wie es mitunter einfältig und simplifiziert gehandhabt wird.

$$Motivation = Motive \times Gelegenheit$$

Im vorigen Abschnitt hatten wir unterschieden:

Leitung steuert Sachaufgaben,
Führung steuert soziales Handeln.

Im folgenden wollen wir diesen Zusammenhang um die Feststellung erweitern:

Führen
heißt optimale Motivationsbedingungen schaffen –

Motivieren
heißt optimale Leistungsbedingungen schaffen –

Leisten
heißt Sinn-Erfüllung als *Werteverwirklichung* in der Arbeit.

Drei Begriffe sind es, deren enge Verbindung miteinander geklärt werden muß und deren betriebspraktische Bedeutung aufzuzeigen ist: *Motivation, Sinn* und *Werte.*

Dabei scheint ›Motivation‹ von vornherein klar zu sein, der Begriff ›Sinn‹ ist offenbar trivial, und was ›Werte‹ bedeutet, weiß ohnehin jeder. Überprüfen wir, ob dies so ist. Motivation heißt so viel wie ›in Bewegung setzen‹ (lat.: motivare). Wenn wir also von Motivation sprechen, so meinen wir das, was uns in Bewegung setzt. Aber was ist das nun: Sind es körperliche Bedürfnisse wie etwa großer Hunger oder quälender Durst, sind es die von den Psychoanalytikern bemühten ›Triebe‹, allen voran die sog. Libido (schon Goethe reimte »durch Hunger und durch Liebe erhält sich das Getriebe«), sind es Erwartungen, Versprechungen, Belohnungen, Androhung von Strafen, sind es unsere Wünsche?

Gehören konkrete, handfeste Gegenstände dazu wie zu erwartendes Geld zum Beispiel oder genügen Worte wie beim Lob? Reicht sogar ein angestrebtes Gefühl aus, Stolz auf eine erbrachte Leistung, erhofftes Selbstwertgefühl? Im ungünstigen Fall würde Angst schrecken? Oder gibt es ganz bestimmte Eigenheiten einer Person, immer, oder doch wenigstens vorwiegend, in bestimmten Situationen in einer ständig wiederkehrenden Weise zu reagieren?

Die Wissenschaft ist sich da keineswegs so einig, wie es unser täglicher Umgang mit dem Begriff Motivation erwarten ließe. So hat ein bekannter Psychologe erklärt (6), Motivation sei derjenige

Teil einer Verhaltensursache, den man (aus der Beurteilung der zugrunde liegenden Situation) gerade *nicht erklären* könne ... Ein zweiter bezeichnet Motivation »als ein hypothetisches Konstrukt, das der Psychologe erfindet, um ein bestimmtes Verhalten *zu erklären* ...«, ein dritter hält den Motivationsbegriff überhaupt für irreführend und deshalb für schlicht überflüssig.

Aber so überflüssig scheint er eben doch nicht zu sein, denn wenn auch die Wissenschaft sich mitunter mit Überflüssigem beschäftigt, in der Wirtschaft ist dies seltener der Fall. Hier möchte man konkret wissen, warum sich jemand in Bewegung setzt (oder auch nicht), wenn er kauft oder kaufen soll, wenn er gut oder weniger gut oder gar nicht arbeitet, wenn er von sich aus Leistung erbringt oder verweigert, überhaupt: wenn er in einem erwünschten oder unerwünschten Sinne reagiert. Der Umgang mit Motivation in Wirtschaft und Gesellschaft hat das Ziel, Menschen durch Erkennen dessen, was sie ›vom Hocker reißt‹, in diesem Bestreben zu bestärken, indem man ihnen geeignete Objekte anbietet oder ihnen einredet, daß das vorliegende Objekt genau ihrem Bestreben entspräche; in derselben Weise versucht man auch Menschen zu bewegen, etwas nicht oder mehr oder anderes zu tun.

Dabei bedeutet ›tun‹ in diesem Zusammenhang nicht nur handeln, sondern auch allein schon ›denken‹, einmal weil Denken ohnehin eine Art imaginäres Handeln ist und zum anderen, weil aus Denken und einem veränderten Denken eben Handeln, also auch verändertes Handeln entstehen kann.

Im allgemeinen nennt man das Steuern von Motivationen schlicht ›Manipulation‹; und das gilt landauf, landab als ›böse‹.

Ob es jedoch böse ist, entscheidet sich einmal daran, ob man vorher zu erkennen gibt, aus welchem Grunde und mit welchem Ziel manipuliert wird, und zum anderen, ob der zu Motivierende/Manipulierende in eine Zwangslage versetzt wird, aus der er sich selbst nicht mehr befreien kann.

Damit läßt sich gleich ein wichtiges Charakteristikum von ›Führung‹ vorwegnehmen: *Klarheit und Akzeptanz des Zieles.* Als ›der Führer‹ Adolf Hitler 1933 die Macht übernahm und ihm die Mehrheit der Parteien des Deutschen Reichstags durch das Ermächtigungsgesetz einen Blankoscheck auf die Zukunft ausstellte, tat sie das unter anderem aufgrund des erklärten Friedenswillens dieses Führers. Er hatte damals noch nicht erkennen lassen, daß er eines Tages Millionen von Juden – Männer, Frauen, Kinder – ins Gas schicken würde, ob nun hinter dem Rücken des Volkes oder angesichts wer-weiß-wieviel tausend Mittäter und Mitwisser. So konnte Helmuth Gollwitzer nach dem Kriege sein Buch erscheinen lassen mit dem Titel: »Und führen wohin du *nicht willst*«.

Es ist die Akzeptanz der Ziele, die darüber entscheidet, ob man es mit Führung oder Verführung zu tun hat. »Das habe ich nicht gewollt« oder »das habe ich nicht gewußt« sind dann meist die Erklärungen oder Entschuldigungen derer, die sich einer Führung nicht entziehen konnten: In einer Rockergruppe etwa, die sich zu einer Schläger- oder Erpresserbande entwickelt, im politischen Widerstand, wenn er im Terrorismus endet, in einer Selbsthilfegruppe etwa, die zunächst Selbsthilfe aus dem Untergrund betreibt und dann so perfekt und erfolgreich wird, daß daraus eine weltweite Organisation wird, die wir heute Mafia nennen.

Führung unterliegt immer der Gefahr, in Verführung oder Diktatur umzuschlagen, und zwar immer dann, wenn die Ziele der Führenden und der Geführten nicht mehr übereinstimmen.

Das betrifft alle Organisationen, die zwar einen Eintritt, aber keinen Austritt ermöglichen, seien sie ideologischer, religiöser oder wirtschaftlicher Art.

Womit dann die Mitglieder bei der Stange nicht (mehr) akzeptierter Ziele gehalten werden, bleibt gleich. Moralischer Druck und wirtschaftliche Zwangslagen können nicht weniger wirkungsvoll sein als ein Betonkragen um den Hals oder eine gezogene Pistole. Wenn man diesen Gedanken konsequent zu Ende denkt, wird man erkennen, daß jede Art von vernachlässigter Zielakzeptanz in Wirtschaft und Gesellschaft, von Handeln über die Köpfe anderer hinweg, Gewalt ist. Dabei ist es ganz gleich, von welcher Art ›Führung‹ dies ausgeht.

Es wird uns noch immer vorgegaukelt, eine ›einmal erteilte‹ Legitimation, ein ›Wählerauftrag‹ etwa oder die Besitzverhältnisse in einem Unternehmen, die erfolgte Wahl eines Partei- oder Gewerkschaftsvorstandes, würde die Betreffenden – innerhalb der Wahlperiode oder der Geltungsdauer der entsprechenden Gesetze über Vermögen und Eigentum – ermächtigen, mit den von ihnen Abhängigen nunmehr ungefragt umgehen und bei Einsprüchen einzig und allein auf den nächsten Wahltermin oder die nächste Novellierung verweisen zu können.

Ein solches Denken verkennt oder verdrängt, daß es lebenswichtige und aufschiebbare Probleme gibt, bedeutende und marginale. Es ist völlig ausgeschlossen, daß sie alle mit derselben stumpfsinnigen oder arroganten Elle gemessen werden: »Sie können ja gehen, wenn es Ihnen nicht paßt...« – »Sie brauchen uns ja nicht wieder zu wählen...« – »... solange wir nicht gegen das Grundgesetz handeln –«. Als ob Gesetze von Wahrsagern gemacht würden, die sich auf Zukunftsvisionen verstünden. Gesetze sind die Erfahrungen der Vergangenheit, und jede Novellierung beschreibt bereits wieder Vergangenes, wenn sie im Bundesanzeiger veröffentlicht worden ist. Das gilt insbesondere heute, wo sich die wirtschaftlichen und politischen Bedingungen mitunter schneller wandeln als es den Fähigkeiten der Gesetzemacher entspricht.

Hier muß das gesellschaftliche Wertebewußtsein einsetzen, auch hier ist »Freiwilligkeit« im Waltenlassen von Logik und Anstand »der Preis der Freiheit«, wie es Gottlieb Duttweiler in anderem Zusammenhang gesagt hat. Aus diesem Grunde sprechen wir von Führung. Aus diesem Grunde fragen wir nach Motivation und grenzen Motivieren ganz scharf gegen verführendes Manipulieren ab, und deshalb bemühen wir uns auch, den manipulierten Leistungsbegriff von seinen Verzerrungen zu befreien und ihn wieder zum Schlüsselbegriff in der Dreiheit *Leistung – Sinn – Werte* aufgehen zu lassen.

Gehen wir in den betrieblichen Alltag: In einer Abteilungsbesprechung taucht unvermutet der Chef auf. Es geht um die Neuorganisation des Vertriebsnetzes. Der Chef, der eigentlich nur kurz etwas mit dem Abteilungsleiter besprechen wollte, bleibt eine Weile. Einer der Mitarbeiter nutzt die Gelegenheit, um eine schon mehrfach zur Sprache gebrachte Idee mit aller Beredsamkeit vorzutragen. Dem Chef imponiert die lebhafte, phantasiereiche Art des Betreffenden, und er äußert Zustimmung. »Okay, dann machen Sie es mal so, es würde mich freuen, wenn Sie Erfolg hätten«, und zu dem

Abteilungsleiter gewandt: »Sie werden mir ja dann berichten.« Dann geht er.

Der Mitarbeiter hat seine Schlacht gewonnen. Er hat den Augenblick genutzt. Der Abteilungsleiter, dessen Stärke es nicht gerade ist, definitive Entschlüsse zu fassen und schnelle schon gar nicht, hat während der Anwesenheit des Chefs geschwiegen. Auch von den übrigen ist kein Widerspruch laut geworden, obwohl manches gegen das vorgetragene Konzept spricht. Beim Hinausgehen stößt einer der Beteiligten seinen Nebenmann an: »Da hat es mal wieder einer geschafft. Wäre das nicht eigentlich dein Job gewesen? Warum hast du den Mund nicht aufgemacht?« Der andere zuckt die Achsel: »Betrifft es dich nicht genausogut?« gibt er zurück, »du bist es doch vor allem, der jetzt zurückstecken muß.«

Motivationen. Schauen wir uns an, was hier vor sich gegangen ist. Eine der üblichen ›Runden‹ im täglichen Geschäftsablauf. Konzentrieren wir uns auf die eben Genannten, den Abteilungsleiter, den ›Sieger‹ und die beiden offenbar Beeinträchtigten. Was liegt vor:

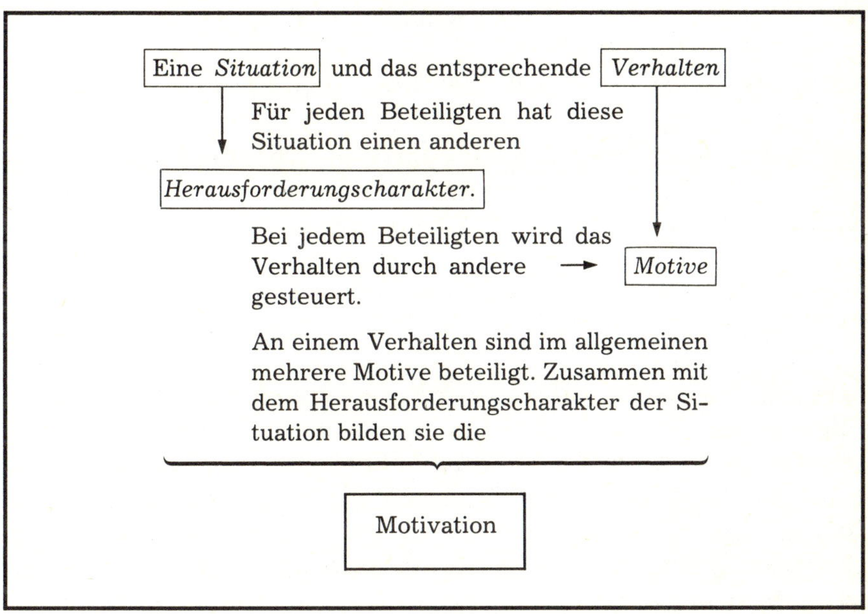

Motivation ist also ein Syndrom aus a) unterschiedlichen Motiven und b) aus den herausfordernden Elementen einer Situation.

Daß ein Verhalten nicht nur durch ein Motiv bedingt ist, diese Erfahrungen machen wir jeden Tag, und auch die vorliegende Situation hat es gezeigt. »Warum hast du den Mund nicht aufgemacht?« hat einer der Kollegen den anderen gefragt. Er hat also gewußt, daß der Betreffende ganz bestimmte Interessen hat, obwohl er in der konkreten Situation damit nicht hervorgetreten ist. Ihm selbst ging es offenbar auch nicht viel anders. Auch der Abteilungsleiter hat geschwiegen, ob aus Zustimmung oder Ablehnung, ist hier nebensächlich.

Eine etwas verkürzte Motivationsanalyse des Abteilungsleiters sähe so aus: (bei den übrigen Beteiligten könnte man entsprechend verfahren)

Situative Herausforderung:	Chef anwesend: Profilierung notwendig Problemlösung: Entscheidung notwendig
Motiv 1:	Profilierungsbedürfnis
Motiv 2 (stärker):	Entscheidungsunsicherheit
= *Motivation:*	Verhalten passiv, keine Stellungnahme

Belassen wir es einmal nur bei den zwei Motiven.

Man könnte auch noch eine Reihe anderer formulieren, z. B. unter dem Aspekt einer Konkurrenzsituation gegenüber dem eifrigen Mitarbeiter – oder hatte der Abteilungsleiter Bedenken, einem seiner Mitarbeiter die soeben ergriffene Chance kaputtzumachen? Oder versteckt er sich nur hinter dem Chef, um eine eigene Entscheidung zu vermeiden? Aber schließlich muß er später die Folgen eines möglicherweise mißglückten Verlaufs mit ausbaden, denn es ist noch gar nicht sicher, daß der Chef sich eines Tages seiner Bemerkung erinnert (»Es würde mich freuen, wenn sie/Sie Erfolg hätten!«). Wäre dieses ›Sie‹ großzuschreiben gewesen oder klein – hat es sich überhaupt auf die Person des Eifrigen bezogen oder ganz allgemein auf die Gruppe, der er beigewohnt hat? War diese Bemerkung Zustimmung zu einer Abteilungsaufgabe oder eine Art persönliche Beauftragung? Dies auszudeuten umfaßt eine ganze Skala von Möglichkeiten, die eine ganze Reihe von gleichgerichteten wie widersprüchlichen Motiven bedingt.

Diese Motive können sich untereinander verstärken (z. B. Angst vor dem Chef und Angst vor Entscheidungen), sie können sich aber auch untereinander abschwächen oder ganz paralysieren (das Bedürfnis sich zu profilieren und das erhöhte Risiko, dies angesichts der ganzen Abteilung und des Chefs noch dazu tun zu müssen).

Motive sind keine Augenblicksstimmungen, sondern durch lange Lernprozesse (Erziehung, Erfahrung) *verfestigte Einstellungen.*

Einstellungen allein bedingen bekanntlich noch lange kein zuverlässiges, vorherberechenbares Verhalten. Die Meinungsforscher können davon ein Lied singen. Die oft recht unterschiedlichen Wahlprognosen zeigen es. Aus diesem Grund lauten alle halbwegs auf Zuverlässigkeit gerichteten Fragen immer: »Wie würden Sie sich *in diesem Augenblick* verhalten, wenn ...«

Jemand hat sich vorgenommen, nun aber endlich nicht mehr die Partei zu wählen, die er bis jetzt immer gewählt hat.

Er meint, sie brauche jetzt dringend einmal eine Pause. Im Wahllokal grinst ihn jedoch ein Vertreter der Gegenpartei an, den er nun gar nicht mag. Auweh – denkt er sich, wenn ich nun die anderen wähle, dann wähle ich den Kerl schließlich auch mit. Und so wählt er wieder treu und brav die, die er immer gewählt hat. Umgekehrt wählt eine Ehefrau, der ihr Mann ausschließlich in staatsbürgerlicher Besorgtheit auf dem Weg ins Wahllokal eingeschärft hat, unbedingt bei der Stange zu bleiben, so wenig erfolgreich die Politik bisher auch verlaufen sei, aus Ärger über diese Bevormundung nun erst recht irgendeine Oppositionspartei.

Es war *die Herausforderung der konkreten Situation,* die den Ausschlag gab. Das muß keinesfalls so sein, ist aber häufig der Fall.

Da man die Motive eines Menschen nicht beobachten kann – beobachtbar ist nur Verhalten, und das beruht, wie wir festgestellt haben, auf einem ganzen Bündel von Ursachen – und da sich Motive viel weniger manipulieren lassen, als es berufsmäßige Systemkritiker wie berufsmäßige Werbemanager behaupten (es gibt wissenschaftliche Untersuchungen, die das Märchen von den geheimen Verführern längst entmythologisiert haben) (7), kann man mit Aussicht auf Erfolg nur die situativen Herausforderungen so verändern, daß sie einen Einfluß auf das Verhalten ausüben. Entweder indem sie (wie wir in dem obigen Beispiel gesehen haben) die Intensität (also das Wirksamwerden von Motiven) verstärken oder bis zur Blockade abschwächen. So ist es für Produzenten meist wichtiger, unter welchen situativen Herausforderungen ihr Produkt angeboten wird. Verpackung, Gebrauchsanweisung und Styling sind sekundär.

Ob man eine Ware in Augenhöhe (oder gar in Kinderaugenhöhe) vorfindet oder ob man sich bücken oder recken muß, ob sie gleich am Eingang, in der hintersten Ecke oder neben der Kasse plaziert ist, ob man sie im Discountladen, im Einkaufszentrum auf der grünen Wiese oder im Tante-Emma-Laden an der Ecke vorfindet, im Fachgeschäft der Innenstadt oder im Warenhaus – *das* gibt häufig den Ausschlag. Es bestimmt *keinesfalls allein* den Kaufentschluß, aber es kann *das Zünglein an der Waage* in einer Einkaufssituation sein und noch etwas mehr.

Die Gestaltung der Ware und ihre Funktion, das Image des Herstellers und die Gags seiner Werbeabteilung, sie *mobilisieren Motive, die jemand hat,* indem sie Vorstellungen assoziieren, die bereits mehr oder weniger ausgeprägt vorhanden sind. Ehe aus einer solchen kaum argumentierenden und durch das Verbot vergleichender Werbung auch kaum differenzierenden Werbung verfestigte Motive werden, bedarf es einer langen Wegstrecke und vielfältiger Einflüsse. Das reicht vom zufälligen Einmalausprobieren bis zum tief einschneidenden Lebensereignis, z. B. beim Übergang von der ›Gauloise‹ zum Pfefferminzbonbon nach Lungenkrebs.

Es ist kein Gegenargument, wenn Waschmittelkundinnen tatsächlich mal wechseln, mal eine Weile produkttreu bleiben. Die Unterschiede bei Waschmitteln sind heute ebenso minimal wie bei zahlreichen Pharmaka, die sich nur noch durch ihre Namen und Preise unterscheiden. Um so bedeutsamer ist die Rolle der *Situation,* in der ›verkauft‹ wird: Waren, Dienstleistungen, politische Ideen –

Zeltmission oder Hohe Messe im Dom, der Scherenschleifer wie der Teppichhändler, Staubsaugervertreter, Buchclubwerber an der Haustür, der Gemeinschaftseinkauf in Nachbarschaften oder Freundeskreisen, das Versandhandelsangebot und demnächst der Einkauf am Bildschirm, der Politiker beim Hausbesuch, in der Straßendiskussion oder im Fernsehen – das alles hat das Verhalten aus der *Veränderung einer sog. ›Verkaufs‹situation* heraus schneller beeinflußt als alle Wirkungen auf ›tiefer‹liegende Motive. Werbepsychologie mit ›Tief‹gang, mit Sex in der Werbung (sofern es sich nicht unmittelbar um sexuell stimulierende Produkte handelt wie Reizwäsche und Siliconbusen), ist ebenso reiner Hokuspokus wie die – noch dümmlicher oder das Verständnis der Verbraucher dummdreist veralbernde – Psychoanalyse in der Werbung. Ein noch vor Jahren in aller Munde befindlicher Werbeguru, über den inzwischen das ewige Gezeitenrauschen der Werbewellen hinweggegangen ist, war noch stolz auf seine Einfälle, beispielsweise die warme Höhle des Küchenbackofens als Uterus-Assoziation entdeckt zu haben wie den raketenförmigen Leib eines Lamborghinis als überdimensionalen Penis, mit dem der Playboy allnächtlich seine Mädchen aufriß.

Inzwischen ist längst das Ende der (tiefenpsychologischen) Unbescheidenheit gekommen, und wir konzentrieren uns wieder auf die stärker zu beeinflussenden situativen Gegebenheiten, bei denen – überraschenderweise – der Mensch eine ungleich größere Rolle spielt als ›die Dinge‹.

So wissen wir mit einiger Zuverlässigkeit, daß es vor allem die Persönlichkeit des Verkäufers ist, die ›verkauft‹ und weniger seine Argumente. Politiker ziehen vor Wahlen wieder händeschüttelnd durch die Nachbarschaften und suchen die Wähler in deren vertrauter Umgebung auf, und wenn sie ganz schlau sind, dann hören sie vor allem auf das, was die Leute ihnen zu sagen haben, denn *Zuhören überzeugt* in der Politik wie im Wirtschaftsunternehmen oft *mehr als predigen.*

Überdeutlich wird dies im therapeutischen Bereich. Nicht der Arzt allein soll reden, sondern vor allem der Patient, und in Kliniken sollen die Ärzte am Krankenbett *nicht über* den Patienten sprechen, sondern *mit ihm.* Vor allem aber sollen sie ihn reden und sich aussprechen lassen. Die ›Droge‹ ist der Arzt, sagt man, auch – und gerade dann – wenn er zuhört. Die Ulmer Medizinische Hochschule hat hier höchst aufschlußreiche Modelle des Arzt-Patienten-Verhaltens entwickelt, die Vorbild für jedes Gespräch zwischen Führungskräften in der Wirtschaft und ihren Mitarbeitern sein könnten. Leitungsanweisungen, auf die man sich später einmal wortwörtlich berufen können muß, sollten möglichst schriftlich gegeben werden, reproduzierbar an jedem beliebigen Ort; Führungseinwirkungen, und darauf hatten wir vorn schon einmal hingewiesen, beruhen noch immer auf dem persönlichen Kontakt.

Fassen wir zusammen:

Verhalten ist abhängig von Motivationen. Letztere kann man nicht beobachten, man kann nur durch das Verhalten auf sie schließen. Schließen ist ein subjektiver, kein objektiver Akt. Vorsicht ist besonders solchen Leuten gegenüber geboten, die dabei permanent ihre Objektivität betonen, womit sie jedoch mehr ihre Subjektivität verschleiern, um ihren eigenen Standpunkt nachdrücklicher verkaufen zu können.

Motivationen sind immer ein Bündel von Motiven und situativen Herausforderungen. Motive verlaufen selten alle gleichsinnig. Öfter schwächen sie sich untereinander ab oder legen sich auch einmal ganz lahm. *Motive sind über längere Zeiträume verfestigte Einstellungen,* die im allgemeinen auch nur wieder über längere Zeiträume zu verändern sind. Einstellungen bedingen nicht unbedingt adäquates Handeln. Letzteres wird vor allem durch die situativen Herausforderungen bedingt, die zusammen mit beteiligten Motiven dann die Motivation bilden.

Der Anteil, der an einer Motivation am ehesten zu beeinflussen ist – und *Führung ist Beeinflussung* –, sind die situativen Herausforderungen. Die Motive des Anzusprechenden sollte man kennen und anerkennen. Sie in den Führungsprozeß bei vereinbarten Zielen mit einzubeziehen ist die *Kunst* der Führung.

Leistung: Die Erprobung des Möglichen vor dem Hintergrund des Wirklichen

Wenn Führen bedeutet, wie wir anfangs festgestellt haben, optimale Motivationsbedingungen schaffen, dann müßten wir uns jetzt fragen, was denn unter ›optimalen‹ Motivationsbedingungen aus der Sicht des Geführten – oder auch im Sinne des ›Führenden‹ – zu verstehen ist.

Das Wofür ergibt sich jeweils aus dem angestrebten *Zweck*, aber über allen Zweck hinaus muß es ja für den Geführten auch noch einen *Sinn* geben, denn oftmals ist ihm ja der vordergründige Zweck, ein Firmeninteresse z. B. oder der Ehrgeiz seines Vorgesetzten, höchst gleichgültig. Sinn und Zweck – und diese Unterscheidung wird uns noch oft beschäftigen – sind keinesfalls so identisch wie unser üblicher Sprachgebrauch, der lässig von ›Sinn und Zweck‹ spricht, vermuten ließe. Es muß also eine psychologische Komponente geben, die unabhängig vom Zweck und ganz konzentriert auf Sinn hin motiviert, und dies ist ›Leistung‹.

Was ist Leistung?

Wenn man etwas definieren will, sollte man es zunächst einmal von dem abgrenzen, was es nicht ist. Das entspricht dem bekannten gestaltpsychologischen Problem von Figur und Hintergrund:

Eine Figur tritt erst dann in Erscheinung, wenn sie sich vom Hintergrund abhebt. Eine schwarze Tafel wird nicht allein schon dadurch zu einem Bild »Kampf der Neger im Tunnel«, daß sie die entsprechende Unterschrift trägt. Die Bild- wie Begriffsinhalte müssen trennscharf voneinander abgrenzbar sein.

›Leistung‹ in der heutigen Umgangssprache vor allem der Industrie- und Politmanager ist so eine schwarze Tafel, eine zwar nicht einfarbige aber einfältige Irreführung. Wenn ein Politiker, ein Unternehmer oder ein Gewerkschafter von Leistung, Leistungsgesellschaft oder gar Leistungsdruck spricht, meinen sie alle zwar dasselbe: aber meinen sie wirklich ›Leistung‹? Sie meinen Output, Arbeitsergebnis, ›Soll‹, meinetwegen auch ›Übersoll‹ nach betriebswirtschaftlichen und volkswirtschaftlichen Gesichtspunkten, um Konkurrenzfähigkeit und Preiswürdigkeit zu erhalten, um Märkte zu sichern oder zu erschließen. Sie meinen auch Anstrengung und Einsatz, nur Leistung – *Leistung meinen sie nicht.*

In der Mehrzahl der Fälle können sie das auch gar nicht wollen, denn sonst müßten sie wesentliche Bereiche unseres wirtschaftlichen und gesellschaftlichen Lebens von Grund auf umgestalten, vor allem müßten aus bloßen Zielsetzern, Normgebern und Vorschriftenfabrikanten wieder echte Führer werden, die den Werten, von denen auch sie immer wieder reden, genügend Entfaltungsraum böten.

Leistung ist eben nicht gleichbedeutend mit Output oder dem Erreichen fremdbestimmter Soll-Werte. Leistung ist vielmehr das freiwillige Überschreiten solcher Marken, ist das Erreichen von Zielen, die sich *der Betreffende selbst* gesetzt hat. Genauso wie Motive und Motivationen immer an ein bestimmtes Individuum gebunden sind, *so ist auch Leistung an ein Individuum gebunden,* es sei denn, eine Gruppe entwickelte unter besonderen Aufgabenbedingungen ein gruppenspezifisches Leistungsbewußtsein.

Genauso wie ›Motivation‹ die Beziehung zwischen Motiven und situativen Gegebenheiten beschreibt, so setzt auch Leistung eine solche Situationsgebundenheit voraus. Situationen dieser Art haben immer etwas mit Ungebundenheit, mit Freizeit: mit freier Zeit und Handlungsspielraum zu tun, selbst unter ansonsten streng organisierten Arbeitsbedingungen. So bin ich in der Sowjetunion in einer Spinnerei und Weberei einmal auf eine Arbeiterin gestoßen, die ihr Soll um sage und schreibe 6000 Prozent übererfüllt hatte. Was diese Frau – ihr Bild prangte groß neben anderen Planübererfüllern an der Ruhmestafel des Betriebes – geleistet (und sich geleistet) hatte, ist typisches Handeln in einer Leistungssituation: Die Arbeiterin hatte jahrelang an einer Spinnmaschine gearbeitet, deren Wartung und Bedienung für sie keinerlei unzumutbare psychische oder muskuläre Belastung darstellte, mitunter ging ihr die Monotonie ihrer Arbeit auf die Nerven. Bei einer außerplanmäßigen Mehrlieferung von Rohmaterial eines Tages hatte sie deshalb die ganze Menge in einer Anwandlung von »spielerischer Lust«, wie sie sagte, in kürzerer Zeit als sonst das geringere Kontingent versponnen, weil sie mal ordentlich »auf die Tube drücken« wollte. Da auch die Maschine nicht knurrte, sondern selbst bei erhöhter Tourenzahl ruhig weiterlief, verschaffte sich die Arbeiterin immer mehr Material, plötzlich hatten auch die Materialzulieferer Spaß an der Sache und stopften ihren Arbeitsplatz regelrecht damit voll. Während die einen jetzt Ballen um Ballen Rohbaumwolle heranschleppten, jagte sie ihre Maschine auf Hochtouren, bis ein entgeisterter Ingenieur dem Experiment ein Ende machte – so etwas war im Plan nicht vorgesehen.

Über sich selbst und das Gewohnte und Übliche hinauswachsen, spielerisch erproben, wann und wie man an die Grenze seiner Möglichkeiten gelangt, freiwillig Anstrengungen um seiner selbst willen übernehmen – das ist Leistung. Die Erprobung des Möglichen vor dem Hintergrund des Wirklichen, nennt es Frankl. *Das ist konkrete Sinn-Suche in der Arbeit, kurz Leistung.*

Aber nicht nur Leistung ›macht Sinn‹. Mitunter kann auch das Gegenteil der Fall sein: Mit einem Wuppertaler Werkmeister besuchte ich eines Tages einen seiner italienischen Kollegen im Mailänder Zweigwerk eines deutschen Unternehmens. Die beiden Fachleute kamen sehr schnell miteinander ins Gespräch. Thema: Wechsel der Arbeitsinhalte am Band. Während der deutsche Werkmeister davon berichtete, daß er spätestens alle 6 Wochen Umbesetzungen vornehmen müßte, weil sonst seine deutschen Arbeiterinnen vor Monotonie ausflippten, rang der Italiener entsetzt die Hände. »Um Himmels willen«, sagte er entsetzt, »wenn ich das täte, kratzten mir meine Frauen die Augen aus. Die tun ihre Arbeit längst so mechanisch, daß sie alle Aufmerksamkeit ihren vielfältigen Gesprächen widmen können. Die kommen ja nicht um zu arbeiten, sondern um zu reden!« In der Tat herrschte in Mailand ein reges Getratsche und Gekicher, während man in Wuppertal mit emsiger Aufmerksamkeit hantierte und kaum jemand mal ein Wort sprach. Der *Sinn der Arbeit* bei den italienischen Frauen war der *soziale Kontakt* in der Arbeit, der Zweck war Geldverdienen. Hätte man ihnen diesen Sinn genommen, wäre ihnen das Geldverdienen zur Qual geworden. Nicht nur die Arbeitsinhalte, auch die Rahmenbedingungen der Arbeit – dies wird uns im folgenden noch mehr beschäftigen – können für die Sinngebung der Arbeit von entscheidender Bedeutung sein.

Ich habe dieses Gegenbeispiel hier deshalb erwähnt, um zu zeigen, daß *Sinn nicht immer Leistung erfordert,* wohl aber setzt *Leistung immer Sinn* voraus.

Dabei müssen wir gerade im Bereich der Arbeit Sinn immer streng von *Zweck* trennen.

Etwas völlig Zweckloses kann nichtsdestoweniger höchst sinnvoll sein und umgekehrt. Wenn ein Inhaftierter nächtens mit der

Nagelfeile an seinen Gitterstäben schabt, kann sich das eines Tages als absolut zwecklos herausstellen, z. B. dann, wenn er merkt, daß er just dann den Weg in die Freiheit gefunden hat, als er ohnehin aufgrund einer Amnestie entlassen werden sollte. Hätte er jedoch nicht Woche um Woche an seinem Gitter gearbeitet und damit aktiv einen Weg in die Freiheit gesucht, hätte er vielleicht die Belastung durch den Freiheitsverlust gar nicht ertragen und sich an diesem Gitter eher aufgehängt. Jede Nacht war er sinnvoll tätig, und dieser Sinn war so stark, daß er auch anderweitige mögliche Zwecklosigkeiten nicht scheute (zu harte Stäbe, Zerbrechen der Feile, Entdekkung, Verrat usw.).

Erinnern Sie sich noch an jenen englischen Pionieroffizier in dem Film »Die Brücke am Quai« (in der Rolle: Alec Guinness), der als Kriegsgefangener aus lauter Fanatismus für das Brückenbauen den Japanern im Zweiten Weltkrieg eine Brücke baute und sein Bauwerk gegen seine eigenen Kameraden verteidigte, die es immer wieder zu zerstören versuchten, weil es schließlich dem Feind genutzt hätte? Für den einen lag der Sinn im Schaffen eines Werkes und Demonstrieren seiner fachmännischen Leistungsfähigkeit, für die anderen in der Erfüllung einer soldatischen Pflicht.

Es ist nämlich etwas heikel mit dem ›Sinn‹: Jeder hat sein eigenes Sinn-Konzept, und jeder kann immer nur die für ihn selbst typische Sinn-Bilanz aufmachen.

So könnte man sagen, nicht der Zweck heiligt die Mittel, wohl aber ›heiligt‹ der Sinn den Zweck. Mittel (nicht zum Zweck, wohl aber) zum Sinn war für den einen das Errichten einer Brücke, die Verwirklichung kreativer Werte, wie Frankl es nennt – für die anderen die Zerstörung dieser Brücke (aus bestimmtem Anlaß!) und damit die Verwirklichung von ideellen Werten. Bauen wie Zerstören waren also gleichermaßen sinnvoll.

Ähnliche Fälle hat es viele gegeben. So wurde auch dem spanischen Hofmaler Goya zu seiner Zeit der Vorwurf gemacht, allzu lange um die Gunst der Großen gebuhlt zu haben; Arno Breker, einen bevorzugten Bildhauer im Dritten Reich, hat dieser Vorwurf getroffen. Dem fanatisch auf Werkschaffen eingestellten Künstler, Architekten, Ingenieur, dem theoretischen wie angewandten Wissenschaftler geht es oft so sehr um seinen Sinn, daß er den moralischen Kontext völlig aus den Augen verliert. Sinn muß ja nicht unbedingt etwas Ethisches sein. Ökologisch völlig blinde Ingenieure, psychologisch stumpfe Architekten, ideologisch verrannte Politiker sind Musterbeispiele dafür. Selbst die Überdimensionalität der heutigen Atomwaffen hat ja den Bann fanatischen Forschens und fanatischen Bauens nicht gebrochen. Man kann mit beunruhigender Sicherheit aus evolutionärer Sicht behaupten, daß ›der Mensch‹ heute wie in Zukunft stets alles das bauen, erfinden, versuchen wird, was ihm intellektuell und materiell zugänglich ist. Ausnahmen hat es noch nicht gegeben und wird es auch nie geben. Die Physiker um Einstein hatten in den USA nicht die geringsten Skrupel, Roosevelt die Atomwaffen einzureden und zu bauen, obwohl sie wußten, daß man in Deutschland keine Atomwaffen baute und sie sicher sein konnten, daß diese eines Tages auch nicht ausschließlich zur Vernichtung der Person Hitlers eingesetzt würden.

Zwei mächtige Sinnfaktoren waren hier am Werk: Der Haß als das negative Extrem im Kontinuum ›soziale Zuwendung‹ und der Drang, das Mögliche zum Wirklichen werden zu lassen. Niemand, der etwas Gefährliches tut, ob er Gifte fabriziert, Atomanlagen baut, Waffen installiert, kann sich ja mit der Formel freisprechen: »Das habe ich nicht gewollt!« – wenn einmal eine Katastrophe eingetreten ist. Mag der Zweck auch umstritten sein – der oft hintergründige, meist nicht ausgesprochene, mitunter auch gar nicht immer bewußte Sinn ist es nicht.

Die Interdependenz allen Tuns, heute vor allem die internationalen Verflechtungen in Wissenschaft, Technik, Wirtschaft und Politik, machen jeden an einer Sache Beteiligten zum Mitschuldigen, auch den nur untätigen Mitwisser.

In welchem Maße der einzelne bereit ist, solche und andere Schuld auf sich zu nehmen, aber auch Opfer zu bringen und sich weit über seine Kräfte hinaus einzusetzen oder Kränkungen und Niederlagen hinzunehmen – darüber gibt allein sein ganz persönliches Sinn-Konzept Aufschluß.

Wenn Sinnsuche, nach Frankl, die *primäre* Motivation (8) ist, dann ist *Sinnstreben* kein einzelnes Motiv, sondern *die Grundlage jeglicher Motivation überhaupt* – im Guten wie im Bösen, immer individuell und abhängig von einer konkreten Situation.

Dabei können noch so viele ›Zwecke‹ keinen Sinn ersetzen.

Gerade die Wirtschaft, in der Zweckmäßigkeit so groß geschrieben wird, muß sich deshalb immer wieder bewußt diesem Sinnstreben stellen – sonst produziert sie eben auf längere Sicht ›am Kunden vorbei‹. Die ökologische ›Revolution‹ heute ist geradezu ein Musterbeispiel für eine Neubesinnung, für die *Unterordnung des Zwecks unter die Forderungen des Sinns.* Zum anderen kann aber auch das Arbeiten selbst in der Wirtschaft ein Arbeiten ›am Sinn vorbei‹ sein. Die Gesellschaftspolitiker in den Parteien und Gewerkschaften täten gut daran, darauf ein bißchen zu hören: Das Angebot zum Job-Sharing, zu verstärkter Teilzeitbeschäftigung, zur freiwilligen Begrenzung des Verdienstes um vielfältigerer Lebensinhalte willen nicht unbedingt in der industriellen Arbeit sind solche Sinn-Realisationen.

Wo der Mensch etwas leisten will, das kann immer nur er selbst bestimmen, Leistungen können ihm weder abgekauft, noch abgeschmeichelt werden, und sie lassen sich schon gar nicht erzwingen.

Wer Leistung in jeder Art von Arbeit fordert, ob im Handwerk oder in der Industrie, in der Verwaltung, in der Politik oder in den Streitkräften, *muß Sinn bieten,* und hierzu ist Führung – wie wir sie oben definiert hatten – nötig, Führung als Steuerung von Zusammenarbeit.

Dabei gilt es, eine Reihe von Mißverständnissen auszuräumen. Wenn Leistung nicht fremdbestimmten, sondern selbstgesetzten Zielen folgt, dann heißt ›etwas leisten‹ auch nicht, in Konkurrenz zu anderen zu handeln, sich nach den Ergebnissen anderer zu richten, sondern im Wettbewerb mit sich selbst zu stehen.

Damit steht ›Leisten‹ im Zentrum des sinn-zentrierten Denkens und Handelns.

Die logotherapeutische Erfahrung lehrt – und jeder Führer ist auch ein Heiler, ein zum Heil des anderen Führender (9) –, daß der Mensch nur dann zur Sinn-Erfüllung kommen kann, wenn er fähig ist, sich

> *von sich selbst zu distanzieren und über sich selbst hinauszuwachsen.*

Dies sind zwei für jegliches Führen wichtige Erkenntnisse. Übernimmt jemand eine Aufgabe, so gibt er sich selbst und seine eigensüchtigen Interessen damit auf – er geht, wie man anschaulich formuliert, in seiner Aufgabe auf. Ein von seiner Aufgabe (und eben nicht von seinem Ich) Besessener vergißt dabei Essen und Trinken, Schlaf und seine ganze Umwelt, er arbeitet buchstäblich ›bis zum Umfallen‹ – und fühlt sich dabei auch noch wohl. Die uns allen bekannten Erfindergeschichten belegen dies nur zu sehr: Das Ehepaar Joliot-Curie bei der Entdeckung des Radiums, Robert Koch auf der Suche nach dem Tuberkel-Bazillus, Otto bei der Entwicklung des Otto-Motors, aber auch Kolumbus auf seinem entbehrungsreichen Weg nach Indien ebenso wie Stanley und Livingstone und die Vielzahl der Firmengründer, die den Aufbau ihrer Unternehmen vor allem mit Begeisterung, selbstverleugnender (richtiger gesagt: ich-verleugnender) Hingabe und Opferbereitschaft zuwege gebracht haben.

Schon das Kleinkind im Sandkasten ist dieser Hingabe und Selbstvergessenheit fähig wie eigentlich alle Kinder im Spiel. Werden Kinder, große wie kleine, aus ihrem Spiel als einer für sie wichtigen Lebenssituation herausgerissen, so ist dies so, als ob man eine Pflanze aus ihrem Erdreich herausreißt. Denn Kinder leben erst im Spiel auf, und das Spiel ist es – weniger die elterlichen Ermahnungen und erzieherischen Eingriffe ›tue dies, laß jenes‹ –, was sie leben lehrt.

In solchen Situationen findet der Mensch Sinn im Leben, und deshalb beginnt im Grunde genommen auch jede therapeutische – wie führungsmäßige – Überlegung mit der Frage nach der geeigneten *Aufgabe,* die Hingabe und damit auch Leistung (wie ggf. ›Heilung‹) ermöglicht.

Diese Ich-Vergessenheit, dieses Sich-Distanzieren von seinem Ego, ist die Voraussetzung dafür, daß ein Mensch in einem solchen ich-distanzierenden Aufgabenhandeln auch über sich selbst (über seinen Egoismus, über seine Probleme und Lebensstörungen) hinauswachsen kann, körperlich wie geistig.

Wobei ›geistig‹ hier keine rationalen oder intellektuellen Fähigkeiten, sondern Dimensionen der menschlichen Verantwortung meint.

Frankl unterscheidet beim Menschen den Bereich des Körperlichen (Somatischen) und den des Geistigen:

Psychophysikum:	*Physis* und *Psyche.*	Psyche verstanden als Instanz für die Steuerung des Organismus mit ihrem ›Sitz‹ im Zentralnervensystem und
	Geist	als Verantwortungs-Instanz für die Steuerung.

Wenn ein Chemiefacharbeiter in einer Meßwarte bei Hoechst oder Bayer Leverkusen im Laufe seiner Schicht äußersten Belastungen unterliegt, so stellt diese Aufmerksamkeitsanforderung eine psychische Belastung und der Verantwortungsdruck eine geistige Belastung dar. Eine Denkleistung, die seine Großhirnrinde zu erbringen hätte, wäre hingegen ein rein physischer Vorgang, denn die Großhirnrinde ist Teil des Körpers. Verantwortung zu empfinden und demgemäß zu handeln, ist zwar auch – wie bei allen menschlichen Aktivitäten – an Körperlichkeit gebunden, nichtsdestoweniger ist sie aber eine Dimension, die mit psychischen Abläufen nicht identisch ist: Man kann sehr wohl mit oder ohne Einschaltung des Geistes, mit und ohne Verantwortung, denken und handeln. Die ›rein‹ körperliche Belastung der Muskulatur oder des Stützapparates erscheint bei diesen Arbeiten demgegenüber erheblich geringer. Wenn dennoch vielfach Schmerzen in der Rückenmuskulatur, im Rückgrat oder als Kopfschmerzen auftreten, so sind dies meist die Folgen von Verspannungen, die von der psychischen und geistigen Anspannung hervorgerufen werden. So kann man nicht nur durch muskuläre Überlastung oder Überlastung des Stützapparates krank werden, sondern auch durch Überstrapazierung der Wahrnehmungsorgane und durch Verantwortungsdruck. Die psychosomatischen Kliniken bis hin zu den psychiatrischen Anstalten müßten ein Lied davon singen können, soweit sie in der Anamnese bis zur Eruierung von Arbeitsbedingungen vorgedrungen sind, was offenbar noch nicht überall der Fall ist.

Wenn der Mensch ›über sich hinauswächst‹, so ist meist auch Verantwortung mit im Spiel. Dabei zeigt es sich jedoch, daß diese Verantwortung sich oft sehr spezifisch auf die ›Sache‹ bezieht und keineswegs unbedingt auf andere Mitbeteiligte oder gar auf den Betreffenden selbst.

Die Selbstaufopferung bei Aufgabenbesessenen wurde bereits erwähnt, aber auch die Rücksichtslosigkeit gegen andere darf nicht unterschlagen werden. Sinn-Konzepte besonders mit starker Aufgabenbezogenheit können sehr wohl höchst unerfreuliche soziale Defizite aufweisen. Während Aufgabenbesessene ›sonst‹ recht rücksichtsvoll und hilfsbereit sein können, scheint im Augenblick der Tat, der Leistung, jede Rücksicht von ihnen abzufallen, und es dominiert allein ›die Sache‹, der sie sich verschrieben haben.

Führer, die Leistungsbedingungen schaffen, müssen dies bedenken, aber auch ihre eigene Leistungsbesessenheit und Sinn-Struktur kann hier zum Problem für sie und andere werden.

Verantwortung ist nicht gleich Verantwortung: Verantwortung gegenüber Aufgaben, vor allem, wenn diese religiösen oder ideologischen Charakter haben, schließen sehr häufig äußerste Rücksichtslosigkeit gegen Mitstreiter, Mitläufer oder gar Widerstrebende und Widersacher ein. Wir werden immer wieder bei unseren Überlegungen zur Sinn-Orientiertheit darauf stoßen, daß die auftauchenden Inhalte zunächst durchaus wertfrei im Sinne von Ethik oder Moral genommen werden müssen. Ihre diesbezügliche Besetzung erfahren sie erst, wenn wir die Frage nach dem konkreten situativen und damit auch gesellschaftlichen und kulturellen Zusammenhang stellen: Erst dann verschaffen sich auch die jeweils überindividuellen ethischen Wertmaßstäbe Geltung.

Wir wissen also, was zu einem Leistungsstreben als Sinnstreben gehört oder gehören kann: körperliches inklusive psychisches wie geistiges Übersichhinauswachsen. Der Maßstab ist dabei der jeweils individuelle – man könnte fast im sportlichen Sinne sagen – bisherige Beststand, *nicht das Übliche, sondern das Mögliche.*

Wenn ein bis dahin nicht sonderlich in Erscheinung getretener Arbeiter plötzlich unter Aufbietung aller seiner Kräfte an seinem Platz ausharrt, wenn er – z. B. angesichts eines eintretenden Schadens, ohne daß es gleich eine Katastrophe sein muß – aus Verantwortung gegenüber Sachen oder Personen mehr tut als sonst, sich intensiver einsetzt, *dann* erbringt er Leistung. Er erbringt sie wohlbemerkt, denn niemand hat ihn dazu gezwungen noch könnte ihn dazu zwingen. Deshalb sagten wir zuvor schon einmal:

Leistungen können weder erzwungen, noch abgekauft oder abgeschmeichelt, sie können immer nur erbracht werden.

Subjektive Merkmale des Leistungshandelns

Wenn man hier einwerfen wollte, daß man sehr wohl jemanden durch Gewalt zwingen kann, Leistung zu zeigen, so beruht dies auf einer falschen Einschätzung: Man kann wohl jemanden bis zu einem gewissen Grade dazu bringen, seinen Output, sein Soll, zu erhöhen, ob das aber für ihn tatsächlich ›Leistung‹ bedeutet, bleibt dabei völlig offen, weil unkontrollierbar.

Selbst wenn man jemanden brutal zwingt, sich bis zur völligen Erschöpfung zu verausgaben, entsteht dadurch nicht Leistung, sondern Erschöpfung. Charakteristikum von Leistung ist es ja gerade, daß sie

- *freiwillig erbracht wird,*
- *ein Hinauswachsen nicht über ein fremdes Soll, sondern über selbstgesetzte Ziele bedeutet,*
- *aufgrund der Freiwilligkeit ein Ringen mit sich selbst und mit der eigenen Schwäche darstellt* (und keinen Konkurrenzkampf mit anderen),
- *beim Träger – bei aller Anstrengung und Konzentration – Freude und Stolz erzeugt.*

Letzteres ist das wichtigste Merkmal für Leistung. Führer, die Leistung belohnen wollen, müssen den Stolz des Betreffenden verstärken; wollen sie Leistung herausfordern, müssen sie (neben anderen situativen Voraussetzungen) die Aussicht auf Stolz herausfordern.

Bei meinen Betriebskontakten in der Sowjetunion bin ich häufiger gefragt worden, auf welche Weise man die Leistungsbereitschaft der Arbeiter verstärken könnte, deren (nicht überall) verbreitete Uninteressiertheit ein ernstes Problem für Wirtschaft und Gesellschaft der Sowjetunion darstellt. Alle finanziell möglichen ›Leistungs‹verstärker wie Prämien und ›Leistungs‹lohn habe man bis zum Exzeß ausprobiert. Meine Antwort war immer eindeutig:

- *Klare eindeutige Leitung,*
- *akzeptierte Führung.*

Führung im Sinn-System mit:

- *akzeptierten Zielen,*
- *akzeptierten Methoden,*
- *anerkannten Fachqualitäten,*
- *anerkannten Persönlichkeiten.*
- *Aufgabenhandeln und Sinn-Erfüllung nach individuellen – und nicht nach kollektiv vorgeschriebenen – Wertmaßstäben.*

Materielle Anreize, Löhne, Prämien sind dabei immer nur Mittel zum Zweck. Man kann sie weder essen noch trinken, noch verhelfen sie unmittelbar zu gesünderem oder längerem Leben. Geld macht bekanntlich ›allein‹ noch nicht einmal glücklich – »aber man kann sich schön etwas dafür kaufen«. Wenn man also in der Sowjetunion wie anderswo mit Geld Leistung stimulieren will, dann muß es sinnvolle Angebote für das geben, was man sich dafür kaufen kann. Eine Arbeit ist also auch unter ansonsten sinnlosen Bedingungen noch sinnvoll, wenn man für das Entgelt Sinn an anderem Ort verwirklichen kann. Ich traf in Kanada einmal einen High-School-Lehrer, der jeden Tag drei Stunden lang in einem der großen Steinberg-Supermärkte die Waren aus den Einkaufswagen der Kunden an die Kasse und von dort auf die Transportbänder zum

Parkplatz packte, eine ›rein‹ physische Anstrengung ohne Beteiligung von Geist ... und ohne jeden Bezug zu seiner jahrelangen akademischen Ausbildung. Der Kanadier verbesserte damit sein Gehalt um 50 Prozent, was gegen die dortigen Gehälter für nichtkörperliche und für die dortigen Gehälter für körperliche Arbeiten spricht. Bei uns würde man für eine 50prozentige Aufbesserung von Beamtengehältern nicht in der Freizeit jobben, sondern in der Dienstzeit streiken. Da es in Kanada genügend sinnvolle Angebote gibt, lohnt es sich also, scheinbar ›nur für Geld‹ zu arbeiten. In der Sowjetunion hätte sich dies beispielsweise, zumindest in früheren Jahren, nicht gelohnt. Jetzt ist das etwas anders, nachdem man in begrenztem Maße Autos, Eigentumswohnungen, Datschen erwerben kann – also Mittel, die je nach individuellem Sinn-Konzept mehr Freiheit und Sozialprestige ermöglichen.

Andererseits muß die Verfügung über bestimmte Güter nicht zu mehr innerer wie äußerer Freiheit führen. So stellen die Privilegien der Nomenklatura (10), bei allem größeren Spielraum dieser Kaste, letztlich goldene Fesseln dar, mit denen die Begünstigten im Käfig ihrer Ideologie gehalten werden.

Materielle Güter können also ebenso zur Abwendung von einem Sinn-Zusammenhang (z. B. der Staatsideologie) genutzt werden, wie Ausdruck einer besonderen Hinwendung sein. Was dies *dem einzelnen* bedeutet, bleibt der bloßen Beobachtung verborgen. Dem einen mag die Luxusdatscha in Sotschi Belohnung für besonders linientreues Denken sein, dem anderen die vorgeschriebene Begrenzung dieses Denkens vor Augen führen, der er als Angehöriger einer bestimmten Klasse unterliegt. Die Sinn-Frage kann sich nur jeder selbst beantworten. So läßt sich zwar auch Leistung mit Geld stimulieren, aber nur dann, wenn eine sinnvolle Verwertung dieses Geldes möglich ist: Geld als Mittel zum Sinn.

Sinn ist somit individuell und situativ. Man kann ihn nicht liefern oder verordnen, noch auf Rezept verschreiben, noch durch unternehmensinterne Stellenbeschreibungen und Führungsanweisungen vorschreiben. Er muß vielmehr vom Individuum selbst gesucht und nach eigenen Maßstäben verwirklicht werden.

Objektive und gesellschaftliche Bedingungen des Leistungshandelns

Unabhängig von diesen *Sinn-Bedingungen der Leistung* – und diese stets vorausgesetzt – gibt es aber noch eine ganze Reihe von Umständen, die allgemein als *Rahmenbedingungen der Leistungsmotivation* gelten (11).

Wo die Wissenschaft diese zu den alleinigen Auslösern ernennt und die Sinn-Voraussetzung dabei übersieht oder leugnet, erhebt sich die Frage, ob jene tatsächlich allein ausreichend wären, Leistungen zu provozieren. Wir sollten deshalb diesen Aspekt bei dem Überdenken des Folgenden einmal im Auge behalten:

1. Sollen die Ergebnisse von Handlungen als ›Leistungen‹ angesehen werden, so müssen sie ›objektivierbar‹, d. h. gegen andere abgrenzbar und meßbar sein.
2. Es muß die Möglichkeit des *Gelingens oder Mißlingens* geben, d. h.,
3. die Leistung muß auf einem *Schwierigkeitsmaßstab* als Gradmesser der *Anstrengung* beruhen, und dieser muß einem *Gütemaßstab* entsprechen.
4. Dabei muß der *Urheber* erkennbar
5. und das Ergebnis von diesem sowohl *beabsichtigt* wie auch *zustande gebracht* worden sein.

Nehmen wir also einmal eine industrielle Arbeitsgruppe an, die unter Leistungsbedingungen arbeitet, so muß es sich um erkennbare, nicht nur gewollte, sondern um erbrachte Ergebnisse handeln, die festgestellt und mit früheren verglichen werden können.

Der Vergleichsmaßstab muß nicht unbedingt für die ganze Wirtschaft verbindlich sein, aber er muß zumindest für die arbeitende Gruppe gegenüber sonstigem Handeln einen klaren, meßbaren Unterschied ermöglichen. Der Urheber, einzelne, ggf. aber auch die Gruppe als Ganzes, müssen als Erbringer identifiziert werden können; das Ergebnis darf also nicht nur eine Art rechnerischen Anteil aus einem größeren Allgemeinergebnis darstellen. Darüber hinaus darf dieses Ergebnis kein Zufallsprodukt sein. Und diejenigen, denen die Leistung zugute gerechnet wird, müssen auch wirklich die Urheber in Person sein. Weiterhin stellt man auch darauf ab, daß das Erbringen einer solchen Leistung vor allem auf Anstrengung und weniger auf Fähigkeiten beruht.

Das Ganze läßt den Geist der pädagogischen Leistungspsychologie erkennen, der diese Kriterien auch entstammen. Lehrer haben es immer gern, wenn sich weniger begabte Schüler unter ihrer Anleitung erfolgreich geplagt haben, als daß einem Begabten etwas scheinbar mühelos zugeflogen ist.

Unter anderen als Schulbedingungen ist es aber völlig gleichgültig, ob jemand sich selbst übertroffen hat, indem er erhebliche Anstrengungen auf sich nahm oder ob seine Leistung vor allem auf einem genialen Einfall beruhte. Der kommt ja nicht von ungefähr.

Fragen wir uns jedoch zusammenfassend, ob diese Rahmenbedingungen bereits ausreichen, um einen nicht sonderlich zum Handeln Motivierten nun ›vom Stuhl zu reißen‹, so wäre dieses eher zu bezweifeln.

Wenn eine Aufgabe insgesamt uninteressant ist, also nicht in das Sinn-Konzept des Betreffenden paßt – wenn ihm ›der Sinn nach anderem steht‹ –, dann helfen auch die besten Rahmenbedingungen nicht viel. Letztere scheinen vielmehr *Voraussetzungen der Leistungsmessung und nicht der Leistungsmotivation* zu sein.

Immerhin bietet diese Skala einige interessante Hinweise für die Gestaltung von leistungsherausfordernden Situationen. Sieht also jemand in einer bestimmten Aufgabe für sich überhaupt einen Sinn, so kann es schon ganz reizvoll sein, bestimmte Schwierigkeitsgrade zu überwinden (erinnert sei an die weiter vorn erwähnte raffinierte Art des Auftragsangebotes in der morgendlichen Postbesprechung des ›großen Bewegers‹). Natürlich will man im Erfolgsfall auch derjenige sein, der sich die Feder des Ruhmes an den Hut steckt und dies keinem anderen überlassen.

Die weiteren Kriterien jedoch sollte man ›nicht so eng‹ sehen: Auch wenn Glück dabei mit im Spiel, also keinesfalls alles nur Planung und Anstrengung, war, bleibt doch die Leistung. Nicht ohne Grund sagt der Volksmund: Glück hat auf die Dauer nur der Tüchtige. Auch für das Gesamtergebnis dessen, was sich durchaus unter subjektiven Schwierigkeitserwägungen wie objektiven Gütemaßstäben als Leistung sehen lassen kann, ist es nicht so wichtig, ob viel Schweiß geflossen ist oder ob vor allem gute Gelegenheiten genutzt worden sind.

Daß Leistung in erster Linie eine Sicht der Innenschau des Betreffenden ist, unterstellt auch die pädagogische Leistungsmotivation. Die entscheidenden introspektiven Elemente der Leistungsmotivation sind aber der von außen nicht wahrnehmbare Sinn-Bezug, die ebenfalls nicht beobachtbare Freiwilligkeit und die nur von dem Betreffenden selbst erlebbare Selbstüberwindung, der Wettbewerb mit sich selbst, ob im Schweiße des Angesichts oder im freien, spielerischen Umgang mit seinen Geisteskräften auf der Jagd nach dem entscheidenden Einfall.

Handlungskriterien der Leistung

Auch die folgenden Handlungskriterien, die allgemein als leistungsherausfordernd gelten, sollten unter den vorgenannten Gesichtspunkten und Vorbehalten betrachtet werden. Nichtsdestoweniger bieten sie eine Reihe von Hinweisen für die praktische Gestaltung von Leistungssituationen. Und diese Gestaltung ist eine Führungsaufgabe.

Hier einige Elemente einer ›Leistungs‹motivation, wie sie der Schweizer Soziologe J. Vontobel (12) formuliert hat.

Vontobel unterscheidet drei Komponenten:

1. relativ stabile Motive,

2. die situative Herausforderung, oder wie er es nennt: den Anreizwert des Erfolgs und

3. die geschätzte Erfolgswahrscheinlichkeit.

Zu den früher schon genannten Bedingungen ist hier also noch die mögliche Erfolgswahrscheinlichkeit gekommen – Erfolg ganz einfach im Sinne erwarteter Folgen und ohne den Beigeschmack, den der Begriff sonst noch für uns hat (13).

Dabei kommt es um so sicherer zu einer Verwirklichung von Leistung,

- je mehr die herausgeforderte Handlung einen konkreten *Ausweg* aus einer bedrängten Situation verspricht:
  (Ein Mitarbeiter hat es mit seinem Vorgesetzten verdorben oder droht von einem Kollegen auf der Karriere-Rennbahn überrundet zu werden. Er tritt daraufhin mit eigenen Vorschlägen in Erscheinung und verfolgt diese unter Hochleistungsbedingungen mit Eifer und Nachdruck).
- je mehr die *Wege* zum Ziel bereits *strukturiert* sind:
  (Bei den zuvor genannten Vorschlägen handelt es sich nicht um etwas völlig Neues, sondern um die Verbesserung vorhandener Arbeitsstrukturen und mit Mitteln, die sich ebenfalls erprobten Handlungsweisen anpassen. Die Durchsetzungs- wie Erfolgswahrscheinlichkeiten werden dadurch wesentlich größer als bei neuen, stark mit Risiko belasteten Vorhaben.)
- je mehr handlungsbezogene *Vorbilder* vor Augen stehen:
  (In einer vergleichbaren Situation hat ein inzwischen beförderter Kollege nämlich schon ähnlich gehandelt.)
- je mehr Art wie Inhalt des Handelns im weiten Umfeld *Billigung* finden:
  (Der Handelnde bedient sich nicht billiger Tricks bei seinem Vorstoß und nutzt dabei nicht andere aus, sondern erbringt das Ergebnis durch eigene Anstrengung. In der Sache selbst handelt es sich um eine Aktion, die ihm auch aus der Sicht des Unternehmensganzen Anerkennung einbringt.)

Auch diese Hinweise lassen sich bei Auftragsangeboten gut zur *Verstärkung der Übernahmebereitschaft* verwenden, da sie sich leicht in die Beschreibung der Auftragsbedingungen einfügen lassen. Leistung wird durch sie allein nicht herausgefordert.

In unserem Zusammenhang wichtiger sind Überlegungen, wie sie der amerikanische Sozialwissenschaftler McClelland (14) angestellt hat: Einmal hat McClelland ein System entwickelt, das zwischen Hochleistungsmotivierten, Mäßig-Leistungsmotivierten und Nicht-Leistungsmotivierten unterscheidet. Dabei geht er davon aus, daß es sich bei einer solchen Charakterisierung eher um verfestigte (gelernte) als angeborene Persönlichkeitsmerkmale handelt, zumal sich empirisch Beziehungen zwischen einem bestimmten, auf Leistung, Selbständigkeit und Risikofreudigkeit abgestellten Erziehungsverhalten (vor allem der Mütter) und dem späteren Berufserfolg ihrer Kinder herstellen lassen. Es lohnt sich hier jedoch nicht, darauf näher einzugehen, weil eine umfassende, motivationstheoretische Darstellung nicht unser Thema ist. An dieser Stelle deshalb nur soviel, daß die zugrunde liegenden Kriterien nicht unumstritten sind und ein Berufserfolg weder unbedingt von Leistung in unserem Sinne abhängt noch allgemeingültige Kriterien für Berufserfolg existieren. Für jemanden, der unter erschwerten sozialen oder körperlichen Bedingungen soviel erreicht wie andere bereits durch die ›sorgfältige Auswahl ihrer Eltern‹, bedeutet dies sicher ein Mehr an Leistung und Erfolg als das bloße Halten eines ererbten Status. Insbesondere sind Einkommensgrößenordnungen, wie sie in den Industrieländern allenthalben herumposaunt werden, mit Sicherheit kein Maßstab für Leistung oder Erfolg.

Wenn man deshalb auch solchen Kriterien skeptisch bis ablehnend gegenüberstehen mag, so ist doch die Überlegung nicht unwichtig, ob, und wenn ja, in welchem Ausmaß man es mit Leistungsmotivation als einer verfestigten Persönlichkeitsvariablen zu tun hat. Aus langer Erfahrung möchte auch ich eine solche Möglichkeit nicht ausschließen. Gesicherter ist jedoch, daß selbst ein Hochleistungsmotivierter nur dann ›anspringt‹, wenn für ihn typische und mit seinem ganz persönlichen Sinn-Konzept verbundene Leistungsanreize vorliegen. Innerhalb einer solchen Grundvoraussetzung kann man aber wohl mit weitgehend beständigen Unterschieden im Leistungsverhalten rechnen. Dabei fällt vor allem eine Tendenz ins Gewicht, die man etwas verschwommen mit »Erfolg-aufsuchend, Mißerfolg-meidend« umschrieben hat. Man kann sie auch so charakterisieren, daß der eine eher dazu neigt, forsch an eine Sache heranzugehen und auch einmal einen Reinfall zu riskieren (Risikotyp), während der andere es vorzieht, auf ›Nummer Sicher‹ zu gehen, ohne deshalb weniger aktiv sein zu müssen als der Risikotyp. Dieser Typisierung darf man etwas sicherer vertrauen als der zuvor erwähnten Unterscheidung nach Hoch-, Mittel- und Nichtleistungsorientierten (15).

Ich selbst habe eine Vielzahl von Tests nach dem letztgenannten Prinzip vorgenommen. Gerade unter Leitungs- und Führungsbeauftragten in Wirtschaftsunternehmen ist das Erstaunen immer wieder groß, wenn sich die Mehrzahl als »Meidens-Typen« erkennt. Bei einem solchen Test mit der Geschäftsleitung eines Münchener Unternehmens erzeugte das zunächst sogar einen ganz deutlichen Groll, hielt man doch spontan das »Auf-Nummer-Sicher-Gehen« für ein dem stolzen Managerbild nicht voll entsprechendes Verhalten. Erst als ich deutlich machte, daß das Unternehmen wohl sehr schnell Pleite ginge, wenn seine Geschäftsleitung vorwiegend aus Risikotypen bestünde und es im Gegenteil sehr wichtig sei, daß sorgsam abwägendes Handeln nicht von ungestümem Erfolgsstreben überrollt würde, gab man sich aufatmend wieder zufrieden. In der Tat verfügt bereits jeder einigermaßen solide Negerstamm über einen sorgsam abwägenden Rat der Alten, der den jeweils jungen, aktiven und manchmal ungestümen Häuptling auf die Löcher und Fallen hinweist, in denen die Alten schon früher einmal gelegen haben. Erfahrung weiß selten, wo es künftig langgehen soll, aber fast immer, wo es sich nicht mehr lohnt, es (noch einmal) zu versuchen.

McClelland macht aber noch auf etwas anderes aufmerksam, mit dem er zwar auch bezüglich der von ihm verwandten Kriterien auf Widerspruch gestoßen ist, das aber ebenfalls eine gewisse Plausibilität, wenn nicht mehr, für sich in Anspruch nehmen darf. So weist er darauf hin – und mit ihm auch Autoren wie DeCharms und Möller (16) –, daß wirtschaftlichen Aufwärtsentwicklungen immer Zeiten einer hohen Leistungswürdigung im allgemeinen Gesellschaftsbewußtsein vorausgegangen seien. Als Ausdruck für letztere wurde der Tenor öffentlich gehaltener Reden und Presseveröffentlichungen ebenso herangezogen wie ›die Moral‹ von Volksmärchen, Schulbuchinhalten des 2. bis 4. Schuljahres und anderes mehr. DeCharms und Möller haben als Ausdruck für Wachstum nicht den Energieverbrauch der Wirtschaft (Kohle), wie McClelland, sondern die Anzahl der Patentanmeldungen zugrunde gelegt. Auch unter diesem Gesichtspunkt scheint eine Beziehung zwischen *allgemeingesellschaftlicher Leistungswürdigung und Leistungsförderung und tatsächlicher Innovation* zu bestehen, wie sie die Patente belegen.

In einem der späteren Kapitel, nämlich im Rahmen einiger Interviews, die eigens für dieses Buch geführt wurden, werden wir noch einmal mit großem Nachdruck auf die gesellschaftlichen Rahmenbedingungen aufmerksam gemacht werden, die einen Bereich offenbar besonders berühren: die Bundeswehr. Wie sich Führen unter den erschwerten Bedingungen einer nicht gerade auf Leistung, sondern mehr auf ödes »Malochen«, Verteilungskämpfe und Gruppenegoismus eingestellten Gesellschaft vollzieht, wird dabei deutlicher als es manchem lieb sein kann.

Leistung in der Gruppe: Antriebssteigerung durch InTEAMität

Alvin F. Zander, Direktor des Forschungsinstitutes der Universität von Michigan, hat in einer umfassenden Untersuchung (17) die Bedingungen von Leistungshandeln in Arbeitsgruppen erforscht. Nach dem zuvor Gesagten könnte man annehmen, daß Leistung ausschließlich von den individuellen Sinn-Komponenten des einzelnen stimuliert werde.

Dies ist auch dann der Fall, wenn keine *gruppenspezifischen Wirkungen* auftreten. Da Führung, wie wir uns hier aufzuzeigen bemühen, zwar vor allem eine duale Beziehung ist und soweit wie möglich auch als auf den einzelnen gezieltes Einwirken aufgefaßt werden sollte, spielt es sich jedoch im allgemeinen immer zugleich auch gegenüber mehreren einzelnen gleichzeitig ab. Dabei ergeben sich mitunter Gruppeneinflüsse, die führungsmäßig nicht unberücksichtigt bleiben dürfen.

Prinzipiell wird Leistung im Gruppenrahmen, wie Zander feststellt, durch zwei Größen bestimmt: Einmal durch die bereits ausführlich besprochene individuelle Motivation (das Zusammenwirken von Persönlichkeitseigenschaften und situativen Herausforderungen) und zum anderen durch jene Bedingungen, die aus der Gruppensituation selbst herrühren. Wirkungen dieser Art können sich wie alle Motive verstärken, abschwächen oder gegenseitig aufheben. Insbesondere die zuvor erwähnte typische Neigung zum ›Meidens‹verhalten kann, soweit es sich als Angst vor dem persönlichen Mißerfolg ausprägt – wie teilweise auch fehlende Leistungsmotivation –, durch das Gruppengeschehen *überwunden* werden.

Eine der wichtigsten Erkenntnisse Zanders, die auch meine Praxis bestätigt, betrifft die Tatsache, daß sich Menschen für kleinere Arbeitsgruppen stärker einsetzen als für große Gruppen, und man könnte hinzusetzen: mitunter auch stärker als für sich selbst. Mitarbeiter, denen im Grunde genommen ihre Firma völlig ›schnuppe‹ ist, empfinden nichtsdestoweniger eine große Solidarität mit den Angehörigen ihrer Arbeitsgruppe oder Abteilung. Je kleiner eine solche Gruppe ist, um so enger das Zusammengehörigkeitsgefühl. Zander stellt deshalb sehr einleuchtend fest, daß der Erfolg mancher Unternehmen davon abhängt, in welchem Maße es gelingt, ein *Unternehmen als Organismus kleiner Gruppen* zu strukturieren.

Mir selbst fällt dabei ein zunächst recht unwilliger Gesprächspartner ein, der mich nach einem Vortrag, in dem ich kleine Gruppen, ja sogar die sich oft spontan bildenden ›Cliquen‹ sehr gepriesen hatte, mit dem Gegenbeispiel eines Schlechteren belehren wollte. »Können Sie sich vorstellen ... in meinem Unternehmen habe ich eine solche Clique, es sind Frauen, die ganz phantastisch zusammenarbeiten. Sie sind die schnellsten von allen und halten zusammen wie Pech und Schwefel. Aber sie halten sich auch für ›die allergrößten‹ und tyrannisieren die anderen. Im Grunde genommen bringen sie nur den ganzen Laden durcheinander ... Ich habe ihnen gesagt, wenn sie so weitermachen, dann setze ich sie auseinander – und was meinen Sie, was sie mir geantwortet haben? Wenn Sie das tun, haben sie gesagt, dann kündigen wir! Eine Arbeit wie hier finden wir woanders allemal, aber eine solche Arbeitsgruppe nicht. Was sagen Sie dazu!?«

Ich habe diesem aufgebrachten Unternehmensleiter den Vorschlag gemacht, alle seine Mitarbeiter in solchen Gruppen zu organisieren, Leute bewußt ›zusammenzusetzen‹, von denen er weiß, daß sie gut miteinander harmonieren. Harmonie, Übereinstimmung in Temperament und Interessen sind die beste Grundlage für Produktivität am Arbeitsplatz. »Die ganzen Fußballfanatiker etwa auf einem Haufen – die Taubenzüchter und Gartenspintisierer? Dann reden die den ganzen Tag doch nur von ihren Hobbys! Und was kommt dabei für die Arbeit heraus?«

Man kann ganz beruhigt sein: Für die Arbeit kommt dabei nur das Allerbeste heraus. Ganz im Gegensatz zu Gruppen, in denen Spannungen herrschen, mögen diese nun politischer oder sonstiger Art sein oder auf unkollegialem Verhalten beruhen, auf Konkurrenz am

Arbeitsplatz, Bevorzugung des einen gegenüber dem anderen durch den Gruppenleiter oder worauf auch immer.

Natürlich sollte man Gruppen nicht einfach nach Hobby und ›Weltanschauung‹ *zusammensetzen,* im Gegenteil: Gruppen müssen sich *selber bilden.* Aber man sollte alle Ansätze zur Gruppenbildung möglichst unauffällig fördern. Jeder, der eine Zeitlang mit anderen zusammenarbeitet, weiß, wer zueinander paßt, wer miteinander umgeht und welche Interessen die einzelnen haben. Auch die sogenannten informellen Gruppenführer sind bekannt, die opinion-leader, die Wortführer, die das aussprechen, was die anderen denken.

Bei Aufgabenangeboten sollte man nach Möglichkeit bei der Bildung der entsprechenden Teams solche vorhandenen Affinitäten nutzen. Ich verwende hier bewußt diesen Begriff, der eigentlich das Verhalten chemischer Stoffe beschreibt. Aber mir scheint, daß es auch unter Menschen solche Affinitäten nahezu chemischer Art gibt. Aversionen sind nicht selten Folgen bewußt oder unbewußt wahrgenommener Gerüche (z. B. ein Hauch von Knoblauch), und man interpretiert das dann womöglich als kulturelle Ablehnung (Türkenproblem!), ungewohnte Farben, Barttrachten, Kleidungsstücke rufen Widerwillen, z. T. verkappt Angst, in uns hervor. In anderem Zusammenhang (18) habe ich das ausführlicher dargestellt. Im Zusammenwirken der kleinsten biologischen Einheiten, der Zellen, kennen wir solche ›chemotaktischen‹ Vorgänge, Reaktionen, die auf chemischen Besonderheiten beruhen. Darüber hinaus gibt es aber noch unzählige andere Reize, die Sympathie oder Antipathie, im wörtlichen Sinne Zuneigung oder Abneigung, hervorrufen. Auch Pflanzen wenden sich einander zu oder voneinander ab, behindern sich in ihrem Wachstum oder fördern sich bzw. verhalten sich neutral.

Hier spielen nicht nur chemische, sondern auch bioenergetische Vorgänge eine Rolle, obwohl beides, je weiter wir in die Lebensvorgänge des Elementarbereichs vorstoßen, immer mehr zusammenfließt. Über Schlüsselreize des menschlichen Verhaltens ist schon viel geschrieben worden. Sie beruhen z. T. auf Vererbung, z. T. sind sie, vor allem in der frühen Kindheit, gelernt: Körperformen, Haarfarbe, Gesichtspartien, Augenfarbe und anderes spielen dabei eine große Rolle. Aber auch bestimmte Verhaltensweisen können dazugehören: Besorgtheit, (Mütterlichkeit), Zärtlichkeit, Schroffheit,

Distanziertheit. All das begründet unterschiedlich Aktion und Reaktion. Der rationale Einfluß ist dabei geringer, als wir uns das als scheinbar rationale Wesen eingestehen wollen. Gerade weil wir allen unseren irrationalen Reaktionen mit Vorliebe rationale Begründungen nachzuschieben pflegen – sogenannte ›Rationalisierungen‹ –, hat Albert Camus den Menschen nicht als ein rationales, sondern als ein rationalisierendes Wesen bezeichnet. Ein Team kann bekanntlich schon aus zwei Personen bestehen, die arbeitsteilig miteinander umgehen. Ein besonders enges Aufeinanderangewiesensein nennen wir eine Symbiose. Die Natur kennt viele solcher Symbiosen: Krokodil und Madenhacker, Haifisch und Pilotfisch(e) und viele andere. Auch die Verbindung Mutter/Säugling–Kleinkind ist eine solche Symbiose, wie alle Beziehungen, bei denen ein Teil auf den anderen angewiesen ist oder auch beide Teile wechselseitig aufeinander.

Alle engen zwischenmenschlichen Verbindungen haben motivationspsychologisch und sinn-theoretisch eine große Bedeutung, denn *Sinn* als primäre, als ursprüngliche und entscheidende Antriebskomponente *wird vor allem durch soziale Bindungen erlebt*, durch die Verwirklichung ›sozialer Erlebniswerte‹. Man könnte geradezu so weit gehen, in dem Intensitätsgrad einer sozialen Verbindung den Anteil an Sinn-Gehalten für die Betreffenden zu sehen. Ich erinnere an die zuvor erwähnte so überaus produktiv arbeitende und eng miteinander verbundene ›Damenriege‹. Aber auch noch ein anderes Erlebnis hat mir diese Feststellung anschaulich verdeutlicht. Auf einem Fabrikhof fiel mir während stundenlanger Dreharbeiten zu einem Industriefilm ein Arbeiter auf, der Benzinfässer aus der einen Ecke des Hofes in die andere rollen sollte. Nach Stunden hatte sich aber noch immer nichts Nennenswertes getan. Als ich mit ihm darüber ins Gespräch kam, beklagte er, daß der Werkmeister am Morgen bei der Arbeitseinteilung ihn und einen Kollegen, mit dem er schon seit Jahren aufs engste zusammenarbeitete, auseinandergerissen habe. »Der hat gemeint, der andere, der nun mal sehr klein und schmächtig ist ...« (während er selbst ein schwerer, etwas unbeholfen wirkender Butzer war) »... könnte unter die Benzinfässer kommen, und dann wäre er platt wie eine Briefmarke ... Wir arbeiten nun schon seit zehn Jahren zusammen, und wenn mein Kumpel mal nicht da ist, dann ist der ganze Tag für mich völlig sinnlos ...« Der Mann hatte tatsächlich

›sinnlos‹ gesagt, und das hatte mich aufhorchen lassen. Ich suchte dann auch noch den anderen auf, der im Lager auf einer Liste irgendwelche Zahlen abhaken sollte. Aber auch der ›Kleine‹ stand nur lustlos herum: »Sehen Sie«, sagte er mir, »wir sind nämlich aufeinander angewiesen. Den Dicken, den hänseln sie meistens, weil er nicht gerade der Schnellste und viel zu gutmütig ist. Ich passe da ein bißchen auf, daß man ihn nicht allzusehr ausnützt und auch sonst ... denn ich bin mit der Klappe ›ganz gut zu Fuß‹. Und wenn mir einer mal dumm kommt, kriegt er es mit dem Dicken zu tun.«

Hätte der Werkmeister einen Schimmer davon gehabt, hätte er diesen Tag mit einer angemessenen Arbeitsleistung beider positiv für sich und diese Mitarbeiter verbuchen können.

So durfte er die Arbeitsstunden im wesentlichen abschreiben. Es macht sich immer bezahlt, wenn man als Führender sich einmal Gedanken über die Sinn-Voraussetzungen der Arbeitsmotivation in seinem Aufgabenbereich macht – der Arbeits*zweck* ist ohnehin vorgeschrieben.

Bei Untersuchungen über Arbeitszufriedenheit in einem Industrieunternehmen hat sich ergeben, daß eine Vielzahl der Arbeiter diese nicht aufgrund der Bezahlung oder der ›heiß‹geliebten Arbeitsbedingungen empfand (es handelte sich um ein Stahlwerk), sondern aufgrund der sozialen Bedingungen der Arbeit. Das Erlebnis von Kollegialität, von Solidarität, von Zusammengehörigkeit war es, das ein Gefühl von Sinn-Haftigkeit hervorrief. Wird dieses Zusammengehörigkeitsgefühl durch das Auseinanderreißen von Arbeitsgruppen oder gar durch Entlassungen zerstört, geht nicht nur die materielle Lebensgrundlage und das Selbstbewußtsein der Entlassenen kaputt, sondern vor allem auch das Erlebnis der bis dahin entstandenen sozialen Gemeinschaft – und zwar für alle: die Ausgeschiedenen wie die Zurückbleibenden. Mit dem Vertrauen in die Festigkeit und Zuverlässigkeit des durch meist jahrelangen Arbeitseinsatz verfestigten Sicherheitsgefühls wird zugleich das Sinn-Bewußtsein der Arbeit (wie des Lebens) in höchstem Maße beeinträchtigt. Ein Betrieb ist keinesfalls nur ein Produktionsaggregat auf Zeit, nämlich für die Dauer eines technischen oder Marktkonzeptes. Funktioniert das eine wie das andere nicht mehr, pflegt man eben den ›Betrieb‹ aufzulösen und die Arbeiter ›freizusetzen‹ (welch perverse Verzerrung des Begriffs ›Freiheit‹). Das ist eine typische »Hänsel-und-Gretel«-Mentalität: Wenn die Eltern nichts mehr zu essen haben, setzen sie die Kinder im Wald aus – der »liebe Gott« (heute der Staat) wird's schon richten. Ein Unternehmen ist aber, und zwar nicht zuletzt, eine Lebensgemeinschaft. Die gegenwärtige weltweite Umschichtung von Arbeitsaufgaben wird uns noch lehren, daß nun auch das Ende des traditionellen Unternehmensverständnisses gekommen ist: die Unternehmen als Einsatzstationen für immer kapitalintensivere Produktionsmittel.

Der Sozialstaat ist weder ein Auffangbecken für ›freigesetzte‹ Arbeitskräfte noch ein Rekrutierungsreservoir, aus dem sich immer kapitalintensivere Produktionsaggregate beliebig bedienen können (während die Bundesanstalt für Nicht-Arbeit die ›Freigesetzten‹ bei guter Laune hält).

Auch ein Staat ist ein Organismus, und seine hauptsächlichsten Organe sind in einer Industriegesellschaft die Unternehmen. Die Produktivität der Volkswirtschaft und das Sinn-Gefühl der in ihr Tätigen hängen aber von dem Bestand und der inneren wie äußeren Entwicklung dieser Organe ab. Lebende Großorganismen kann man nicht beliebig einschrumpfen lassen, auflösen, wieder zusammenfügen wie einen Haufen von Amöben, die sich mal zu biologischen Vielzellern verbinden und mal wieder auseinanderlaufen, je nachdem, wie es um die Nährsuppe bestellt ist, in der sie herumschwimmen.

Anpassung an wechselnde technische und Marktgegebenheiten bedeutet aber – bei der gleichzeitigen Forderung nach Aufrechterhaltung des sozialen Bestandes der Unternehmen als Organismus – *Flexibilität im Hinblick auf immer wieder neue Unternehmensaufgaben,* neue Produkte, neue Techniken, neue Märkte und *nicht Flexibilität im Ein- und Kaputtschrumpfen* von Arbeits- und Lebensbeziehungen aufgrund mangelnder konzeptioneller Vitalität des Unternehmens als Ganzem. Natürlich schließt dies auch Flexibilität bezüglich des sogenannten sozialen Besitzstandes ein; die Forderung nach prinzipieller Erhaltung des einmal Erreichten ist ebenso lebensfremd wie der rigorose Umgang mit gewachsenen sozialen Gemeinschaften.

Solcherart – auf Lebensgemeinschaft und nicht auf Produktionsgemeinschaft auf Zeit – angelegte Unternehmen werden sich aber auch den tiefgreifend gewandelten Verantwortlichkeiten stellen müssen. Denn an der Verantwortung für ein Unternehmen müssen alle, die darin arbeiten, ihren Anteil haben: an Planung und Disposition ebenso wie an Durchführung, Kontrolle und Ergebnis – im Guten wie im weniger Guten. Mitverantwortung für Gewinn und Verlust, sprich: Teilhabe am Risiko. Mitbestimmung ohne mitverantwortetes Risiko kann ebenso zur Ausbeutung werden wie Alleinbestimmung, bei der das Risiko (ohne Verantwortung) ja dann doch von allen, vor allem von den dann ›Freigesetzten‹, mitgetragen wird.

Die Aufrechterhaltung von Arbeitsgemeinschaften bei Aufgabenakzeptanz und intensivem Erlebnis von Sozialbeziehungen ist gleichbedeutend mit der Aufrechterhaltung von Sinn-Gemeinschaften. Sinn ist aber nicht nur begrenzt Arbeits-Sinn, sondern immer auch Lebens-Sinn. Vermittelt die getane, noch besser: die *geleistete* Arbeit das Gefühl dafür, »daß der Tag nicht verloren, sondern sinnvoll verbracht« worden ist, dann hat auch das Leben in diesem Augenblick Sinn gehabt.

Sprechen wir von Sinn, dann ist nicht der Sinn ›des Lebens‹ als allgemeines existenzielles bzw. biologisches Phänomen gemeint, der sich nur aus Verständnis von Evolution erschließen läßt, sondern der von Frankl immer wieder angesprochene *Sinn im Leben,* der erfahrbar ist; und dieser Sinn ist, wie alle motivationalen Beziehungen, an das Individuum gebunden, an dessen ererbte wie erlernte Motive (Grundmuster) (19) und an den Herausforderungscharakter der jeweiligen Situation. Die Summe aller im Leben als sinnvoll erlebten Situationen (wobei eine Situation nur ein paar Sekunden dauern kann oder jahrelang wie eine Ehe oder eine Arbeitsbeziehung), mag dann als »Ernte der ganzen Zeit«, als Sinn des jeweiligen individuellen Lebens, gewertet werden.

Wir haben mit diesen Überlegungen die Rolle von Sozialbeziehungen anvisiert und wollten uns insbesondere den Möglichkeiten zuwenden, die sich unter Team- bzw. Gruppenbedingungen für eine Veränderung von Motivations- und damit von Sinn-Gesichtspunkten ergeben können. So berichtet Zander von Arbeiterinnen in einer Schuhfabrik, die – in Arbeitsgruppen organisiert – nach der schlauen Methode eines inoffiziellen Gruppenwettbewerbs arbeiten: Die Betriebsleitung setzte jeweils ein tägliches Arbeitsziel, entlohnte aber unabhängig davon, ob dieses Ziel erreicht wurde oder nicht. Andererseits erfuhren die Arbeiterinnen aber täglich, *wieviel* jeweils erreicht worden war. Auf die Frage, ob ihnen ihre persönliche Leistung oder der Erfolg ihrer Arbeitsgruppe wichtiger war, bekannte sich die große Mehrheit für den Gruppenerfolg. Ähnliches stellte Zander auch in einer schwedischen Brauerei fest. »Die meisten der Befragten«, so heißt es in dem Bericht, »gaben an, daß sie sich über das Abschneiden der Gruppe ebensoviel Sorgen machten wie über ihr eigenes Abschneiden. *Über den Erfolg des Gesamtunternehmens jedoch machten sie sich durchweg weniger Gedanken.*« (20) Was wäre gewesen, wenn die schwedischen Arbeiter erst einmal ihr Gesamtunternehmen als ›ihre Arbeitsgruppe‹ erlebt hätten? Aber solange in der westlichen Welt das ›to hire and to fire‹ noch zum Credo sogenannter Führungskräfte gehört, werden die entsprechenden Motivationsenergien wohl als verschüttet angesehen werden müssen. »In den meisten Management-Lehrbüchern steht«, schreibt Zander, »daß ego-zentriertes Streben die Antriebsfeder bei der Arbeit ist. Auch wenn ein Arbeitnehmer angibt, er setze sich für die Firma ein, unterstellen Führungskräfte und Psychologen, daß sein Hauptinteresse seinem eigenen Wohl gilt.

Selten hat jemand ernsthaft die These geprüft, daß Arbeitnehmer vielleicht einen Gruppenerfolg so hoch bewerten, daß sie, um diesen zu erzielen, ihren eigenen Einsatz verstärken.«

Zu der Zeit, in der ich an diesem Buch arbeite, betreue ich in einem größeren Unternehmen eine Reihe von Arbeitsgruppen, die sich zum Ziel gesetzt haben, die Reibungsverluste untereinander zu verringern, um damit die Produktivität zu erhöhen. Die Verringerung von Reibungsverlusten zum Zwecke der Produktivitätssteigerung ist meist die äußere Legitimation der Unternehmen für auch noch ganz andere Zielsetzungen. Für mich existiert aus vielfacher Erfahrung zunächst eine ganz andere Begründung: Verringerung der Reibungsverluste zur *Sicherung der Lebensqualität in der Arbeit* – denn permanenter Zank und Streit und unausgesetzte ›Jagd nach dem Schuldigen‹ (wie es ein Stahlarbeiter im Ruhrgebiet einmal nannte), *Abbau des Alibi-Handelns* mit ›doppelter Buchführung‹, die eine Ausführung für die Unternehmensakten, die andere für die Privatakten, um zu gegebener Zeit den Nachweis persönlicher Unschuld führen zu können, und wie die anderen unschönen und unproduktiven Maßnahmen tagaus, tagein aussehen ... das sind *die eigentlichen Quellen für gesunkene Produktivität.* Reibungen – und damit Energieverluste durch Reibung – wird es immer geben. Solange sie aus technischen oder organisatorischen Gründen verstehbar sind, rufen sie auch nicht unbedingt eine Beeinträchtigung der Lebensqualität hervor. Im Gegenteil, sie können zu einer Herausforderung, zu immer neuer Überprüfung der Arbeitsabläufe werden.

Eine Beeinträchtigung von Lebensqualität, für die es keine einsehbaren Gründe gibt, läßt jedoch schlagartig die Arbeitslust zusammenbrechen, und so gilt es, *diesem Aspekt zu allererst* zu Leibe zu rücken. Auch methodisch ist es ein Unterschied, ob ich nach – bedingten wie aufhebbaren – Reibungen fahnde, oder ob ich auf Verbesserung der Lebensqualität abstelle.

Im ersten Fall gerät nämlich nur ein begrenzter Ausschnitt der Betriebswirklichkeit in das Gesichtsfeld, im letzten so ziemlich das ganze Unternehmen: Technische und organisatorische Arbeitsbedingungen, Erziehung derer, die es ganz besonders nötig haben (bis hin zur psychotherapeutischen Betreuung von Problemfällen), aber auch Neu- oder Umstrukturierung von Gruppen und mitunter auch Aus-dem-Verkehr-Ziehen ungeeigneter Führungskräfte. Letztere können vielleicht einen ganz wichtigen Posten auf dem reinen Leitungssektor ausfüllen, wo sich ihre technischen Fähigkeiten ungemindert verwerten lassen, ohne daß sie personell Schaden anrichten können.

Bei solchen Bemühungen zeigt sich immer wieder, daß die individuelle Lebensqualität häufig in erster Linie von sinnvoll erlebten Gruppenbeziehungen und Team-Qualitäten abhängt und somit die Voraussetzung für persönliche Leistungsbereitschaft ist.

Der Steigerung der Produktivität ohne finanzielle Investitionen dient man also am besten durch Sicherung oder Steigerung der Sinnhaftigkeit in der Arbeit.

Zander ist der Meinung, daß Gruppensituationen auch die zuvor beschriebene typische Neigung verändern können, vorwiegend ›erfolgs‹-motiviert zu sein bzw. sich eher durch Meidung von Miß›erfolgen‹ auszuzeichnen.

Nach Zander kann sich auch das Bewußtsein der ganzen Gruppe mit einer solchen typischen Neigung ausbilden. Vermutlich ist dabei die Typenbedingtheit der jeweiligen Opinionleader in der

Gruppe verantwortlich. Zander gibt keine nähere Begründung, und ich kann mir keine andere vorstellen.

Der Hauptunterschied zwischen der Leistungsmotivation in der Gruppe und einer entsprechenden individuellen Motivation ist jedoch, daß – nach Zander – die Neigung zum Erfolgsstreben in der Gruppe nicht auf nachhaltigen Veränderungen in der Leistungsmotivation der beteiligten Individuen beruht, sondern auf der *Veränderung der situativen Elemente,* denen die Gruppe wie die beteiligten einzelnen ausgesetzt sind. Das entspricht im vollen Maße dem zuvor bereits Gesagten:

Motivation ist ja ›das Produkt‹ aus der Wirkung individueller Motive und den situationsabhängigen Bedingungen. Verändere ich den einen Faktor (Situation), so verändere ich auch das Gesamtergebnis, sprich: die Motivation. Da man so gut wie nie die Motive, fast immer aber die Situation beeinflussen kann, erfolgt Motivierung durch Führung auf dem Wege der Situationsgestaltung. Gruppensituationen haben dabei den Vorteil, daß sie insgesamt schon besser motivieren.

Dies ist besonders gut an den sinn-theoretischen Prinzipien zu erklären: Das Umsetzen in Handlungen, das Operationalisieren von Sinn, kommt nach Frankl als *Verwirklichung von Werten* zustande. Sinn – z. B. in der Arbeit – entsteht dadurch, daß der Arbeitende

○ ein Werk schafft bzw. eine übernommene Aufgabe erfüllt
= *produktiv/kreative Werte* –

○ bei der Arbeit sinnvolle soziale Bindungen, also Kollegialität und Solidarität, erlebt
= *soziale Erlebniswerte* –

○ und/oder darüber hinaus auch bestimmten ideellen Zielen nachstrebt, wie sie ihm seine politischen, religiösen oder sonstigen Überzeugungen oder ästhetischen Auffassungen nahelegen
= *ideelle Werte.*

Gegebenenfalls arbeitet er, um Geld zu verdienen (als Zweck), das es ihm ermöglicht, sich Sinn außerhalb seiner Arbeit ›zu kaufen‹. Voraussetzung sind zumutbare ökologisch-ergonomische wie finanzielle Bedingungen.

Gruppenbedingungen verwirklichen im allgemeinen mindestens zwei der oben genannten Wertemöglichkeiten: Eine, die mit der Gruppenaufgabe als Arbeitsinhalt zusammenhängt, und eine weitere, die in dem Erlebnis von Kollegialität in der Gruppe begründet ist. Dadurch können auch Leute, die sonst wenig produktiv sind, zu besseren Arbeitsergebnissen gebracht werden. Der Rückkoppelungseffekt, wie er sich in der *Anerkennung durch die Gruppe* ergibt, führt dann zu einem verstärkten *Sinn-Erlebnis*. Hieraus ergibt sich bereits, daß ein Gruppenführer tatsächlich im erheblichen Maße ein Führer und nicht nur ein (besonders qualifizierter) Vorarbeiter sein muß – wie überhaupt die Anforderungen an Führungsfähigkeiten ›unten‹ erheblich größer sein müssen als gern sich als Führerpersönlichkeiten ausgebende höhere Truppen- wie Unternehmens›führer‹ behaupten. Eine entsprechende Führerschulung ist deshalb vor allem auf der unteren und mittleren Ebene geboten. Die Spitzen kann man getrost vernachlässigen. Wenn jene sich auf sorgsame Leitung konzentrieren und bei der Besetzung unterer wie mittlerer Positionen in stärkerem Maße Führerqualitäten berücksichtigen als bisher, dann haben sie ihre Schuldigkeit bereits in ausreichendem Maße getan. Die persönliche Fähigkeit zu führen (wenn auch nicht das Verständnis für die inneren Beziehungen und die Notwendigkeit der Führungsproblematik) darf nach oben getrost abnehmen, während die Anforderungen an hochqualifizierter Leitung unbegrenzt sind. Der Aufsichtsratsvorsitzende oder Vorstandssprecher einer Großbank braucht nicht unbedingt ein großer Menschenführer zu sein, wohl aber muß er ein Finanz- und Wirtschaftsexperte erster Ordnung sein. Demgegenüber helfen dem Einsatzleiter einer Polizeieinheit seine spezifischen polizeifachlichen Kenntnisse wenig bis gar nichts, wenn er in einer prekären Situation als Führer seiner Leute versagt, ebenso wie einem Werkmeister, der sich bei Produktionsschwierigkeiten ausschließlich an seine technischen Fähigkeiten klammern wollte.

Versagt Führung auf der unteren und mittleren Ebene, denaturieren Arbeitsgemeinschaften zu bloßen Konglomeraten arbeitsteilig zusammengewürfelter ›Kräfte‹. Ein Unternehmen kann dann sehr schnell zusammenbrechen. Der Arbeitsdirektor eines Unternehmens hatte mich einmal zu einer Unternehmensberatung aufgefordert – veranlaßt durch einen meiner Zeitschriftenartikel über Konfliktlösungen im Betrieb –, um den nahezu ›totalen Konflikt‹ in diesem Unternehmen auflösen zu helfen. Dort hatte man es inzwischen so weit gebracht, daß von Zusammenarbeit überhaupt keine Rede mehr war, bestenfalls noch von einer Art Nebeneinanderherarbeiten. Die einzelnen Gruppen und Abteilungen verkehrten weder persönlich noch fernmündlich noch schriftlich über die übliche Hauspost miteinander, man hatte vielmehr einen aufwendigen Kurierdienst entwickelt, der Einzelmitteilungen und Botschaften gegen Quittung herumtrug. Keiner traute dem anderen, jeder hielt das, was der andere tat, für falsch oder überflüssig, und die Produktivität und Effektivität des Unternehmens sank von Woche zu Woche.

Fazit: Durch eine geradezu groteske Vernachlässigung auch einfachster mitmenschlicher Rücksichten – das Unternehmen gehört zu allem auch noch einer Organisation, die sich schon aus ideellen Gründen einer arbeitnehmerfreundlichen Einstellung hätte besonders verpflichtet fühlen müssen – war es zu einem sturen Dienst nach Vorschrift und zu einer Abkapselung in kleinste Einheiten gekommen. Der einzelne Mitarbeiter fühlte sich nur noch bestimmten Kollegen oder Arbeitsgruppen gegenüber verantwortlich – was aus dem Gesamtunternehmen mit seinen Millionenbeständen an Lagergütern wurde, aus der Verwaltung, dem Transportwesen oder gar der Betreuung eines weitverstreuten Außenstellennetzes, das war ihm völlig egal. Kollegialität hatte sich weitgehend auf Zweierbeziehungen und Solidarität in einer Vielzahl von Miniaturgruppen und -grüppchen reduziert. ›Das Unternehmen‹ war auf der Strecke geblieben. Dabei existierten die gedruckt vorliegenden Leitungsanweisungen nach wie vor, aber Führung fand schon lange nicht mehr statt. Bei der Konfliktlösung, die wir in Gruppenarbeit vornahmen, zeigte sich, daß gerade die übelstbeleumdeten Krakeeler, vor denen man mich gewarnt hatte, sich als die mutigsten, wenn auch nicht immer als die objektivsten Kritiker, aber jedenfalls als die wichtigsten Helfer, herausstellten. Ich hatte mir allerdings von Anfang an Kontakt gerade mit solchen Leuten ausbedungen. Denn diese besaßen eine ganz klare Vorstellung von den eigentlichen Problemen, und sie waren sowohl bereit wie in der Lage, diese Probleme auch zu lösen. Letzteres war für die Geschäftsleitung eine besondere Überraschung: Es bedurfte dazu gar nicht des externen Beraters, dessen Einwirkung war vielmehr ›nur‹ erforderlich, um die zusammengebrochenen Informationsstrukturen wieder aufzubauen, Kontakte wieder herzustellen, Aussprachen zu organisieren, zu denen bis dahin kein Funktionär mehr den Mut gefunden hatte. *Funktionäre sind* ja bekanntlich das Gegenteil von Führern, sozusagen die fleischgewordene *Verneinung von Führung.*

Soziale Erlebniswerte waren es also, die sich als der letzte Kitt in einer solchen Situation erwiesen hatten. Frankl berichtet von einem Experiment mit amerikanischen Jugendlichen in Ferienlagern, die man mit einer falsch verstandenen Konkurrenzideologie, noch dazu im Bereich des Sports, völlig auseinandergebracht, ja geradezu in verfeindete Gruppen zerlegt hatte. Es ist bekanntlich ein Märchen, daß Mannschaftssport, wie Leistungssport überhaupt, solidarisiere.

Erst als eines Tages der Verpflegungsnachschub des Lagers stockte und im Sumpf und Morast steckenzubleiben drohte, weil wochenlanger Regen den Erdboden aufgeweicht hatte, entwickelte sich unter dem Eindruck einer gemeinsamen Not und der sich daraus ergebenden gemeinsamen Aufgabe spontan ein neues Gefühl umfassender Solidarität, und die bis vor kurzem verfeindeten Gruppen zogen jetzt buchstäblich wieder ›an einem Strang‹, nämlich an demjenigen, mit dem sie nun ihren (Verpflegungs-) Karren wieder aus dem Dreck zogen. Nicht nur amerikanischen Jugendlagern kann es mitunter ganz guttun, wenn es ihnen einmal ›dreckig‹ geht, bei Unternehmen wie ganzen Volkswirtschaften ist es nicht viel anders. Allerdings kann man bei letzteren durchaus den Augenblick versäumen, an dem sich noch etwas aus dem Dreck ziehen läßt.

Zweierbeziehung oder der Wunsch nach einem Gruppenerfolg erweisen sich also als motivierender als ein individuelles Eigeninteresse, und übergeordnete Gesichtspunkte können unter bestimmten Bedingungen sogar die Oberherrschaft über Gruppeninteressen gewinnen.

Vom Führungsgesichtspunkt aus besonders interessant ist dabei die Rolle, die eine Gruppenführung selbst spielen kann. Zander hatte in bestimmten Situationen die Führung Mitgliedern anvertraut, deren typische Neigung als ›Erfolgs‹-Motivierte (›Aufsuchend‹-Motivierte) oder ›Mißerfolgs‹-Meidende bekannt war.

Dabei zeigte sich, daß das Übernehmen von Führungsverantwortung auch bei denen das Streben nach einem Gruppenerfolg steigerte, die eigentlich mehr dem Meidenstyp entsprachen, wie überhaupt Angehörige dieses Typs zu einem entschiedeneren Vorgehen ermutigt wurden, wenn der Gruppenerfolg auf dem Spiele stand. Zander betont mit Recht, daß dadurch *keineswegs eine Umfunktionierung* im Sinn nunmehr anderer, *sich verfestigender Einstellungen* stattfand, sondern daß vielmehr die jeweilige Gruppensituation dies bewirkte, also eine Bedingung, auf die man als Führender – oftmals allein – Einflußmöglichkeiten hat.

Da solche Bedingungen sich auch dahingehend auswirken, daß sich die Mitglieder selbst realistische (also nicht über Gebühr ›mutige‹, überzogene wie unrealistisch ängstliche) Ziele setzen, gelingt es auch in Gruppenzusammenhängen eher, einmal aus dem Teufelskreis auszubrechen, den man mit der bekannten Formulierung umschreiben könnte: Die beste Voraussetzung für den Erfolg ist der Erfolg – denn auch die nächstliegende Voraussetzung für den Mißerfolg ist ein Mißerfolg oder gar eine ganze Serie. Gruppensituationen, in denen überwiegende Meidenshaltungen eher ausgeglichen werden können als in Einzelsituationen, tragen zusammen mit selbstgesetzten Arbeits- oder Leistungszielen am ehesten dazu bei, den einzelnen aus dem Teufelskreis solcher Mißerfolgserlebnisse (oder der permanenten Angst davor) zu entlassen.

Erfahrene Führer von Außendienstgruppen, die zum Direktverkauf von Haus zu Haus, bei der Bezieherwerbung von Zeitschriften- und Buchclubabonnements oder zum Verkauf von Versicherungspolicen eingesetzt werden, wissen, wie wichtig es ist, daß sich die Mitglieder solcher Werbekolonnen ihre Tages- oder Wochenziele selbst setzen. In einem solchen Fall werden diese Ziele meist realistischer ausfallen als bei Einzelgängern und ein Erreichen wie Übertreffen nachhaltiger als Erfolg erlebt. Da diese Ziele sich an der eigenen Leistungsfähigkeit (natürlich auch an dem Leistungswillen) orientieren, sind sie nicht nur objektiv wirklichkeitsangemessen, sondern auch subjektiv ehrlicher. Instinktlose ›Drücker‹ als Vorgesetzte solcher Kolonnen glauben allerdings, daß selbstgesteckte Ziele immer nur unterhalb des Möglichen liegen und man durch Beteiligung der Mitarbeiter an der Zielsetzung nur der Faulheit Vorschub leiste. Solche Vorgesetzten haben meist selbst nie unter echten Leistungsbedingungen, sondern unter auferlegten Sollbedingungen gearbeitet und kennen deshalb auch jene motivationalen Kräfte gar nicht, die nur unter Leistungsvoraussetzungen freigesetzt werden. Darüber hinaus halten sie sich wie andere offenbar auch nicht dazu fähig, in (Innen- wie) Außendienstmitarbeitern psychologische Leistungsprozesse auszulösen, vorausgesetzt natürlich, daß sie überhaupt ein halbwegs vertrauenverdienendes Produkt anbieten und nicht nur Talmi unter die Leute bringen. Stolz auf die Güte des Angebotes muß schon dazugehören. Wer da im Namen bekannter und angesehener Firmen oder Marken an der Haustür erscheint, ›steht ganz anders da‹ als jemand, der eine unbekannte ›grüne Seife‹ verkauft. Ideelle Momente tragen dann noch zur Verstärkung bei.

Die Glaubenskraft von ›Wachtturm‹-Verteilern bleibt auch nach Hunderten von Abweisungen noch unerschüttert, nach denen selbst gestandenen Vorwerk-Staubsaugerverkäufern oder Bertelsmann-Lesering-Vertretern schon längst die Lust vergangen wäre.

Selbstsetzung von Zielen ist also eine der wichtigsten Voraussetzungen für Leistung. Für gute Sporttrainer ist das eine Binsenweisheit. Nur derjenige Athlet, der sich *selbst* vorgenommen hat, seine bisherige Bestleistung *im Ringen mit sich selbst* zu übertreffen, hat eine Chance, nicht derjenige, dem vor allem sein Trainer ein neues Soll auferlegt und neue Zielvorstellungen suggeriert hat. Dasselbe gilt für Gruppen. Haben sie sich gemeinsame Ziele selbst gesetzt, so verstärken sich Solidaritätsprozesse und Selbstwählmechanismen gegenseitig. Im Gegensatz zu der falschen Auffassung, daß selbstgesetzte Ziele die ›Leistungs‹grenzen vorsätzlich senkten, sind es gerade die gesetzten Ziele, die dies bewirken. Ich beobachte seit vielen Jahren die Zielsetzungstechniken eines großen Konzerns, der einmal im Jahr seine Tochterfirmen antanzen läßt, um ›die Zahlen‹ zu überprüfen und neue Daten für das bevorstehende Geschäftsjahr zu setzen. Die Hauptaufgabe der in den Tochterfirmen Verantwortlichen ist es seit Jahren, die tatsächlichen Gegebenheiten – Erfolgs- wie Mißerfolgsmöglichkeiten – zu verschleiern, aus deren objektiver Betrachtung allein eine angemessene neue Zielsetzung gefolgert werden könnte. Also wird die Realität nach unten manipuliert, um schließlich den fremdbestimmten Zielen gerecht zu werden. Da aber niemand strukturelle Schwierigkeiten und mögliche Erfolgseinschränkungen zugeben darf, drückt man die sogenannten Erfolgserwartungen so weit es nur geht und stellt sich jedesmal (aufatmend) zuversichtlich, wenn eine von der Geschäftsleitung ausgesprochene Zielsetzung unter einer heimlich befürchteten Grenze geblieben ist. Die tatsächlichen Möglichkeiten sind dadurch noch nie erreicht worden, wie überhaupt eine Erfolgsbilanz nur durch das Gegenüberstellen einer Mißerfolgsbilanz möglich wäre. Wer aber gibt sich in aller Geschäftsöffentlichkeit schon Rechenschaft auch über das, was er trotz vorhandener Möglichkeiten nicht erreicht hat? Die törichte These »Hilf dir selbst, denn andere helfen dir schon gar nicht« (es gibt sogar eine Art ›Erfolgsfibel‹ nach diesem schwachsinnigen Motto, die erhebliche Verkaufszahlen aufzuweisen hat) – all dieses fishing nach vordergründigem Beifall der immer nur nach Erfolg Gierenden, aber nie wirklich Erfolg Habenden (21) verkennt die gruppendynamischen Einflüsse, auf denen der Erfolg beruht. Mit der amerikanischen These (die aber auch bei uns weitverbreitet ist) *Erreich' etwas durch dich selbst oder du erreichst gar nichts!* berauben wir vielleicht viele unserer Kinder in der Schule um die Erfolgserlebnisse, die sie brauchen, um persönliche Initiative zu entwickeln und die Angst vor dem Mißerfolg zu überwinden. Was für die Schule gilt, ist in diesem Fall auch für industrielle Arbeitsprozesse zutreffend. »Wenn wir Bedingungen schaffen, die ein Gruppenverlangen nach Erfolg fördern und Gruppenleistungen dann auch entsprechend belohnen, werden viele unserer Einrichtungen flexibler und besser arbeiten und anziehender für einen großen Teil der Bevölkerung werden.« (Zander)

Abschließend können wir für Gruppenprozesse das festhalten, was DeCharms einen »Steckbrief für Eigenverantwortlichkeit« genannt hat: Ein Gruppenführer kann als Bedingungen für Eigeninitiative, Selbstverantwortlichkeit und die Identifizierung von Arbeitsergebnissen als eigene individuelle Leistung dafür sorgen,

- daß sich die Mitglieder einer Gruppe wie Gruppen als Ganzes realistische, aber anspruchsvolle Ziele selbst setzen –

- daß sie ihre eigenen Stärken und Schwächen kennen –

- daß sie Selbstvertrauen in die Wirkung des eigenen Handelns haben –

- daß konkrete Verhaltensweisen das Erreichen des gesteckten Zieles bestimmen (zu erinnern ist hierbei an die Nutzung bereits strukturierter Wege und Methoden, von denen zuvor die Rede war) –

- daß Rückmeldungen eingeholt oder gegeben werden, anhand derer die Ergebnisse gemessen werden können –

- daß Verantwortung für das Handeln des einzelnen wie der Gruppen einschließlich aller möglichen Folgen übernommen wird.

Leistungspsychologische Erkenntnisse, die zugleich Führungshinweise beinhalten: (22)

1. Der persönliche Einsatz eines einzelnen nimmt zu, wenn die Ergebnisse auch erkennbar auf den Urheber zurückgeführt werden können und nicht in einem allgemeinen Ergebnis untergehen.

Alternative: Es sei denn, daß das Gruppenergebnis als gemeinschaftlicher Erfolg über das Eigeninteresse gestellt wird. Rückmeldungen sollten deshalb genau unterscheiden, ob eine Motivierung für einen individuellen Einsatz oder zur Steigerung von Gruppenanstrengungen und Gruppenstolz dienen soll.

2. Schwierigkeiten bewältigt man dadurch am besten, daß man sie in möglichst viele ›Einzelprobleme‹ und Lösungsschritte unterteilt und diese in der Reihenfolge der Dringlichkeit angeht. Manches erledigt sich dadurch von selbst, anderes erscheint isoliert nicht halb so schwierig wie im Gesamtzusammenhang.

Das Aufzeigen von realistischen Lösungsschritten reduziert mögliche Angst und ist somit meist schon ›die halbe Lösung‹.

3. Die richtige Motivierung einzelner setzt eine gewisse Kenntnis der personentypischen Erfolgsorientierung voraus.

Für den richtigen Umgang mit Hochleistungsmotivierten hier einige Spezialtips (das Herausfinden solcher typischen Persönlichkeitsmerkmale sollte man geübten Psychologen anvertrauen):

Hochleistungsmotivierte sollte man möglichst unter sich lassen. Man erkennt jene unter anderem daran, daß sie in der Lage sind, auf größere Belohnungen (nicht unbedingt im materiellen, sondern im verhaltens-/lerntheoretischen Sinn) warten zu können und nicht, wie weniger Motivierte, auch kleinere Sofortzuwendungen zu bevorzugen. Mißerfolg-Meidende und Minder-Motivierte sollten dagegen in gemischten Gruppen arbeiten (Erinnerung: Gruppeneffekt, wie zuvor ausführlich dargestellt!).

4. Die Aussicht auf Erfolg setzt sich zusammen aus der jeweiligen Motivation (Motive × situative Voraussetzungen einschließlich eventueller besonderer Anreize) und der geschätzten Wahrscheinlichkeit des Gelingens.

5. Erfolgreiche Erfolgsorientierte müssen ab und zu einmal auf die Nase fallen, da bei ihnen von Mißerfolgen Leistungsanstöße ausgehen; weniger Erfolgsorientierte erklären sich Mißerfolge entweder abergläubisch als persönliches Schicksal (»mir geht ja immer alles schief«), oder sie schieben sie auf situative Gegebenheiten: »Unter diesen Umständen konnte daraus ja nichts werden.«

6. Freiwilligkeit stimuliert nicht nur das Erfolgsstreben, sondern unterstützt auch das Behalten bzw. Wieder-Zurückkommen auf unerledigte Aufgaben. Aufgenötigte Aufgaben pflegen leichter vergessen zu werden.

7. Der Grad der Leistungsmotiviertheit verändert sich mit der Erfolgswahrscheinlichkeit:

Hochmotivierte werden am stärksten bei einer Fifty/Fifty-Wahrscheinlichkeit angeregt; zu leichte Aufgaben stacheln sie nicht an, zu schwere erst recht nicht, denn dann ist die Aussicht gering, sich durch Erfolg bestätigt zu fühlen.

Mäßig Motivierte hingegen werden durch eine Aussicht 50:50 eher abgeschreckt, während sie sehr leichte Aufgaben nicht abhalten – schwere allerdings auch nicht: offenbar, weil dann die Entschuldigung bei Nichtgelingen auf der Hand liegt und die Schwere der Aufgaben für sie automatisch Entlastung vom Erfolgsdruck bedeutet.

8. Hochmotivierte schätzen ihre Fähigkeiten objektiver ein, da sie damit offenbar mehr Erfahrung haben. Sie setzen sich prinzipiell auch mehr Leistungssituationen aus als andere.

Weniger Motivierte irren dagegen in der Beurteilung ihrer Fähigkeiten öfter. Das liegt vor allem wohl daran, daß sie auch dazu neigen, bei Mißerfolgen die Ursache entweder in der zu schweren Aufgabenstellung oder in mangelnder spezieller Begabung oder in der Ungerechtigkeit der Umwelt zu suchen.

9. Bei weniger Motivierten ist der Einsatz nach einem Mißerfolg größer, ebenso die Ausdauer und die Bereitschaft zur erneuten Aufnahme dieser Aufgabe.

Die dritte Gruppe der niedrig Motivierten verzeichnet zwar nach einem Erfolg größere Anstrengungen, hingegen wird die Ausdauer eher nach einem Mißerfolg größer, während dieser jedoch die Bereitschaft zur Wiederaufnahme einer solchen Aufgabe verringert.

10. Im allgemeinen besteht die Auffassung, daß es an der Aufgabe liegt, wenn man sie so löst, wie andere auch.

Findet man hingegen eine eigene Lösung, so bezieht man dies auf seine eigenen Fähigkeiten.

Dabei ist das Selbstwertgefühl als affektive (Gefühls-)Größe zu berücksichtigen, das einen erheblichen Einfluß auf die Einschätzung der Erfolgsursachen hat.

11. Erfolgreiche sind demnach der Meinung, daß ihr Erfolg im wesentlichen auf eigenen Anstrengungen beruht – sie behaupten dies auch dann, wenn objektiv ganz andere Gründe vorliegen. Insbesondere herrscht diese Meinung, wenn sich (zum Beispiel Umsatz-)Entwicklungen in einer aufsteigenden Linie aufzeigen lassen.

Die Leistungsmotivation ist deshalb nicht selten eine Frage der Erklärung für Erfolg oder Mißerfolg.

(In diesem Zusammenhang ein bekanntes und immer wieder beklagtes Phänomen aus dem Schulbereich: Lehrer erklären Mißerfolg ihrer Schüler gern als mangelnde Anstrengung [der Schüler – nicht des Lehrers als mangelnde pädagogische Anstrengung oder unzureichendes didaktisches Geschick]. Es lohnt sich eben nicht, Dumme zu unterrichten, denn wenn man sich erst einmal mit der Tatsache unterschiedlicher Begabung abfände, dann wären Strafen meist ungerecht und unterschiedliche Bemühungen der Lehrer unterschiedlichen Schülern gegenüber notwendig. Dasselbe trifft in entsprechender Weise natürlich auch auf die Leitungs- wie Führungsbemühungen in der Wirtschaft zu.)

12. Bei Hochmotivierten steigert freie Wahl der Aufgaben deren Attraktivität und die Selbstverantwortung des Handelnden. Minder Motivierte bevorzugen dagegen Alternativangebote. Diese lassen einmal eine gewisse Chance für einfachere oder schwierigere Aufgabenstellungen, schränken aber gleichzeitig die ›volle‹ Verantwortung ein, die bei freier Aufgabenwahl besteht.

13. Suggerierte Reaktionen rechtfertigen Verhalten: Wird jemand angefahren (»Seien Sie nicht so aufgeregt!«), hat er das Recht, aufgeregt zu sein. Wird jemand für besonders sorgfältig gehalten (»Sie bei Ihrer bekannten Sorgfalt ...«), verhält er sich u. U. auch sorgfältig(er).

14. Mancher schließt nicht nur von den Einschätzungen oder Suggestionen anderer auf sein Verhalten, sondern auch von diesem Verhalten selbst auf die *Rechtfertigung* seines Tuns:
»Wenn ich mich schließlich auf diese Sache eingelassen habe, kann sie so schlecht ja nicht sein ...«

15. Krasse Differenzen zwischen Erwartung und schließlich eingetretenen Ereignissen können die Ursache nicht nur von Resignation, sondern auch von Aggression sein: Mitarbeiter, die man unter ihrer erworbenen Qualifikation (= Ausbildung) einsetzt, ausgebliebene Beförderungen oder Anerkennungen (Prämien, Lob) können zu solchen Reaktionen führen.

16. Insbesondere wird die Unlust nach Anstrengung dann besonders empfunden, wenn eine erwartete Anerkennung ausbleibt. Andererseits baut Lob die psychischen Nachwirkungen von Anstrengungen schnell ab.

17. Versucht man einem anderen eine bestimmte Meinung einzureden, dann bleibt er um so hartnäckiger bei seiner ursprünglichen Auffassung, je größer die Belohnung für die Meinungsänderung ist (»Ich lasse mir meine Meinung doch nicht abkaufen, wer bin ich denn!«).

Demgegenüber werden andere Meinungen um so eher übernommen, je weniger dafür eine Belohnung in Aussicht gestellt ist. Einmal scheint dann der Meinungswechsel so gravierend und abweichend doch nicht zu sein, und zum anderen schwächt sich das Element ›Verkauf der eigenen Meinung‹ erheblich ab. Und noch etwas: Wer dieselbe Meinung hat wie ein anderer, wird von diesem höher eingeschätzt als jemand mit einer abweichenden Meinung. Abweichende Meinungen begründen Nichtbeachtung bis zur Feindschaft.

18. Ebenso ist die Einschätzung des intrinsischen Wertes einer Aufgabe, ihre Attraktivität und die Bestätigung des eigenen Selbstwertes nach erfolgreicher Durchführung um so geringer, je größer die Belohnung dafür ist:

»Wenn jemand schon so viel dafür bezahlt, kann diese Aufgabe wohl von sich aus ja nicht sehr attraktiv sein ...«

19. Nicht unwesentliche Einflüsse auf die Leistungsmotivation gehen von dem allgemeinen gesellschaftlichen Klima aus. Max Weber hat schon vor einigen Generationen vom Einfluß der protestantischen Ethik auf die Entwicklung des Kapitalismus gesprochen, McClelland, DeCharms und Möller haben Beziehungen zwischen einer in der Öffentlichkeit vertretenen Leistungsphilosophie und wirtschaftlich/technischen Entwicklungen aufgezeigt; unsere heutige Öffentlichkeit übt einen nicht minder spürbaren Einfluß aus, der im Positiven wie im Negativen zu berücksichtigen ist.

Vielleicht haben Sie Interesse daran,
die nachstehenden Fragen, die sich aus dem zuvor aufgezeigten Zusammenhang ergeben, einmal aus Ihrer Sicht zu beantworten?

Wie läßt sich die Erkenntnis zu 1. systematisch verwenden?

Welche grundlegende Regel ließe sich aus dem zu 6. Gesagten formulieren?

... welche zu 7.?

Zu 11.: Wie kann man unberechtigte Forderungen abwehren, die von Hochmotivierten aus einer solchen Erfolgsbegründung gestellt werden?

Zu 13.: Würden Sie suggerierte Leistungsfähigkeit bei tatsächlich gar nicht so Leistungsfähigen bzw. Leistungswilligen für ethisch vertretbar halten?

Zu 18.: Was müßte man bei der Begründung von Aufgabenangeboten grundsätzlich berücksichtigen?

Zu 19.: Welche Forderungen an Führung sind aus den allgemeinen gesellschaftlichen Einflüssen für die Unternehmenswirklichkeit zu ziehen?

(Ansonsten finden Sie die Antworten in den ›Anmerkungen‹ Seite 293.)

Zusammenfassung

Unser Ausgangspunkt war die Unterscheidung von Führung und Leitung: Leiten hatten wir als die Steuerung von Sachaufgaben, Führen als das Steuern von sozialem Handeln, von Zusammenarbeit, definiert. Psychologisch heißt dabei

›führen‹, optimale Motivationsbedingungen schaffen –
›motivieren‹ bedeutet dann optimale Leistungsbedingungen schaffen –
und *›leisten‹* wiederum versteht sich als Sinnerfüllung, als primäre Motivation.

Sinn-Erfüllung hatten wir mit Frankl *als Werte-Verwirklichung* erkannt. Das erlaubt uns, den sonst meist etwas nebulösen Begriff Sinn, der noch dazu umgangssprachlich seines spezifischen Charakters weitgehend entkleidet ist (man denke an Wortverbindungen wie Unsinn, Trübsinn, Schwachsinn usw.), in klare Fragen und Handlungen (opera) umzusetzen, ihn zu operationalisieren.

Der Hinweis auf das jeweils Optimale der anzustrebenden Motivations- bzw. Leistungsbedingungen besagt, daß diese optimal auf das jeweils anzusprechende *Individuum* zugeschnitten sein müssen.

Führen ist vor allem Einwirkung auf Individuen. Selbst beim Umgang mit Gruppen oder gar ›Massen‹ sollte dies nicht vergessen werden, auch wenn dann bestimmte Gruppen- oder Massenwirkungen zu berücksichtigen wären.

Führen ist immer ›Maßarbeit‹, nicht einmal Maßkonfektion. Nur wer den erheblichen Aufwand individueller Analyse und Zuwendung auf sich zu nehmen bereit ist, den Führung nun einmal erfordert, wird zum Erfolg kommen.

Je mehr Führung Zieldefinitionen, Wegbeschreibungen und Aufgabenbegründungen vernachlässigt und sich eher auf diffuse Gefühlsappelle stützt, um so mehr ist der Verdacht berechtigt, daß nicht Führung, sondern Verführung im Gange ist.

Führung setzt vor allem *Durchschaubarkeit der Ziele und der Motivation* voraus. Das gilt sowohl für die Beweggründe der Führenden wie für die motivationalen Reaktionsmuster der Geführten.

Motivation ist ein Beziehungsgeflecht von Einzelmotiven und

Herausforderungen, die in der jeweiligen Situation liegen, in der auf Führung reagiert werden soll.

Situation heißt dabei *Gelegenheit wie Anreiz:*

Nur dann, wenn eine Situation auch die konkrete Gelegenheit zum Reagieren bietet, ist Handeln *möglich,* und nur dann, wenn sie auch genügend Anreiz enthält, wird Handeln *wahrscheinlich.*

Da Motive verfestigte (ererbte wie erlernte) Handlungsmuster darstellen, sind diese kaum zu verändern.

Beeinflußbar hingegen sind die situativen Bedingungen, das Schaffen von Gelegenheit und das zur Verfügungstellen von Anreizen. Materielle Dinge spielen mitunter dabei eine viel geringere Rolle als allgemein angenommen wird.

Über Motive und ihre Entstehung im Zusammenhang mit den Grundmustern später noch einige Ergänzungen.

Da wir Motivationsbedingungen = Leistungsbedingungen gesetzt haben, seien abschließend noch die beiden Charakteristiken des Leistungshandelns rekapituliert: Einmal die *Selbstdistanzierung* und die *Selbsttranszendenz.*

Bei der ersteren verliert der Betreffende sich selbst aus dem Auge und ist in der Lage, sich ›mit ganzer Hingabe‹ seiner Aufgabe zuzuwenden; mit letzterer wächst er über sich selbst hinaus und erreicht um der Sache willen ganz neue Dimensionen der psychophysischen Leistungsfähigkeit wie der Verantwortung.

Es ist deshalb gar nicht so schwer, sich auf eine wohlüberlegte Führungsaktion systematisch vorzubereiten. Die zu berücksichtigenden Bedingungen lassen sich kurz wie folgt ›abchecken‹:

- ○ Habe ich (als der Führende) die Ziele ausreichend verdeutlicht?

- ○ Besteht zwischen mir und dem zu Führenden Einverständnis über diese Ziele?

- ○ Sind wir uns darüber hinaus auch über den einzuschlagenden Weg bzw. die anzuwendenden Methoden einig?

- ○ Kennt und anerkennt der zu Führende meine Beweggründe und kenne und anerkenne ich die seinen?

- Bietet die konkrete Situation ausreichend Gelegenheit (= Sinn-Angebote) bzw. erhält sie auch genügend Anreize?
- Bin ich als der Führende in meiner sachlich-fachlichen Kompetenz anerkannt
- und (charakterlich) als Persönlichkeit akzeptiert?
- Ist der zu Führende sachlich-fachlich in der Lage, die von ihm zu übernehmende Aufgabe auch zu bewältigen
- und ist er (motivational) auch bereit dazu?

Es versteht sich von selbst, daß vor jeder Führungsentscheidung nicht erst eine Checkliste aller dieser Voraussetzungen durchgemustert und abgehakt werden kann. Aber ganz so schwerfällig, wie dies bei einer rein summierenden Betrachtung erscheinen mag, vollzieht sich selbst überlegtes Führen nicht, das auf sorgsamer Planung und kontrollierter Durchführung beruht. Hier wie auch sonst bei spontanen Handlungen liefert unser Gehirn oft blitzartig eine Fülle von Erinnerungen, Assoziationen und Vorstellungen, die als Auswertung von Erfahrungen in uns gespeichert sind:

Wenn wir jemanden vor uns sehen oder nur an ihn denken, haben wir auch ›automatisch‹ eine Vorstellung von seinen möglichen Reaktionen – sofern wir uns je intensiv mit ihm beschäftigt haben.

Die Situation, in der Führen stattfindet, stellt ja nicht nur für den Geführten, sondern auch für den Führenden eine Herausforderung dar, die ihn zur Darlegung der Führungsziele und deren Begründung (beides zusammen nennen wir ›überzeugen‹) zwingt. Dabei erfolgt ganz mechanisch eine Überprüfung der Anreize und ihrer möglichen Wirksamkeit. Anreize sind ja stets ein Teil der Begründung.

Unser ganzes Argumentieren ist Begründung und Herausforderung. Ob ein Kind bei seiner Mutter, ein Angestellter bei seinem

Vorgesetzten, ein Nachbar bei seinem Nachbarn oder wer bei wem auch immer etwas erreichen will: *Herausforderung und Anreiz bestimmen die Argumentation.* Ein Anreiz ist auch dann vorhanden, wenn kein materielles Äquivalent angeboten wird. Allein schon die Tatsache, daß man zu erkennen gibt, jemanden zu brauchen, und daß der andere in die Lage versetzt wird, sich als der Geeignete, als der Kundige, der Fähige zu fühlen, enthält ›Anreiz‹.

Komplexe Führungshandlungen bedürfen eines soliden Unterbaus: Insbesondere sollte ein Führender sich

- über die Sinn-Erwartungen seiner Mitarbeiter im klaren sein, die bei allen Aufgaben die primäre Motivation darstellen, und

- er sollte die System-Abhängigkeiten berücksichtigen, die für diese Aufgabe gelten.

Während wir uns mit den ersteren im übernächsten Abschnitt beschäftigen werden, sollen die anschließenden Überlegungen diesen System-Abhängigkeiten dienen.

Führen in Systemen: Das aufgabenorientierte Führen

Ein System definiert sich durch den Sinn, den es hat. Beschreiben wir Struktur und Funktion, so beschreiben wir den Zweck. Erst das Wozu, die Bedeutung der Aufgabe, der es dient, offenbart den Sinn. *Während Leitung dem Zweck dient, heißt Führung dem Sinn dienen.*

Der Mensch als biologischer Organismus verfügt über eine Vielzahl von Systemen (Blutkreislauf, Körpertemperatur, Energiehaushalt u. a.); als lebendiges Wesen ist er zugleich in eine Vielzahl von sozialen Systemen eingeordnet (Familie, Wirtschaft, Staat usw.), die sein Verhalten beeinflussen und an deren Veränderung er teilhat. Führungskonzepte und Führungsverhalten sind von den Systemen abhängig, innerhalb derer sie praktiziert werden. Die Erkenntnis dieser Systembedingungen der Führung ist zugleich eine der Voraussetzungen ihrer *Methodik*, ihrer *Wirksamkeit* und ihrer *Legitimation.*

Warum sollte jemand mit Führungsverantwortung von seinen Mitarbeitern mehr wissen als nur den Namen? Weil sich in dem gesamten Lebensrahmen, in dem der Betreffende aufgewachsen ist, bestimmte Grundmuster gebildet haben, die Voraussetzungen für das vielfältige Motivgeflecht sind, mit denen man in einer Führungssituation rechnen muß.

Grundmuster (23) entwickeln sich in psychologisch-physiologischer Wechselwirkung schon im Säuglingsalter, ja in gewissem Sinn bereits vor der Geburt. Je mehr Anregungen aus seiner Umwelt bereits ein Säugling erfährt, um so mehr paßt sich sein Wahrnehmungsapparat diesen Anregungen an. Säuglinge, die in einer sterilen Atmosphäre gehalten werden – in einem weißbezogenen Kinderbett oder einer Wiege unter einem weißen Betthimmel, abgestellt in einem Raum mit gedämpften Licht- und Geräuscheinwirkungen –, werden in ihrer psychischen Entwicklung behindert bis geschädigt. Der Mensch kommt bekanntlich bereits mit allen seinen etwa zehn Milliarden Gehirnzellen, die ihm je im Leben zur Verfügung stehen, auf die Welt. Aber diese Zellen weisen bei der Geburt noch nicht jenes dichte Verbindungsgeflecht auf, das sich erst im Laufe einiger Jahre (im wesentlichen jedoch in den ersten 4 bis 6 Monaten) nach der Geburt entwickelt und bei dem manche Nervenzellen mit bis zu zehntausend anderen verbunden sind. Diese ›Verdrahtung‹, wie man es genannt hat, ist die Folge von Außenreizen, die ein Säugling zu verarbeiten hat. ›Überbehütung‹ kann also auch schon frühzeitig ganz konkrete physiologische Schäden herbeiführen und nicht nur die spätere Selbständigkeitsentwicklung behindern.

Grundmuster der Wahrnehmung – typische Reaktionen auf Art und Form früher Kindheitsreize und deren Verarbeitung – sind also eine wichtige Voraussetzung für die Verfestigung von Erfahrungen, die wir dann Motive nennen.

Die Grundmuster sind gewissermaßen die ›Einflugschneisen‹ unserer Erfahrung.

Kennen wir also das ›Milieu‹, in dem jemand aufgewachsen ist, lassen wir uns gelegentlich einmal von seiner Kindheit und Jugend, von den Anschauungen und Erziehungszielen wie -praktiken seiner Eltern erzählen, von seinen Hoffnungen, Wünschen und Begierden, dann erfahren wir zugleich auch eine ganze Menge über die Art und Weise, wie er gedanklich und praktisch sein Leben anpackt und aus welchen Beweggründen er im allgemeinen handelt. Dazu muß man nicht Psychologie studiert, wohl aber das Bedürfnis haben, sich unvoreingenommen um das Verstehen seiner Mitmenschen zu bemühen. Auch spätere Einflüsse der Sozialisation, des Hineinwachsens in die Gesellschaft, schlagen sich grundmusterhaft nieder.

Sind solche Verfestigungen von nur begrenzter Reichweite, nennen wir diese ›Urteile‹ über gemachte Erfahrungen und deren Bewertung: Vorurteile. Vorurteile hängen ganz stark von subjektiven (also nicht prinzipiell zu verallgemeinernden) Eindrücken ab und behaupten sich um so stärker, je mehr sie unmittelbar der Wahrnehmungsstruktur unserer Grundmuster entsprechen.

Ein ganz einfaches Beispiel: Jemand, der auf eine wenig differenzierende Art und Weise seine Umwelt wahrzunehmen gelernt hat, für den es vorwiegend Extreme ohne Zwischentöne gab und der später auch bei seinen Eltern und Lehrern vor allem auf ein striktes ›Entweder – Oder‹ gestoßen ist, wie es vor allem in Unterschichtenkreisen mit einem noch immer sehr ›kategorischen‹ Erziehungsstil der Fall ist, wird auch später für Zwischentöne ›kein Ohr‹ haben. Frei im Sinn der Persönlichkeitsentwicklung ist immer nur derjenige, der sich auch – und gerade – von den einengenden Bedingungen seiner Schicht freigemacht hat, die ihm in der Phase der Sozialisation andressiert worden sind.

Je mehr wir also von einem Menschen wissen, um so besser können wir ihn verstehen und ihm gerecht werden. Es ist deshalb die erste Frage an jemanden mit Führungsverantwortung: Wie viele Ihrer Mitarbeiter kennen Sie überhaupt mit Namen, und von wie vielen Ihrer Mitarbeiter kennen Sie die näheren Lebensumstände, so daß Sie angeben könnten, welche Sinn-Vorstellungen und -Erwartungen jene hegen?

Kennen und anerkennen liegen dicht beeinander, das eine ist gewissermaßen die Vorstufe des anderen. Und nur jemand, der sich verstanden und anerkannt weiß, läßt sich auch führen. Es ist also ganz nützlich, sich einmal mit der Entwicklung der Grundmuster und ihrer Bedeutung für die Motiventwicklung und für das Verständnis eines anderen Menschen zu beschäftigen. Nicht minder bedeutsam ist es aber auch, sich über die Systemabhängigkeiten klar zu werden, in denen das menschliche Leben – und somit auch Führung – verläuft.

Systeme als Sinn-Zusammenhang

Der hier verwendete Systembegriff verdankt seine Definition biologischen bzw. physikalischen Erfahrungen und ist letztendlich im Phänomen der Evolution begründet. Evolution hat viel mit ›Sinn‹ zu tun, ja der Sinn des Lebens als ein allgemeines biologisches Phänomen kann, wenn überhaupt, nur unter evolutionären Gesichtspunkten verstanden werden. Ich habe versucht, dies in meinem Buch »Das Sinn-System« (24) genauer darzustellen.

Lassen wir deshalb an dieser Stelle die engeren Beziehungen zwischen Evolution und System(en) offen, wie sie Autoren wie Jantsch, Vester u. a. (25) beschrieben haben, und konzentrieren wir uns allein auf das, was davon in unserem Zusammenhang von Bedeutung ist:

Wir hatten soeben von den biographischen Einflüssen gesprochen, von den Prägungen, die ein Mensch in bestimmten Phasen seiner Entwicklung durch Umwelteinflüsse erfährt. Diese Umwelt stellt keine unverbundene Anhäufung von Einzelfaktoren dar, sondern ein Geflecht von Beziehungen, aufeinander einwirkenden Kräften und Wechselwirkungen: kurz ein Wirkungsgefüge von Systemen.

Wenn wir von einem Kollegen oder Vorgesetzten angesprochen, vielleicht sogar angegriffen werden, handelt da nicht ein beliebiges Individuum in einer spontan auftretenden Situation, sondern der Betreffende tritt uns im Zusammenhang eines ›Systems‹ gegenüber, von dem er wie wir Bestandteile sind.

Dabei bestimmen nicht die Eigenschaften der Beteiligten das System – die Tatsache, daß der Kollege oder Vorgesetzte einen guten oder schlechten Charakter hat oder dick oder schlank ist –, sondern die Wirkungen, die das System kennzeichnen. Mit anderen Worten: *Ein System ist nicht aus den Eigenschaften seiner Bestandteile erklärbar, sondern durch seine Funktion und seine Struktur.*

Was immer man als soziales System auffassen will – von der

Kultur im großen bis zu einer Zweierbeziehung im kleinen, von verhältnismäßig vergänglichen Konstellationen wie den Machtverhältnissen in einer Abteilung um den Kristallisationspunkt eines autoritären Leiters bis zu den einigermaßen stabilen Verhältnissen, wie sie die Angebots- und Nachfragesituation aus der Sicht eines Monopolinhabers (Post!) darstellen,

immer entspricht die Struktur der Funktion und (umgekehrt) die Funktion der Struktur.

Beides hat sich nicht unabhängig voneinander entwickelt, auch nicht aufeinanderzu bewegt, sondern in steter Wechselwirkung miteinander ausgebildet.

Nach fünf-, zehn- oder gar zwanzigjähriger Ehe ist weder der einzelne Ehepartner noch diese Ehe der- bzw. dieselbe wie am Anfang.

Veränderungen von Systemen werden von veränderten Bedeutungen und veränderten Rollen gekennzeichnet – sowohl des Systems als Ganzem als auch der einzelnen Teile. Am deutlichsten wird dies bei dem Vergleich gewandelter politischer Systeme: Ein absolutes monarchisches System hat die Einrichtungen, die es braucht, und den Typ Mensch, den es voraussetzt. Es hat eine Regierung von Gottes (und nicht von Volkes Gnaden), und der systemtypische Bewohner ist der ›Untertan‹. Der Monarch verlangt Unterwerfung, Unterordnung, Gehorsam. Gegenseitiges Verständnis ist nicht erforderlich, ja nach dem Selbstverständnis der entscheidenden Organe auch gar nicht möglich, denn der nach dem Prinzip von ›Befehl und Gehorsam‹ Geführte (Kommandierte) verfügt nur über einen ›begrenzten Untertanenverstand‹. Das ist nicht nur eine Sache des obrigkeitlichen Informationsvorsprungs, sondern der besonderen Spezies Mensch. Adel und Nichtadel, vom König ganz abgesehen, sind zwei verschiedene Sorten Mensch. Äußere Übereinstimmungen erscheinen geradezu als optische Täuschung.

Gelingt es einem politischen System, sich weitmöglichst von der Umwelt abzukapseln wie Japan bis zur Meji-Zeit, so können gesellschaftliche Strukturen sich unter Umständen über lange Zeiten funktionstüchtig erhalten. Die krampfhafte und in ihrer Praxis brutale Abkapselung der Sowjetunion selbst innerhalb des Ostblocks und dessen Abkapselung gegenüber der sonstigen Umwelt sind Reaktionen der Systemstrukturen, die um ihren Fortbestand kämpfen. So wie sich bestimmte privilegierte Lebensformen nur im System ›Nomenklatura‹ erhalten können, und ›Nomenklatura‹ von einer ganz bestimmten Form zentralistischer Verwaltung und autoritärer Machtausübung abhängig ist, so ist letztere nur solange existenzfähig, wie mit Gewalt ein bestimmter Verwirklichungsgrad von ›geschlossener Gesellschaft‹, und damit der Zustand eines ›geschlossenen Systems‹, aufrechterhalten werden kann. Das System Sowjetunion kann man nicht kaputtbomben, sondern nur durch Information, durch Außenkontakte ›öffnen‹ und damit verändern.

›Geschlossene Systeme‹ sind auf dem Prinzip des inneren Gleichgewichtes aufgebaut. Daher herrscht in der UdSSR auch Planwirtschaft.

Planwirtschaft macht sich sozusagen ihre Umwelt selber. Was in ›offenen Systemen‹ frei floatende Umweltbedingungen, Fluktuationen sind, stellen in geschlossenen Systemen die Plandaten dar. Natürlich reagieren auch Plandaten auf veränderte vor allem Innenweltbeziehungen, aber sie müssen dies nicht zwangsläufig tun. Was sich in einem ›geschlossenen System‹ verändern darf oder soll, das bestimmt das System selbst. Entscheidend ist die Art der Rückkoppelung. Wollen sich solche Systeme in einem einmal gefundenen Gleichgewichtszustand erhalten, so bedarf es einer ›negativen Rückkoppelung‹, ähnlich der eines thermostatischen Gleichgewichtssystems. Ist der vorgeschriebene Wärmegrad erreicht, wird die Energiezufuhr durch Schließen der Einlaßventile so lange reduziert, bis die Temperatur unter das vorgeschriebene Maß sinkt, so daß sich die Ventile wieder öffnen können und die Temperatur wieder steigt. Kein System befindet sich demnach objektiv in einem totalen Gleichgewicht, auch das Gleichgewicht ›geschlossener Systeme‹ mit negativer Rückkoppelung ist ein fortwährendes Pendeln um einen vorgegebenen Sollwert herum. Die Ausschläge können dabei mitunter ein Ausmaß annehmen, das zu der irrtümlichen Meinung verleitet, es womöglich mit einer prinzipiellen Veränderung zu tun zu haben. Reformen in ›geschlossenen Systemen‹ wie die Chruchtschowschen Wirtschaftsreformen oder die chinesischen Veränderungen nach Mao sind deshalb eher nervöse Pendelausschläge um die vorgegebene Regelgröße als ein Umschlagen des Systems insgesamt.

›Offene Systeme‹ hingegen reagieren unausgesetzt auf Umwelteinflüsse und verarbeiten selbständig aus der Umwelt übernommene freie Energien – ›geschlossene Systeme‹ hingegen brauchen eine geregelte Energiezufuhr von außen. Die ersteren sind deshalb typische Ungleichgewichtssysteme, die sich ihre Selbsterhaltung durch fortwährende Wechselwirkungen von Aktio und Reaktio in dialektischen Prozessen bewahren müssen. Dabei ist die Erhaltung ihrer Strukturen und Funktionen um so eher gewährleistet, je mehr Freiheitsgrade zur Verfügung stehen, mit anderen Worten: je ›freiheitlicher‹ das System arbeitet.

In diesem Zusammenhang wird bereits von ›Bewußtsein‹ gesprochen: »Wird Bewußtsein als jene Autonomie definiert, die ein System in der dynamischen Beziehung zu seiner Umwelt gewinnt, dann besitzen sogar die einfachsten sich selbst erneuernden Systeme ... eine primitive Form von Bewußtsein.« (26) Die Beschreibung von *Rückkoppelungsbeziehungen* hat das vielleicht schon deutlich gemacht. Ein System ›weiß‹ auf seine Weise, wie es sich verhalten muß, um zu ›überleben‹. Im menschlichen Bereich ist es der seiner selbst bewußt lebende Mensch, der somit auch dieses Bewußtsein – und ggf. auch das der Systeme, in denen er lebt – definieren kann.

Diese Definition ist dann sowohl Beschreibung der Struktur wie Interpretation der Funktion, und beide zusammen machen dann den Sinn des Systems aus. Übertragen wir diese Feststellung auf ein beliebiges soziales System, wie es uns nahezu täglich begegnet, dann wird uns aus dem einen wie dem anderen auch dessen Sinn deutlich: *Struktur meint die Organisation* der wirkenden Teile wie die räumlich-zeitlichen Abläufe, den inneren Zustand (Gleichgewicht/Ungleichgewicht) wie die Umweltbeziehungen. *Funktion zielt auf das Zusammenwirken* der Teile als Aufgabenerfüllung, und aus alledem ergibt sich der Sinn.

Systeme beruhen also primär auf einem Sinn, um dessentwillen sie da sind und der sich in der *Aufgabe,* die sie erfüllen, manifestiert. Alle koppeln sich durch die (schwankende) Einhaltung bestimmter Regelgrößen laufend negativ zurück. Die Bevölkerungsentwicklung auf dieser Erde ist kein Gleichgewichtssystem, sondern hier verzeichnen wir – wie auch im Bereich der volkswirtschaftlichen Geldvermehrung – solange ein exponentielles Wachstum, bis bestimmte Entwicklungen (z. B. Katastrophen) dann wieder ein Wiederanlaufen dieser Prozesse von einem ›katastrophal‹ reduzierten neuen Ausgangspunkt erzwingen.

Übliche Firmenentwicklungen sind ebenfalls offene, nicht negativ auf Gleichgewicht rückgekoppelte Systeme. Solange sie über genügend freie Energien verfügen, um sich ›ernähren‹ zu können und über genügend innere Freiheit, um für jedes auftretende Problem eine produktiv/kreative Lösung zu finden, wachsen sie theoretisch bis an die Grenzen des biologisch-physikalischen Systems, in dem sie existieren. Dabei findet jedoch auch eine permanente Veränderung von Funktion und Struktur – und somit auch von ›Sinn‹ – statt. Systeme können durch Außeneinflüsse wie innere Entwicklungen allmählich, aber auch durch Umschlagen plötzlich, zu größerer oder geringerer Komplexität gebracht werden. Ähnliches findet bereits bei Mikroorganismen wie dem Schleimpilz statt (27). Letzterer ist eine zeitlich begrenzte Aggregation von bakterienfressenden Amöben, die sich in Zeiten eines geringen Nahrungsangebotes zu einem solchen ›Pilz‹ zusammenschließen, unter günstigen Nahrungsbedingungen jedoch wieder unabhängig voneinander existieren. Not macht bekanntlich erfinderisch, offensichtlich auch Amöben, denn der ›Pilz‹ hat bessere Überlebenschancen als die einzelne Amöbe. Der Zusammenschluß besteht jedoch nur so lange wie ›die Not‹.

Ähnliches wird auch von einem burmesischen Bergvolk, den Kachin (28), berichtet, die nur in politischen oder wirtschaftlichen Notzeiten sich rasch streng hierarchisch mit einem König an der Spitze organisieren, während sie sonst in verstreuten Stämmen ohne engeren Zusammenhang leben. Wir kennen solche Vorgänge ja auch aus unserer geschichtlichen Frühzeit, in der die Germanen sich Führer nur in Kriegszeiten wählten. ›Herzöge‹, die vor dem Heer herzogen und nur so lange etwas zu sagen hatten, wie der Feldzug dauerte. Nicht nur Hierarchie, straffere Führung, sondern auch genossenschaftliches und sozialisiertes Verhalten sind solche Problemlösungen für Notsituationen. Politische Ideologie verkennt das gern. So läßt die eine Großmacht auf unserer Erdkugel ihre Gnadensonne nur über solche Staaten scheinen, in denen straffe Führung jeden Anschein von sozialistischen Experimenten vermeidet. Dabei verschließt sie die Augen vor undemokratischen

Diktaturen, während die andere Großmacht den Zwang zu genossenschaftlichen Lösungen von Wirtschaftsproblemen, z. B. in unterentwickelten Ländern, als Drang zum Sozialismus mißversteht, wie übrigens eine Vielzahl afrikanischer Potentaten auch. Die politisch-gesellschaftliche Situation verlangt bestimmte Strukturen in einer Gesellschaft. Dabei bestimmt der Grad der ›Not‹ den Grad an individueller (Bewegungs)freiheit. Kenner der Materie behaupten, daß die amerikanische Wirtschaft zu Zeiten des Zweiten Weltkrieges strengeren Restriktionen unterlag als selbst die deutsche Kriegswirtschaft. Mit Abklingen der Not lockern sich überall die Strukturen wieder und können sogar im Extremfall beim Fehlen von ›Außendruck‹ zur Auflösung politischer wie wirtschaftlicher Systeme führen (29).

Biosoziale Systeme, von bestimmten Sonderformen abgesehen, sind in ihrer Entwicklungsrichtung und dem Grad ihrer Komplexität nicht festgelegt, sie können sich, wie Firmen, in jeder Richtung entwickeln: Aus einer Gerberei wird beispielsweise nach Jahrzehnten ein Verarbeitungsbetrieb verwandter Rohstoffe, etwa Kautschuk. Später folgen Kunststoffe. Deren Verformung paßt sich dem wachsenden wie sich wandelnden Bedarf an. Die Ausmessungen werden immer größer, und aus Gütern des Konsumbereiches werden nunmehr immer größere Halbfertigfabrikate für den Investitionssektor. Dadurch gerät das Unternehmen von der Abhängigkeit vieler weitgestreuter Nachfrager in die Abhängigkeit nur weniger Auftraggeber. Deren multinationale Struktur erfordert weitere Anpassung. Der Kapitalbedarf ist jetzt so stark, daß er eine andere Gesellschaftsform des Unternehmens erfordert. Umwelteinflüsse wie stark veränderte Lohn- und Gehaltsbedingungen verstärken die Entwicklung zur Mechanisierung/Automatisierung und zur Mikroprozessor-Steuerung. Der vorhandene Vertriebsapparat bedarf zu seiner wirtschaftlichen Nutzung noch der Übernahme nicht mehr selbstgefertigter Produkte, so daß das Unternehmen nun auch zur Handelsagentur wird. Dies erfordert neue Kenntnisse und Fähigkeiten des Managements, die sich grundlegend von denen der Ausgangsphase unterscheiden, ebenso wie sich die technische Ausrüstung konzeptionell völlig gewandelt hat. So ist aus der kreativ/produktiven Erzeugung von Fertigwaren mit einer Vielzahl von handwerklich schaffenden Arbeitern ein automatisch von wenigen gesteuertes System geworden, das eine Unzahl von immer wieder neuen Zwischenstufen seit seiner Entwicklung aus kleinsten Anfängen hinter sich hat. Die Entwicklung bleibt auch weiterhin völlig offen, solange man nur mit innerer und äußerer Freiheit *immer wieder Struktur und Funktion ändern* kann, um auf immer wieder andere Umweltbedingungen zu antworten.

Auch innerhalb eines Unternehmens selbst stellt die Unternehmensstruktur nichts anderes als ein sorgfältig ineinandergeschachteltes, aufeinander angewiesenes System von Subsystemen dar. Diese entwickeln sich prinzipiell aufgabenabhängig, wobei ›Aufgabe‹ nicht nur Unternehmenszweck zu bedeuten braucht (Produktion, Verwaltung, Verkauf usw.), sondern auch Selbstbehauptung bestimmter Gruppen oder Einzelpersonen, die um sich herum ein von der offiziellen Organisation gar nicht registriertes System errichten.

Die Aufrechterhaltung von Machtpositionen innerhalb von Abteilungen (oder auch zwischen Abteilungen) hat mitunter Systemcharakter. Ganz bestimmte ›Teile‹ gehören dazu, Individuen mit ganz bestimmten Erwartungen, Hoffnungen, Ängsten, Aktivitäten, die wiederum auf andere einwirken bzw. von anderen beeinflußt, gesteuert, verändert werden. Betriebliche Machtsysteme sind ihrem Sinn nach vor allem Gleichgewichtssysteme, denn sie sollen ja eine bestimmte Dominanz des einen über die anderen in einer stabilen Ordnung gewährleisten. Deshalb muß das Gleichgewicht von dem auf Stabilität Bedachten immer wieder durch Eingriffe aufrechterhalten werden: durch Versprechungen, Drohungen, Gunsterweise, Strafen, Lob und anderes mehr.

Es gibt natürlich auch ›positiv‹ rückgekoppelte‹ Machtsysteme, deren Sinn der Macht*zuwachs* ist, zumindest so lange wie es gutgeht. Jedes Handeln ist – seiner motivationalen Verursachung nach – von den Systemzusammenhängen bedingt. Wir können, wo wir uns auch befinden, weder das System zur Aufrechterhaltung unserer Körpertemperatur ›abstellen‹ noch aus dem ›System‹ einer Nachbarschaft, einer Kollegenschaft, der Unterstellung unter einen Vorgesetzten oder eines Beschäftigungsunternehmens, ausbrechen, ohne die Sicherheit unserer Existenz zu gefährden.

Die offizielle Zugehörigkeit zu einer Arbeitsgruppe, Abteilung oder Firma allein verleiht dabei noch wenig Sicherheit, solange man nicht *seinen* Platz in der *Ordnung* der verschiedenen Systeme gefunden hat. Nicht einmal die Einhaltung von Vorschriften und Regeln böte Schutz vor Willkür. Man mache einmal den Versuch, allein gestützt auf die eigene ordentliche Arbeit, sich über seinen Vorgesetzten zu beschweren, wenn dieser im Machtsystem eines Unternehmens fest verankert ist, gar nicht einmal ebenfalls durch gute Arbeit, sondern vielleicht ›nur‹ aufgrund von Protektion ...

Zunächst einmal ist jede Führungskonstellation für sich ein System, das von vier Bezugsgrößen gekennzeichnet wird:

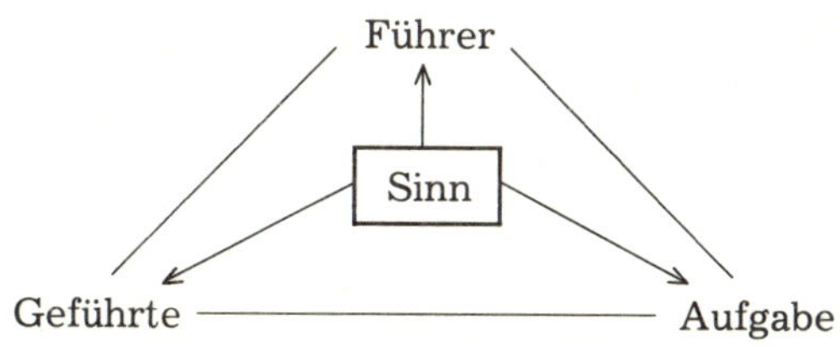

Wie aus späteren Modellvorstellungen hervorgeht, die wir noch kennenlernen werden (GRID, X-Y-Modell u. a.), soll sich ein Führer scheinbar in seinem ›Stil‹ entscheiden können, ob er mehr ›mitarbeiter-orientiert‹ oder mehr ›aufgaben-orientiert‹ handeln will. Meist hat er jedoch in dieser Beziehung weniger zu ›wollen‹ als man glaubt, denn ›Stile‹ dieser Art sind vor allem verfestigte Persönlichkeitsmerkmale, die man nur schwer beeinflussen – und schon gar nicht, so oder so, jemandem aufzwingen – kann.

Der Führer muß immer beide Bezugsgrößen: ›Geführte‹ (Mitarbeiter) und ›Aufgabe‹ gleichermaßen berücksichtigen, er kann überhaupt nicht das eine dem anderen unterordnen, und nur dann, wenn er beides zu seinem Recht kommen läßt, den Komplex Mitarbeiter und den Komplex Aufgabe, wird er seine Führungsfunktion zweckgerecht und sinn-gemäß ausfüllen.

Was aber ist hier der *Sinn,* und warum steht er im *Mittelpunkt?* Sinn ist, wie schon einmal erwähnt, nicht die Sache an sich, also hier weder der Führungszusammenhang, das ›Führungsverhältnis‹, noch die Aufgabe, sondern die *Bedeutung*, die beides für die Partner in diesem System hat, für den Führer genauso wie für die Geführten.

Dabei lassen sich jedoch recht unterschiedliche Konstellationen unterscheiden, die jede für sich Sinn ergeben:

Für den Führer mag die Aufgabe, um die es geht, ganz uninteressant sein, aber die von ihm geführte Gruppe ist ihm ans Herz gewachsen, und in der Führung dieser Gruppe kann er die für ihn wichtigen ›sozialen Erlebniswerte‹ verwirklichen.

Umgekehrt mag es der Gruppe genauso ergehen: Was im vorliegenden Fall anliegt, läßt sie kalt, aber solange sie von diesem Führer geführt wird – solange z. B. in einer Außendienstgruppe oder einer Abteilung des Innendienstes unter der Führung des Betreffenden ein ›toller Geist‹ herrscht –, ist es mehr oder weniger gleichgültig, was man gerade produziert, verkauft, verwaltet ...

Drittens kann es aber gerade die Bedeutung der Aufgabe sein, die sowohl ganze Gruppen wie einzelne Mitglieder darüber hinwegsehen lassen, daß da nicht der richtige Mann an der Spitze steht, und dem Gruppenführer kann es genauso ergehen, wenn er mit den falschen Leuten zu tun hat.

Der Sinngehalt ist um so größer – und die Motivation um so stärker –, je mehr sinnvolle Einzelaspekte zusammenkommen. Stimmen Aufgabe und Führung und ermöglicht die Situation sowohl die Verwirklichung sozialer wie kreativ-produktiver Werte und steht dahinter vielleicht noch der Dienst an einer kulturellen, politischen oder ästhetischen Idee, dann sind *alle Voraussetzungen* für Leistungsbedingungen erfüllt, und *die Aufgabe wird zur Hingabe.*

Nur wenn in der ganzen Konstellation für niemanden ›etwas drin‹ ist, wenn weder das Führungsverhältnis für sich noch die Aufgabe selbst es ermöglichen, der Sache irgendeinen Sinn abzugewinnen, dann versagt diese Konstellation als ›System‹: Das Gefüge bleibt ohne Wirkung, es sei denn, von außen würde die Durchsetzung des Zwecks mit Gewalt erzwungen. Dann aber träte an die Stelle eines Führungssystems ein Gewaltsystem, in dem andere Voraussetzungen und Bedingungen beachtet werden müßten. Führung beruht ja auf Akzeptanz, Anerkennung und Übereinstimmung. Aus diesem Grund werden Führer gewählt und abgewählt.

Herrschaft wäre dagegen ›Führung‹ unter von den Geführten

LEISTEN

Leisten heißt nicht

abverlangten Ausstoß
abgegoltenen Output
gefordertes Soll *nachweisen*

fremdmotiviert

nach fremdgesetzten Normen

gemessen am Durchschnitt der anderen

rentabilitätsgerecht
produktivitätsgerecht
rationalisierungsgerecht

(häufig)
in Konkurrenz mit anderen

Leisten heißt vielmehr

freiwillig
Ergebnisse *erbringen*

eigenmotiviert nach selbstgesetzten Normen

gemessen an der eigenen Bestleistung

im Wettstreit mit sich selbst

Handeln unter Leistungsbedingungen ist immer sinnvolles Handeln

SINN-VERWIRKLICHEN

Sinnverwirklichung heißt nicht Selbstverwirklichung, sondern Überwindung der meist in Egoismus (Aussteigertum) und Narzißmus (Eitelkeit und Selbstüberschätzung) ausartenden Selbstverwirklichung!

Sinn-Erfüllung heißt vielmehr Werte-Verwirklichung (Frankl):

kreativ/produktive Werte

ideelle Erlebniswerte
(religiöse, weltanschauliche, humanitäre Werte)

soziale Erlebniswerte
(Kollegialität, Solidarität, Liebe)

Im Arbeitsleben sind darüber hinaus noch an Rahmenbedingungen zu berücksichtigen:

die materiellen Arbeitsbedingungen
(Löhne, Gehälter, Prämien, soziale Sicherheit)

die ökologisch/ergonomischen Arbeitsbedingungen
(psychophysische Sicherheit)

Sinnvolle Arbeitsbedingungen ermöglichen Leistung

weitgehend unabhängigen Bedingungen, z. B. aufgrund der Verfügung über Produktionsmittel wie in der Wirtschaft, aber immer noch mit Hilfe von Argumentation und Überzeugung und mit (nicht immer wirksamen) vielfältigen Kontrollen.

Je mehr dabei Gewalt ins Spiel gerät – und auch die Macht, die ein nahezu unangreifbares Amt gewährt, ist bereits Gewalt –, entartet Herrschaft zur bloßen Diktatur.

Wo andererseits Geführte blind vertrauen – »Führer befiehl, wir folgen!« wie im Dritten Reich –, kann sich dann bald als Ernüchterung eine andere Version einstellen: »Führer befiehl, wir tragen die Folgen!«

Das systemabhängige Führen

Wenn ein junger Mann die ersten Berufsjahre und den ›Bund‹, vielleicht auch einige Behördenkontakte, hinter sich hat, dann macht er die merkwürdige Erfahrung, daß in einer demokratischen Gesellschaft offenbar von der vielgepriesenen Partnerschaftlichkeit, zumindest als durchgehendes Prinzip, nicht die Rede sein kann.

Ist er gar als angehende Führungskraft in einem Unternehmen durch den Wolf eines ›Führungsseminars‹ gedreht worden, das von partnerschaftlichem Führungsstil nur so gedröhnt hat, dann muß er vollends verzweifeln, wenn er sich an seine Militärzeit erinnert oder an das, was ihm möglicherweise ein Freund aus dem Bereich der Justiz und Polizei oder aus der Verwaltung erzählt. Des Abends, im Ortsverein seiner Partei oder seines Vereins, mag es dann wieder ganz manierlich demokratisch/partnerschaftlich zugehen, d. h. alle sind zumindest äußerlich ›gleich‹.

Es ist ja eine bekannte Tatsache, daß vor Gott alle Menschen schon sehr lange gleich sind, vor dem Gesetz erst seit wenigen Generationen, aber angesichts der vielfachen Realitäten, wie sie eine pluralistische Gesellschaft und Unzahl situativer Bedingungen mit sich bringen, keinesfalls ›Gleichheit‹ herrscht. Die tatsächliche ›Ungleichheit‹ – die Überordnung der einen über die anderen – folgt dabei Sachzwängen, die als *Aufgabenorientiertheit systemabhängig* sind. Aus letzterem läßt sich eine Anzahl von Führungsprinzipien ableiten, die ohne diesen Systemhintergrund nicht unbedingt verständlich wären.

sind um so nützlicher, je konzentrierter sie sind. Deshalb hier nur einige wenige Kriterien, an deren Beantwortung (vielleicht durch andere!) Sie ablesen können, ob Sie ebenso *zweckmäßige* wie *leistungsgerechte* – also sinnvolle – Ergebnisse erwarten dürfen.

LEITUNG

1. Sind Ihre Leitungsanweisungen allen Beteiligten verständlich?
   Haben Sie ggf. erklärt, jedem zu jeder Zeit zusätzliche Erläuterungen zu geben? (Nachfragen ist kein Zeichen von Dummheit, sondern von Interesse!)

2. Entsprechen Ihre (Zeit-, Mittel- und sonstigen) Dispositionen auch dem angestrebten Zweck?
   Haben Sie materielle, personelle und Zeitreserven eingeplant?

3. Ist der Nutzen Ihres Vorhabens unbestritten?

FÜHRUNG

4. Sind die eingesetzten Mitarbeiter fachlich qualifiziert, reicht ihre Anzahl aus und können ggf. »Reservisten« mobilisiert werden?

5. Wird Ihr Projekt (Unternehmensziel) auch aus der Sicht Ihrer Mitarbeiter als *zweck*mäßig angesehen?
   Sind Ihre Informationsquellen hierüber zuverlässig?

6. Bieten die individuellen Arbeitsbedingungen (möglichst) jedem einzelnen Mitarbeiter einen Spielraum für Leistung?

7. Ist der jeweils unmittelbare Vorgesetzte sich über die Sinn-Erwartungen seiner Mitarbeiter im klaren, und hat er seinen personellen Dispositionsspielraum entsprechend ausgeschöpft?

8. Werden die motivationalen Arbeitsbedingungen im weiteren Verlauf des Projektes ebenso überprüft wie die Einhaltung der leitungsabhängigen Normen?
   Wer überprüft – wie – und an wen ist zu berichten?

9. Werden sachgerechtes Mitarbeiten und leistungsgerechte Zusammenarbeit auch belobigt?
   Wer lobt? Ist zu erwarten, daß die Betreffenden dies auch in der erforderlichen Weise tun werden (mündlich-persönlich und möglichst vor der ganzen Arbeitsgruppe, bei außergewöhnlicher Leistung auch zusätzlich noch schriftlich)?

10. Ist bei evtl. Leistungsprämien gesichert, daß die Bemessung auch aus der Sicht der *nicht* Prämierten als gerecht empfunden wird?

LEISTUNG

11. Ist dafür gesorgt worden, daß in den Arbeitsgruppen keine persönliche Konkurrenz entstehen kann, und – soweit Wettbewerbselemente mit im Spiel sind: daß es sich um Wettbewerb von Gruppen mit Gruppen handelt?

12. Haben an der Festsetzung oder Überprüfung der Arbeitsnormen Angehörige der eingesetzten Arbeitsgruppen mitgewirkt? Ist die Möglichkeit voll ausgeschöpft worden, ggf. teilautonome oder autonome Arbeitsgruppen zu bilden? (siehe auch 6, 7, 8, 9, 10.)

SINN-Verwirklichung als WERTE-Verwirklichung

13. Hat jeder der beteiligten Mitarbeiter die Chance, mögliche Kreativität einzusetzen, entspricht die personelle Zusammensetzung der Arbeitsgruppen und deren Führung den Erwartungen an Kollegialität und Solidarität, werden ideelle Werteerwartungen berührt und ggf. berücksichtigt (ausländische Arbeitnehmer!)?

14. Hat die Überprüfung der arbeitsökologisch-ergonomischen Bedingungen keinen Anlaß zur Beanstandung ergeben, und haben daran auch die Betroffenen mitgewirkt?

Zweites Kapitel: Die wichtigsten gesellschaftlichen Bereiche des Führens

In dem zuvor beschriebenen Zusammenhang lassen sich vier Bereiche unterscheiden, die in bezug auf ihre Führungs›stile‹ durch unterschiedliche Aufgaben gekennzeichnet werden: – Der politische Bereich – Justiz und Verwaltung – die Streitkräfte – die Wirtschaft. Die Aufgaben bedingen die beiden entscheidenden Strukturmerkmale, nämlich *Willensbildung* und *Entscheidungsfreiheit.* Das alle verbindende Prinzip ist die jeweilige Autorität der Führenden – als *Anerkennung ihrer fachlichen Qualifikation und Akzeptanz ihrer Persönlichkeit* – wie das grundsätzliche Partnerschafts*verständnis* in allen Führungssituationen, was aufgabenbezogene Über- wie Unterordnung einschließt. Vor allem mit dem Begriff Partnerschaft haben wir uns bisher schwergetan. Weder Gewinn- noch Kapitalbeteiligung allein oder ein freundliches Miteinanderumgehen, das berühmte »Seid nett zueinander!«, haben etwas mit Partnerschaft zu tun. Partnerschaft ist etwas sehr Anstrengendes und beruht auf gemeinsamer Verantwortung. Das ist gleichbedeutend mit gemeinsamem Risiko. Gewerkschaftliche Mitbestimmung ist deshalb ebensowenig ein Ausdruck von Partnerschaft wie die Informationspflicht der Unternehmen ihren Wirtschaftsausschüssen gegenüber. Gemeinsames Risiko heißt allerdings *mitverantwortetes* Risiko. Wenn Arbeitnehmer also bei Massenentlassungen lediglich die Zeche von Managern bezahlen, die sich verrechnet haben, dann war für sie zwar ein hohes Risiko im Spiel, aber keine Verantwortung. Gemeinsam verantwortetes Risiko steht heute bei uns noch nicht einmal auf dem Papier – mit einer Ausnahme: im politischen Bereich. Hier existiert es bereits auf dem Papier, allerdings *nur dort.*

Der politische Bereich (Parteien, Parlament, Regierung)

Die politische Willensbildung entwickelt sich vom Souverän her, vom Volk und somit, um im überholten Bild zu bleiben: *von unten nach oben.* Es sollen an dieser Stelle keine Staatstheorien erörtert werden (30). Für unsere Frage nach Aufgabe und Methode von ›Führung‹ im politischen Bereich genügt es, auf einige wenige Prinzipien zu verweisen.

Unser Staat geht von ›Gewaltenteilung‹ aus: Legislative (die gesetzgebenden Körperschaften), Exekutive (Verwaltung) und Rechtsprechung üben die Macht im Staate aus. Diese Macht wird durch das Volk legitimiert, das in Form der Parteien, die hier eine ›Brückenfunktion‹ zwischen dem Apparat Staat und der lebendigen Gesellschaft bilden, über Artikulationsorgane verfügt, mit denen es seinen Willen in politische Praxis umsetzt. Unsere Kurzcharakterisierung beschreibt wohlbemerkt ein Ideal, die Praxis sieht häufig anders aus.

Aufgabe des Staates ist es, die Grundrechte seiner Bürger zu sichern: Menschenwürde, Entfaltung der Persönlichkeit, Vertragsfreiheit, Freiheit der Religionsausübung, des Gewissens und des Bekenntnisses, Freiheit der Meinungsäußerung, Versammlungsfreiheit, Vereinigungsfreiheit, Freiheit der Berufs- und Arbeitsplatzwahl sowie das Recht auf privates Eigentum (31).

Die Meinungsbildung erfolgt auf der Grundlage des freien Zugangs zu allen Informationsquellen. Sie ist sowohl Meinung wie Bildung, und deshalb ist schon die Schule nicht nur ein Übungsfeld, um sich Kenntnisse (Informationen) und bestimmte Fertigkeiten anzueignen, sondern auch um Meinungsbildung zu lernen.

In den bürgernächsten Institutionen, z. B. den Ortsgruppen oder Ortsvereinen der Parteien, artikuliert sich die Meinungs- und Willensbildung. Über Delegierte in organisatorisch, aber nicht hierarchisch übergeordneten Institutionen wird weiter diskutiert, und über Mehrheitsentscheidungen bis zu den Parteienvertretern werden die Ergebnisse in die Parlamente transportiert.

Diese Parteienvertreter sind im Prinzip (32) an die Willensbildung der Basis gebunden. Auseinandersetzungen finden vor allem auf den Parteitagen statt, und selbst die von den Parteien in die Regierung entsandten Minister einschließlich des Kanzlers sind, genau genommen, Ausführungsorgane des Volkswillens. Letzteren sollte man eigentlich am Ende des langen Marsches durch die Delegationen in den verschiedenen Fraktionen des Bundestages wiederfinden.

Dieser Volkswille, reflektiert in den buntschillernden Prismen der Parteiideologien, schlägt sich zunächst in den verschiedenen Parteiprogrammen und schließlich in der Regierungserklärung des jeweiligen Kanzlers nieder. Daraus und aus den entsprechenden Mehrheitsentscheidungen der Abgeordneten resultieren die Gesetze, die von der Verwaltung in die staatsbürgerliche Praxis umgesetzt werden. Auch die Rechtsprechung ist an diese Gesetze gebunden, und ihre Kontrollfunktion richtet sich sowohl auf den einzelnen Bürger wie auf die staatlichen Organe selbst, deren Handeln im Einklang mit den Gesetzen untereinander, z. B. bezogen auf das Grundgesetz, stehen muß.

Innerhalb der Verwaltung erfolgen die Ausführungsverordnungen und Durchführungsbestimmungen ›auf dem Dienstweg‹ und hier in einer hierarchischen Stufung von *oben nach unten*, d. h., die jeweils vorgesetzte Behörde ist der nachgeordneten gegenüber weisungsberechtigt – anders als in einer Parteiorganisation, in der ein Vorstand gegenüber der Basis ebensowenig weisungsberechtigt wäre wie etwa ein Landtag gegenüber einer Kreisversammlung.

Während die politische Willensbildung grundsätzlich frei und nur an die bereits bestehenden Gesetze gebunden ist, wird in den Durchführungsverordnungen der Verwaltung der Ermessensspielraum bei der Ausführung im wesentlichen vorgeschrieben, um *Rechtsstaatlichkeit* und die *Angemessenheit der Mittel* zu gewährleisten.

Das hervorstechendste Merkmal im politischen Bereich ist somit die Artikulation der ›öffentlichen‹ Meinung und ihre Umsetzung in politischen Willen. Aus diesem Grund sind auch Informationsfreiheit und Freiheit der Meinungsäußerung Grundpfeiler unseres Gesellschaftssystems.

Die Meinungsbildung erfolgt jedoch auch in politischen Gruppen nie einheitlich und mit ›scharfen Konturen‹ (siehe Schema Seite 136), sondern stets mit ›ausgefransten‹ Rändern, was Vielfalt und Ausmaß der Abweichungen bedeutet. Wer durch extreme Abweichungen den ideologischen Grenzbereich überschreitet, verläßt damit zwar sein parteiideologisches, aber *nicht das parlamentarische System.*

Eine abweichende Meinung kann dabei bis zur Einnahme einer Grenzposition gehen, die eine Parteiführung schon in eine Zwickmühle bringen kann: So äußerte sich einmal der Fraktionsvorsitzende der SPD zu den Fragen im SPIEGEL (33) nach den vielen Zungen, mit denen die SPD redete – »Schmidt unterstützt den NATO-Doppelbeschluß. Oskar Lafontaine befürwortet ... den Austritt aus ... der NATO. Willy Brandt will eine Verlängerung der Genfer Verhandlungen ... Steht Lafontaines Forderung im Einklang mit den Parteibeschlüssen?« Vogel: »... Lafontaines Äußerung zur NATO ... fällt aus dem Rahmen heraus. Das Präsidium hat ausdrücklich festgestellt, daß dies nicht Auffassung der Partei ist ...«

Ganz offensichtlich entscheidet jedoch nicht die Meinung allein, und sei sie noch so ›aus dem Rahmen fallend‹, ob jemand wirklich fallengelassen wird, sondern sein machtpolitisches Gewicht, mitunter aber auch das Gewicht eines ganzen Landesverbandes, wie es der Beschluß der württembergischen SPD in ihrer vorweggenommenen Entscheidung zur sog. Nachrüstung erkennen ließ. Die idealtypische Beschreibung unserer politischen Konstruktion kann also in der Praxis – wie das Beispiel zeigt – noch eine Vielzahl von ›aus dem Rahmen fallenden‹ Varianten aufweisen.

Pluralität der Meinungen ist geradezu das Wesen der Demokratie, und deshalb sind Flügel und Fraktionen, Abweichler und Dissidenten keine Schwäche, sondern ein *Charakteristikum* der Demokratie. Aus diesem Grunde kennt das Parlament sogar die institutionalisierte (bezahlte!) Opposition, die ggf. zur Ablösung, aber immer zur Kontrolle der Regierenden bereitsteht.

Partei›linie‹ als vereinbarte Marschrichtung ist deshalb ein unzutreffender Ausdruck und kann höchstens für starre, ideologisch eingegrenzte ›Einheitsparteien‹ gelten, die ja nicht mehr Partei, sondern nur noch ›Einheit‹ sind. Demokratische Parteien marschieren stets auf einer sehr breiten Straße, und je mehr ›Mitte‹ sie verkörpern, um so breiter ist auch ihre Marschkolonne, weil vielfältige Meinungsträger darin mitmarschieren.

Ein »Aufopferungsprinzip‹ existiert nicht. Keiner muß für die Verwirklichung seiner politischen Ziele sterben, aber er darf. Man kann im übrigen getrost ›umfallen‹, wenn es einmal nicht so geht wie man möchte. Manche Parteien und Parteigänger leben davon.

Der Umgangsstil ist kollegial, und das bedeutet: jeden mit seinem Anliegen gleich ernst nehmen.

Auch der politische Bereich kennt wie alle anderen den Unterschied von Führung und Leitung. Hier gilt vielleicht am ausgeprägtesten das, was zuvor als Prinzip der Führung genannt worden war:

Führen heißt optimale Motivationsbedingungen schaffen – Motivieren heißt optimale Leistungsbedingungen schaffen, und Leisten heißt Sinnerfüllung und damit Werteverwirklichung.

Der politische Bereich ist wie kein anderer zuallererst mit einem Wertekonzept verbunden, das für ihn Herausforderung zur Verwirklichung und Weiterentwicklung bedeutet.

Politische Führung ist deshalb in einem besonderen Maß auf Autorität, auf anerkannte Qualifikation und akzeptierte Persönlichkeiten angewiesen, weil das Ausüben politischer Führung immer durch die gleichzeitige Ausübung von politischer Macht in Frage gestellt wird. In allen anderen Bereichen ist Macht enger durch die jeweilige Aufgabe begrenzt, in der Politik kann sie weit darüber hinausgehen. Ein Abteilungsleiter in einem Unternehmen, ein Bataillonskommandeur in der Bundeswehr, ein Justizbeamter am Gericht, sie alle hätten es schwer, ihren Machtbereich wesentlich über den Bereich ihrer Aufgaben auszudehnen. Bei einem Politiker stehen Macht und Risiko oft in einem wenig beruhigenden Verhältnis, vor allem dann, wenn man Verantwortung wirklich ernst nimmt: als *Eintreten für die Folgen* eines Tuns, seien diese nun durch allerbeste Absichten oder durch Fahrlässigkeit oder schuldhaftes Versagen bestimmt. Wer hier mitunter vorzeitig den ›verdienten‹ Ruhestand genießen darf, aus Gesundheitsgründen zurücktritt oder gar an anderer Stelle aus der goldenen Krippe der Partei oder des Staates weiterfressen darf, das ist für das Bürgerempfinden oft schon beleidigend. Aber die Freiheitsgrade in einer Gesellschaft lassen sich eben auch an den Schwächen des Systems ablesen:

Vetternwirtschaft und schlichtes Versagen sind unter anderem *auch* ein Zeichen dafür, welchen Spielraum ein Individuum in einer Gesellschaft genießt – und nennt man diesen Spielraum nicht ›Freiheit‹? Der Preis dieser Freiheit ist ihre freiwillige Einschränkung, die Abkehr von dem Grundsatz, was strafgesetzlich (noch) nicht verboten sei, gälte automatisch eben als ›erlaubt‹: Ehebruch, bestimmte Formen der Sexualität, die Einschränkung der Meinungsfreiheit und Willensbildung wie in Tendenzunternehmen, dazu die Unzahl wirtschaftlicher Verhaltensweisen, denen zwar juristisch kaum beizukommen ist, die aber nichtsdestoweniger gesellschaftszerstörend sind, und vieles andere. Ein Staat würde im Chaos versinken, wenn jeder das täte, was nicht ausdrücklich verboten worden ist.

Hier wird die Bedeutung der persönlichen Führerschaft im Staat, in Parteien, Organisationen und Verbänden deutlich:

> Leitungsprinzipien können beliebig nachgelesen werden,
> *Führung muß man vorleben.*

Demokratische Führer leben im Scheinwerferlicht der Öffentlichkeit, je mehr Medien, desto mehr Öffentlichkeit und um so weniger Intimität. Auch das ist ein Preis für die Macht. Öffentlichkeit kontrolliert nicht nur, Öffentlichkeit richtet auch selbst dort, wo die Gerichte (sich) versagen. Das ›Heimtückegesetz‹ aus dem Dritten Reich, das die Bonzen aus dem Schußfeld öffentlicher Kritik bringen sollte und das im Prinzip auch heute noch existiert, ist ein ›Nomenklatura‹gesetz wie alle ›Immunitäts‹gesetze, bei denen nur der Zweck eindeutig ist – die Mächtigen unangreifbarer zu machen –, die aber ihren demokratischen Sinn verfehlen.

Das freie Spiel der Kräfte wird damit noch mehr zu einem »freien Spiel der Mächtigen mit den Ohnmächtigen«, wie Professor Walter Hallstein (34) einmal die Entartung der Freiheit im Staat genannt hat.

Zusammenfassend
läßt sich der politische Bereich wie folgt charakterisieren:

Das vorherrschende Handlungsprinzip

wird gekennzeichnet durch weitgehende Autonomie, durch ein Handeln nach Rahmenanweisungen mit oftmals weitesten Ermessensspielräumen. Mitverantwortung für die Inhalte, aber kein Aufopferungsprinzip.

Die Sinn-Erfüllung

orientiert sich an den Herausforderungen zu kreativen Problemlösungen, durch mitunter recht emphatisch erlebte soziale Kontakte und soziales Geltungsstreben und durch das Eintreten für politisch-ideelle Ziele.

Das Führungsprinzip

kennt gewählte und abwählbare Führerpersönlichkeiten. Eine Unterstellung erfolgt freiwillig. Führer sind auf Konsens mit den Geführten über Ziele und Wege angewiesen, die Entscheidungen sind im allgemeinen Mehrheitsentscheidungen.

Justiz und Verwaltung – Führen oder Durchführen?

So eng Justiz und Verwaltung auch mit der Politik verbunden sind, ergeben sich doch hier bereits charakteristische Unterschiede im Führungsverhalten, von den noch stärker divergierenden Führungsbedingungen in den Streitkräften oder der Wirtschaft ganz abgesehen.

Dabei geht es an dieser Stelle ausschließlich um die Führungsbedingungen *innerhalb* dieser Institutionen, obwohl ein gewisser ›Führungseinfluß‹ dieser Bereiche auf den Staatsbürger nicht verkannt werden darf. Staat und Staatsmacht verkörpern sich ja vor allem in der Exekutive, die der Bürger unmittelbar erlebt. Das demokratische Klima, dessen Aufrechterhaltung und Fortentwicklung zu den vornehmsten Aufgaben der Staatsführung gehören, wird nicht zuletzt durch das Verhalten von Justiz und Verwaltung geprägt. Das Auftreten gegenüber den Beschuldigten bzw. Beklagten vor Gericht, die Behandlung der zur Resozialisierung in die Haftanstalt Eingelieferten, der Umgangston im Publikumsverkehr der Behörden weisen darauf hin, daß nicht nur Stilunterschiede durch Aufgabenabhängigkeit begründet sind, sondern auch das gewandelte Staatsverständnis vom Obrigkeitsstaat zum Bürgerstaat noch nicht genügend Platz gegriffen hat. Wenn Systembedingungen durchschlagen, dann vor allem in Justiz und Verwaltung, deren Amtsautorität (Amtsgewalt) nicht nur den Betroffenen, sondern vielfach auch noch den Betreffenden selbst zum Problem wird. Da beide Institutionen für die Durchsetzung der Gesetze und politischen Beschlüsse zuständig sind, ist auch ihr eigenes Verhalten vorschriftenbestimmt, die Handlungsspielräume sind eingeschränkt, weisen jedoch im einzelnen – bei der Interpretation von Gesetzen wie der Urteilsfindung oder bei der Vielzahl von Problemlösungen im Verwaltungsbereich und in der sozialen Betreuung – eine mitunter erstaunliche Kreativität auf. Prinzipiell tritt jedoch bei allem Handeln nach Vorschrift oder im Rahmen von Handlungsanweisungen mit vorgeschriebenem Ermessensspielraum der Aspekt Führung hinter Leitungsgesichtspunkten stark zurück. Beamtenrechtliche Vorschriften schränken Motivationsmöglichkeiten ein, zumal Leistungsgesichtspunkte bei Beförderung und Entlohnung tabuisiert sind und die Sicherheit des Arbeitsplatzes negative Sanktionierungen ausschließt. Die zunehmende Politisierung des Beamtenapparates verlagert dabei die Aufstiegschancen vom Arbeitserfolg und von der ›Leistungstüchtigkeit‹ zur ›Erfolgstüchtigkeit‹ (35), wie Gustav Ichheiser unter anderem die Fähigkeit genannt hat, durch politischen Einfluß und Protektion voranzukommen.

Auch wenn die Justiz Mehrheits- und Minderheitsvoten (z. B. bei der Urteilsfindung und -begründung) kennt, herrschen im Gesamtbereich Einzelentscheidungen vor. Opposition, Richtungskämpfe, Flügel, Fraktionen wie überhaupt ein Meinungspluralismus schließen sich durch die Systembedingungen und spezielle Aufgabenorientiertheit aus, dagegen werden Selbstverwaltungsbereiche weitgehend so geführt wie in der Wirtschaft auch.

Zusammenfassend

kann das vorherrschende Handlungsprinzip als ›Handeln nach Vorschrift‹ (hier nicht zu verstehen als halbe Streikaktion) und Handeln nach Rahmenanweisungen mit meist eng begrenzten Ermessensspielräumen charakterisiert werden. Eine Mitverantwortung für die Inhalte, die Anspruch auf Rechtmäßigkeit erheben und rechtsgültig sind, besteht nicht. Desgleichen gibt es kein Aufopferungsprinzip.

Die Sinnerfüllung

orientiert sich an den (nicht überall) vorhandenen kreativen Möglichkeiten, am sozialen Erleben – soweit die Kollegen- und Vorgesetztensituation dies rechtfertigt –, nicht selten an dem Sozialprestige, das mit der Position verbunden ist und ggf. an der Identifizierung mit den politisch-ideellen Zielen, denen die Institution als staatliche Einrichtung verpflichtet ist.

kennt keine gewählten bzw. abwählbaren Führer, desgleichen ist die Unterordnung nicht freiwillig. Die Notwendigkeit, Einverständnis über Ziele wie Mittel anzustreben, besteht nicht. Einzelentscheidungen sind typisch. Durch eine oft enge Ressortgestaltung sind die Möglichkeiten motivierender Auftragsangebote eingeschränkt, wie auch der Förderung von Mitarbeitern durch die unmittelbaren Vorgesetzten Grenzen gesetzt sind. Nichtsdestoweniger beeinflußt das persönliche Vorbild Arbeitsklima und Arbeitsengagement.

Durchführen geht vor führen.

Die Bundeswehr – Führen unter erschwerten Bedingungen

Die Einbeziehung der Führung in den Streitkräften in unsere Überlegungen ist nicht nur deshalb geboten, weil die Streitkräfte das Unternehmen mit dem größten Etat und dem größten Personaldurchlauf sind, sondern weil dadurch Prinzipien angesprochen werden, die für die Erhellung des Problems ›Führung‹ von entscheidender Bedeutung sind. Außerdem wird beinahe jeder junge Mann mit dem Führungsverständnis der Bundeswehr konfrontiert. Das hat natürlich Auswirkungen auf andere gesellschaftliche Bereiche.

Der unkritische Umgang mit Begriffen und die oft willkürliche Besetzung eingeführter Begriffe mit neuen Inhalten hat gerade im Bereich der Motivation und Führung zu erheblicher Unklarheit geführt. Leitungstechniken werden als Führungsstile interpretiert, Prinzipien als austauschbare Verhaltensweisen verkannt und Manager mit Führern gleichgesetzt.

Der vorliegende Text bemüht sich deshalb, mit genauen Begriffen die psychologisch wie organisatorisch wirksamen Führungseinflüsse klarer verständlich und somit gezielter handhabbar zu machen. Den Führungsprinzipien in den Streitkräften kommt u. a. dabei auch eine kontrastierende Rolle zu, die gegensätzliche Prinzipien um so deutlicher hervortreten läßt.

Die Streitkräfte arbeiten wie Justiz und Verwaltung ebenfalls im Rahmen eines Auftrags, den sie von der Staatsspitze erhalten. Dieser Auftrag lautet in seiner einfachsten Formulierung üblicherweise: ›Sicherheit‹. Das Wie ist – wie bei jedem Auftragshandeln – Sache der Beauftragten. Dabei kann das ›Wie‹ aber schon durch die Ideologie eines Staates und seiner davon abgeleiteten Bündnispolitik eingeschränkt sein. So ist anzunehmen, daß die Sicherheitsgewährleistung der Bundeswehr ausschließlich eine Frontstellung gegen Osten bedeutet wie das Sicherheitsstreben der DDR-Volksarmee eine Frontstellung gegen Westen.

Damit haben wir bereits einen ganz klaren Wertebezug der Aufgabenstellung im Rahmen eines allgemeinen gesellschaftlichen Wertekonzepts, wie es sich in der Wirtschaft in dieser Form nicht finden läßt.

Dieser Wertebezug ist so total, daß die Streitkräfte ein ›Aufopferungsprinzip‹ kennen, d. h., ein jeder Soldat ist gezwungen, für die Erfüllung der gestellten Aufgabe auch sein Leben einzusetzen, von der Mitopferung anderer (z. B. einer Zivilbevölkerung) ganz zu schweigen.

Zu Zeiten der Söldnerheere war das Aufopferungsprinzip eine Frage des ›Arbeitsvertrages‹: Wer das Handgeld der Werber einmal genommen hatte – ob unter Alkohol oder bei halbwegs klarem Verstand –, wußte, was ihm blühte, wenn er ›Leine ziehen‹ wollte. Aus diesem Grunde gingen hinter früheren Landsknechts- oder Militärhaufen meist mehr Bewaffnete her, die aufpaßten, daß niemand weglief, als vorneweg, um zu zeigen, wo es hinging.

Das heutige Aufopferungsprinzip unterstellt kühn, daß alle von den Streitkräften im Regierungsauftrag zu garantierenden Werte auch von allen von der Wehrpflicht Betroffenen bis zur Selbstaufopferung und der Mitopferung Dritter geteilt werden.

Letzteres muß mit einbezogen werden, denn nach der Einführung flächendeckender Artillerie- und Luftbombardements schon im Zweiten Weltkrieg sind dadurch mit großer Wahrscheinlichkeit mehr am unmittelbaren Kriegsgeschehen unbeteiligte Zivilisten umgekommen als Soldaten. Während sich der Aufwand an Infanteriegeschossen pro getötetem oder verwundetem Gegner verhundertfacht hat (soviel wird mit schnellfeuernden Maschinenpistolen und -gewehren herum›gepulvert‹), haben die Massenvernichtungswaffen vor allem eine Vertausendfachung der Ziviltoten erbracht (im Ersten Weltkrieg, ohne Verhungerte, durch unmittelbare Waffenwirkung nur einige hundert Tote, im Zweiten Weltkrieg im Bereich des Großdeutschen Reiches bis zum 9. 5. 1945 etwa eine Million [36]). All das muß im Rahmen einer militärischen Werteverwirklichung und Wertesicherung mit bedacht werden.

Es ist deshalb die Frage, ob die Bundeswehr sich einen Gefallen damit tut, wenn sie sich in Werbeanzeigen und anderen öffentlichen

Äußerungen als ein Unternehmen präsentiert, das einmal die Dienstleistung ›Sicherheit‹ erbringt (kurioser formuliert: Sicherheit ›produziert‹) und sich zum anderen als gut bezahlende und vielseitig hochqualifiziert ausbildende Berufsbildungsanstalt empfiehlt. Von ›Krieg‹ wird in der Bundeswehr so gut wie nicht gesprochen, selbst der ›V-Fall‹ (in Langschrift: der Verteidigungsfall) bleibt möglichst unerwähnt. Infolgedessen sind Ausbildungsziel und Gütekriterien nicht ›Kriegstüchtigkeit‹, sondern irgendeine andere nebulöse Form von Leistungsstandard. Es scheint so, als liefe das Ganze lediglich darauf hinaus, *dem* möglichen (nicht *einem* möglichen) Gegner Angst zu machen. Dieser Gegner ist bereits bekannt. Ob das Spiel aufgeht: Rüsten, Nachrüsten, Gleichrüsten, solange die Schreckhaftigkeit (die Abschreckung) des Gegners andauert, ist eben die Frage, denn unter diesen Voraussetzungen ist ein Kriegsbeginn zugleich das Ende des Auftrags und damit das Ende der Sicherheit. Nichts wäre so ›unsicher‹ wie der Ausgang eines künftigen Krieges, zumindest was die Sicherung der Werte angeht, um derentwillen er *verhindert* werden sollte, weil es gar nicht möglich wäre, ihn zu *führen*. Da wir Sinn-Erfüllung als Werteverwirklichung zum zentralen Begriff unserer Führungslegitimation gemacht haben, kann eine solche Frage nach dem Wertekonzept in diesem Bereich nicht unterbleiben. Man muß sich das soeben Gesagte in aller Nüchternheit klarmachen, wenn man erkennen will, unter welchen Bedingungen in der Bundeswehr geführt werden soll bzw. werden muß. Führen als Motivieren zur Werteverwirklichung führt sich selbst ad absurdum, wenn der *Führungszweck* (Abschreckung) den *Führungssinn* (Sicherheit) im Ernstfall verfehlt. Nun hat man den Widerspruch zwar dadurch zu lösen versucht, daß für uns der Frieden bereits als ›Ernstfall‹ gilt, aber niemand kann sicher sein, daß es nicht noch einen viel ernsteren Ernstfall geben kann.

Führen in der Bundeswehr bedeutet deshalb ›Führen unter erschwerten Bedingungen‹.

Wenn Demokratie Meinungs- und Wertepluralismus bedeutet, kann man nicht erwarten, daß alle hinter den Wertebegriffen stehen, für die eine Bundeswehr mit Aufopferungsprinzip eintreten soll, vor allem dann nicht, wenn letzteres nur für männliche Wehrpflichtige, und zwar in einem ganz bestimmten Alter, gilt.

Nur ein Freiwilligenheer, bei dem sich jeder einzelne mit den Werten identifiziert, für die er bereit ist, sich aufzuopfern, kann nach den hier beschriebenen Kriterien überhaupt ›geführt‹ (und nicht nur kommandiert) werden, denn auch nur Freiwillige können einen Eid leisten bzw. eine Verpflichtung aussprechen.

Eine wie auch immer erzwungene oder abgenötigte Eidesleistung hält nicht einmal vor Gericht stand, geschweige denn im Feuer des Feindes.

Damit kommen wir zu einer schärferen Konturierung des Führens in der Bundeswehr:

○ *Aufgrund des nicht disponiblen Aufopferungsprinzips muß Führung hier intensiver als anderswo, konkreter als in Politik, Justiz, Verwaltung und Wirtschaft sein – und durch persönliches Beispiel überzeugender – nicht nur Wertedemonstration, sondern auch Werteerziehung bedeuten.*

Das Militär ist heute sicher nicht mehr wie zu Kaisers Zeiten die ›Schule der Nation‹, in der ein Rekrut mit Hilfe seines Ausbilders zunächst einmal Gehen und Grüßen, dann Kartoffelschälen und schließlich Strammstehen lernt.

Andererseits ist aber weit und breit keine Einrichtung zu sehen, in der man sich über gesellschaftliche Werte klar und einig wird, denn es soll ja nicht nur das Abgeordnetenhochhaus in Bonn verteidigt werden. Um die aktive Aufarbeitung der verteidigungswerten gesellschaftlichen ›Essentials‹ kommt man also nicht herum. Das bedeutet auch ganz klar Auseinandersetzung mit anderen Meinungen, wie sie unsere pluralistischen Medien mitzuverbreiten verpflichtet sind, denn die heutigen Soldaten leben ja nicht mehr im Getto früherer Kasernen, sondern sind im ›Ernstfall Frieden‹ weitgehend ›Heimschläfer‹ mit einer Arbeitszeit, die, zumindest auf dem Papier, der Stolz der ÖTV sein könnte. (Man sagt, kein Betrieb sei um 17.00 Uhr so blitzartig leergefegt wie eine Kaserne, und zwischen Freitag abend und Montag früh findet ›Abschreckung‹ jeweils nur in der Größenordnung eines Infanteriezuges pro Kaserne statt.)

○ Schulung zur Führungsfähigkeit muß deshalb in demselben Maße betrieben werden wie Ausbildung für Leitungsabläufe. Ein Offizier muß in einer Ära permanenter Wertekonflikte vor allem Menschenführer sein und dann erst Flugzeugführer, Panzerkommandant oder Artillerie-Leitoffizier oder was auch immer.

○ Nur ein unmittelbarer, unausgesetzter und persönlicher Kontakt zwischen Führer und Geführtem sowie Autorität als Produkt aus fachlicher Qualifikation und Persönlichkeitswerten sind die Voraussetzung zu einer Führung als Leistungsmotivierung. Ein militärischer Führer muß also mit seinen Männern zusammenleben. Er ist kein gelegentlich in Erscheinung tretender Referent für Führungsfragen, kein nach Dienstplan fungierender Vortragsredner oder Seminarleiter. Die Anforderungen an einen militärischen Führer sind also, was den persönlichen Einsatz, was Führen durch Beispiel betrifft, ungleich rigoroser als in jedem anderen Bereich.

○ Die Leitungs- bzw. Führungstechniken (fälschlich ›Stile‹ genannt) sind dabei dieselben wie in anderen Bereichen auch. Insbesondere die unter dem Etikett ›Management by ...‹ angebotenen Praktiken »liefern allein keine tragfähige Basis für die Gestaltung von Führung«, so Jürgen Wild, Professor für Betriebswirtschaftslehre in Berlin (37). Alle diese modischen Produkte mit nur geringer Unterscheidungsfähigkeit sind, wenn man sie ›beim Wort‹ nimmt, bestenfalls Bestandteile, Einzelaspekte eines Erkenntnis- und Handlungsprinzips, das im wesentlichen für die Strukturierung von sachlichen Abläufen (Leitung) geeignet ist, seltener einmal auch Aspekte für die Organisation von Zusammenarbeit (Führung): Management by ... Exception (Planabweichungskontrolle), ... by Delegation (Handeln im Kompetenzrahmen), ... by Objectives (im Rahmen gemeinsamer Zielsetzung), ... by System (unter besonderen Kommunikationsbedingungen). Wild nennt dabei spöttisch noch einige andere Abarten solcher ›Managements by‹ wie ›Management by Marguerite‹ (durch Margrit, die offenbar dann allein das Sagen hat), ... durch Champignon (?), durch Hesitation (permanente Verzögerung) oder ›by Hammer‹ – Management mit dem Holzhammer. Demnächst, so sagt er, werde dann wohl auch noch als ultima ratio ein ›Management by Stars‹ angeboten, meines Erachtens eine bereits heute weitverbreitete Form des Managements.

Die Tatsache, daß das Handlungs- und Führungsprinzip der Streitkräfte Forderungen besonderer Art an die Führenden stellt, hat Konsequenzen sowohl für die Auswahl wie für die Schulung der Betreffenden. In keinem Bereich sind die situativen Bedingungen so einschneidend und belastend wie hier. Die Frage der psychophysischen wie ›geistigen‹ Belastbarkeit (Geist, nach Frankl, als Instanz für Verantwortung) stellt für diejenigen, die für ein einsatzbereites wie einsatzfähiges Offizierskorps wie Unteroffizierskorps verantwortlich sind, ein besonderes Problem dar; ergibt sich doch die Frage, ob unter den gegenwärtigen Umständen überhaupt die Voraussetzungen für die notwendigen Einstellungskriterien in genügendem Maße gegeben sind.

Wo hätten sich Führungseigenschaften schon einmal entwickeln können? Die Arbeitsmarktsituation und die Numerus-clausus-Bedingungen der Universitäten verleiten manchen dazu, Offizier zu werden, der sonst seinen Berufsweg auf andere Weise gesucht hätte. Jugendlichen bietet sich heute zur Entwicklung von Führungsfähigkeiten kaum Gelegenheit, hat doch die Nachkriegsentwicklung ein Wiederentstehen der früheren Bünde aus ideologischen wie politischen Gründen ausgeschlossen. Das ist, zumindest unter ideologischen Gesichtspunkten, sicher kein Verlust, wenn man sich der mitunter mehr als krausen Glaubensinhalte dieser unzähligen Gruppen und Grüppchen erinnert. Aber auch ein freiwilliger Arbeitsdienst ist nicht wieder entstanden, wie es ihn bereits in der Weimarer Demokratie zehn Jahre vor Hitler gab. 1929 hatte dieser Arbeitsdienst bereits fast doppelt soviel Angehörige wie das damalige 100000-Mann-Heer, die Reichswehr. Wo also sollten Jugendliche und Heranwachsende sich erproben? Konfessionelle Jugendgruppen reichen dazu offenbar nicht aus und sind ideologisch oftmals ›contraindiziert‹, eher in Richtung Kriegsdienstverweigerung und Friedensbewegung eingestellt, während die diversen Jugendorganisationen der politischen Parteien vor allem den Nachwuchs an *Funktionären* liefern. Der Bundeswehr fehlen also wesentliche strukturelle und ideologische Voraussetzungen, denn nicht ohne Grund standen die Zeichen in den Jahrzehnten nach 1945 nicht gerade auf Wehrwilligkeit und Wehrhaftigkeit. Das Klima der öffentlichen Meinung – und auf dessen Bedeutung haben schon die zuvor genannten Autoren wie McClelland, DeCharms und Möller mit ihren Untersuchungen hingewiesen – bietet keinen Nährboden für die erfolgreiche Führung von Soldaten im gesellschaftlichen Wertekonsens und unter Aufopferungsbedingungen. Auswahl und Ausbildung eines Führungskorps in den Streitkräften stehen also unter keinem günstigen Stern, und eine wertebewußte Führung der Soldaten schon gar nicht. Die Vielzahl weiterer Einschränkungen können wir uns hier ersparen.

Der innere Widerspruch der beiden für konkrete Führungssituationen im Einsatz wesentlichsten Handlungsprinzipien läßt sich durch die Gegenüberstellung von

Befehl und Gehorsam *und Auftragstaktik*

deutlich machen. Um beidem gerecht werden zu können, muß man dafür sowohl geeignet sein wie ausgebildet werden. Dem stehen meist schon Persönlichkeitsmerkmale entgegen. Ob jemand bereit und fähig ist, sich unter den Bedingungen von Befehl und Gehorsam aktiv und effektiv zu verhalten, ist beinahe eine ›Charaktereigenschaft‹. Dagegen setzt Handeln nach Auftragstaktik, also in weitgehend eigener Verantwortung und ganz besonders in Extremsituationen, meistens entgegengesetzte Strukturen voraus. Die Führung und Schulung vor allem der jungen Truppenführer muß diesen Gegensatz überwinden und ihn zu einem fruchtbaren Ausgangspunkt für ein ›Sowohl-als-Auch‹ machen. Das gelingt nur, wenn sie den zu eigener Verantwortung Bereiten wie Befähigten beibringt, daß eben auch in bestimmten Situationen strikt nach Befehl und Gehorsam gehandelt, daß ›pariert‹ werden muß ... zumindest so lange, wie es das auch durch ›Befehl und Gehorsam‹ nie suspendierte Verantwortungsbewußtsein erlaubt. Sittenwidrige Befehle dürfen nicht befolgt werden (ein direkter Bezug auf die gesellschaftlichen Werte, auf denen jegliches Handeln beruht!), aber was heißt ›sittenwidrig‹? Es geht ja nicht nur darum, daß mal wieder Geiseln zu erschießen wären, ein im übrigen durch die Haager Landkriegsordnung gebilligtes Verfahren. Angemessenheit der Mittel kann hier durchaus im Widerspruch zum Aufopferungsprinzip stehen: Wieviel ist ein Menschenleben wert? So viel wie eine Brücke? Und was für eine Brücke, wie groß muß sie sein, was muß sie überbrücken? Eine Straße, einen Fluß, ein Tal – und wer will hinüber? Ein feindlicher Panzer, eine ganze Gruppe, oder gar eine Panzerdivision? Wieviel Soldaten hätten sich zu opfern, damit eine Panzerdivision auch nur eine Stunde lang, etwa durch den Bau einer neuen Pontonbrücke, aufgehalten werden kann? Und wie steht es mit den einzukalkulierenden Verlusten der Zivilbevölkerung? Artilleristen – und schon gar Atomartilleristen, von denen heute jede Panzerdivision ein Regiment hat – haben ihre eigene Art zu denken; sie gehen nicht von ›Land‹ aus, das bewohnt ist, sondern von ›Gelände‹, das offenbar als unbewohnt angenommen wird.

Dabei muß leider vorausgesetzt werden, daß auch der nächste Krieg sich nicht im ›Gelände‹ abspielt, sondern in einem *Land*, höchstwahrscheinlich in dem unsrigen ...

Die Streitkräfte erhalten ihren Auftrag theoretisch von ihrer Regierung, praktisch jedoch vom Oberkommando einer Bündnisorganisation, die multinationale Ziele im Auge haben muß. (Auch hierdurch kann das Aufopferungsprinzip bereits in Frage gestellt werden!) Die Realisierung ist Sache der einzelnen militärischen Verbände, die über einen relativ weiten Handlungsspielraum verfügen müssen, da – im Gegensatz zur ebenfalls weisungsabhängigen Verwaltung – mit unvorhergesehenen Bedingungen gerechnet werden muß.

Während in der Verwaltung die Realität durch Gesetze und Verordnungen ›umfassend‹ beschrieben worden ist, stellt sich die *Realität* den Streitkräften gegenüber als *veränderliche* ›Feindlage‹ dar, innerhalb derer diese Streitkräfte selbst ein wichtiger verändernder Faktor sind. Damit haben wir eindeutig die Situation eines ›offenen Systems‹ vor uns, bei dem sich die beteiligten Faktoren wechselseitig bedingen: Ob eine Feindlage bedrohlich ist, wird an der eigenen Stärke gemessen, einen objektiv starken Feind gibt es nicht, immer nur einen auf die eigene Stärke bezogenen relativ starken oder schwachen. Ein Teil dieser Stärke, und zwar ein nicht geringer, hängt dabei vom ›Geist‹ der Truppe ab, vom Bewußtsein ihrer *inneren* Stärke und von ihrem *Verantwortungsgefühl* gegenüber denen, die sie schützen soll – beides Erziehungsziel und Führungsaufgabe in den Streitkräften.

In extremen Krisensituationen ist es denkbar, daß das Handeln auf unterschiedlichen Ebenen sich nur noch an der Feindlage orientiert und mitunter sogar den allgemeinen Auftragsrahmen sprengen kann. Der Handlungsspielraum ist dann um so größer, je kleiner die betreffende militärische Einheit ist. Heeresgruppen und Armeen entgleiten nämlich der übergeordneten Führung und Leitung seltener als kleinste Einheiten bis hinunter zu einzelnen Gruppen, Flugzeug-, Panzer- oder Schiffsbesatzungen.

Nehmen wir einmal an, ein Aufklärungsflugzeug sei zur Erkundung der Feindlage entlang einer ins Auge gefaßten Vormarschstraße unterwegs.

Der Treibstoff ist für die vorgesehene Strecke kalkuliert. Auf halbem Wege entdeckt der Kommandant, daß sich weit hinten im ›Gelände‹, seitwärts der Vormarschstraße, bis dahin unerkannte Feindbewegungen abzeichnen. Soll die Besatzung nun den ursprünglichen Auftrag weiter durchführen oder der neuen Lage Rechnung tragen? Der Sprit reicht nur für *eine* Möglichkeit. Was geht vor: der Auftrag? Oder die Beurteilung der Lage aus der Sicht des Flugzeugführers? Rückfrage ist aufgrund der angeordneten Funkstille nicht möglich... Wenn ein Armeeführer angesichts einer veränderten Feindlage von seinem Auftrag abzuweichen gedenkt, hat er wegen der relativen Schwerfälligkeit des ihm unterstellten Apparates noch immer die Möglichkeit, bei der übergeordneten Kommandostelle anzufragen... Aber wie verhält sich eine einzelne Flugzeugbesatzung oder der Kommandant eines Schnellbootes, die weitab von ihrer Truppe operieren?

Selbst wenn der Flugzeugführer von vornherein nichts von dem ihm erteilten Auftrag gehalten hat – vielleicht war dieser in seinen Augen überflüssig, unzureichend oder viel zu spät/zu früh erteilt –, hat er ihn ja zunächst aufgrund des Gehorsamsprinzips durchgeführt. Jetzt suspendiert er diesem Gehorsam zugunsten einer von ihm als wichtiger angesehenen, selbstgestellten Aufgabe. Möglicherweise wird ihm dies später einmal als Ungehorsam angelastet. Und wie verhalten sich jetzt unterstellte Soldaten – z. B. der Kampfbeobachter in unserem Fall? Darf dieser auf der Erfüllung des ursprünglichen Auftrages bestehen oder gilt für ihn weiter die Gehorsamspflicht gegenüber seinem Flugzeugkommandanten, während dieser doch gerade seinerseits einen solchen Gehorsam in Frage gestellt hat?

Wann geht das Prinzip von Befehl und Gehorsam, das ja hinsichtlich des erteilten Auftrags als Ganzes auch dann gilt, wenn die Durchführung nach den Regeln der Auftragstaktik stattfindet, vollkommen ins freie Ermessen über? Denn schon die Auftragstaktik (siehe Seite 121) beinhaltet ja die Möglichkeit einer flexiblen Durchführung im Detail. Hier stehen sich also zwei im Prinzip widersprechende Führungsprinzipien gegenüber, die nur durch die individuelle Verantwortung der Betreffenden integriert werden können. Diese Integration ist wahrhaft total und stellt an die Persönlichkeit und ihr Wertebewußtsein die höchsten Anforderungen, steht doch nicht nur, wie immer im Einsatz, Leben und Tod bei der Durchführung auf dem Spiel, sondern später noch einmal bei der Verantwortung dieses Entschlusses gegenüber den Vorgesetzten. Die höchsten Ehren wurden deshalb immer auch solchen Soldaten (von einer ehrenhaften Führung) zuteil, die *gegen* einen gegebenen Befehl aus eigener Verantwortung und ohne sich auf einen Befehlsnotstand zu berufen (wie Tausende von Mittätern bei Kriegsverbrechen in allen Armeen dieser Welt), sinnvolle selbstgestellte Ziele verfolgten ... und dabei Erfolg hatten! In der österreichischen Armee soll es einen Orden gegeben haben, den Maria-Theresia-Orden, der vorwiegend solchen Leuten verliehen wurde, die dieses Maß an Verantwortung gezeigt hatten. Ich habe mich oft gefragt, wenn ich die ordensübersäten Generäle heutiger Supermächte auf dem Bildschirm sehe, wie viele solcher ›Maria-Theresia-Orden‹ wohl dabei sein mögen – einer? Oder schafft man solche Mammutsammlungen von Orden überhaupt nur dadurch, daß man solchen lebensgefährlichen Entscheidungen aus dem Wege geht?

Der von mir am meisten Verehrte unter meinen Vorgesetzten im Kriege wurde von vielen gerade deshalb bewundert, weil er zwischen 1943 und 1945 dreimal ihm persönlich vom ›Führer‹ übermittelte Befehle *nicht* ausführte ... mit Erfolg.

Die Überwindung des Widerspruchs stellt der Gesichtspunkt dar: »Handeln im Sinne der übergeordneten Absicht.«

Daß auch diese unterschiedlich interpretiert werden kann, ist das Risiko dessen, der sich zu entscheiden hat.

Dieses Risiko und die anerzogene Bereitschaft ggf. zur Verantwortung im Sinne einer solchen ›übergeordneten Absicht‹ macht den militärischen Führer unausgesprochen mehr zum ›Partner‹ in einem solchen Geschehen, als es viele proklamierte Partnerschaften z. B. in der Wirtschaft tun.

Bei größeren Einheiten wird eine Entscheidung, wie in der Wirtschaft, multipersonal vorbereitet. Ein ganzer Stab von Experten trägt die Informationen zusammen, die Grundlage der Entscheidung sind. Die endgültige Entscheidung jedoch wird vom Kommandeur oder Truppenführer ganz allein verantwortet. Auch Mehrheitsvoten, wenn je Abstimmungen im Stab oder im Kontakt mit gleichgeordneten ›Kollegen‹ über das Was und Wie stattfänden, könnten dem allein Entscheidungsberechtigten und zur Einzelentscheidung Verpflichteten diese letzte Verantwortung nicht abnehmen. Auch das unterscheidet ›Verantwortung‹ bei den Streitkräften von ›Verantwortung‹ in der Politik oder in Wirtschaft und Verwaltung. Für die Wahrnehmung von Handlungsspielräumen gilt dabei auch heute noch das Wort des preußischen Generalstabschefs, des Feldmarschalls Helmuth von Moltke: *»... daß den nachgeordneten Kommandobehörden nicht mehr solche Befehle zu geben sind, in denen die Ausführung bis ins einzelne vorgeschrieben ist, sondern nur Aufträge, die lediglich das zu erreichende Ziel angeben, während die Art der Ausführung dem jeweiligen Führer überlassen bleibt.« (38)*

Militärisch wird diese Form der Beauftragung nach Moltke, wie gesagt, *»Auftragstaktik«* genannt und stellt somit eine spezielle Ausprägung des Delegationsprinzips dar.

Ich zitiere hier aus einem Papier der Hamburger Führungsakademie der Bundeswehr, in dem die »Voraussetzungen für die erfolgreiche Anwendung der Auftragstaktik/Führen durch Delegation« zusammengefaßt werden (Verfasser Oberst i. G. Dr. Schnell, Dipl.-Psych. Oberstleutnant i. G. Mellinger, Hamburg 1975):

»... 3. Voraussetzungen für die erfolgreiche Anwendung der Auftragstaktik/Führung durch Delegation.

Die erfolgreiche Anwendung der Auftragstaktik/Führung durch Delegation erfordert folgende Voraussetzungen:

a. Klare Formulierung des Auftrages bzw. eindeutige Bestimmung des Delegationsbereiches.

b. Abgestimmte Delegation von Aufgaben, Kompetenzen und Verantwortlichkeiten.

c. Bereitstellung der für den delegierten Aufgabenbereich erforderlichen Mittel.

d. Bereitschaft und Fähigkeit der Mitarbeiter, im Delegationsbereich selbständig und mitdenkend zu handeln.

e. Bereitschaft und Fähigkeit der Vorgesetzten, sachgerecht zu delegieren.

f. Einheitliches Führungsdenken auf allen Ebenen.

g. Sicherstellung eines hohen Informationsstandes im Delegationsbereich, so daß im Sinne übergeordneter Ziele gehandelt werden kann.

h. Eindeutige Abgrenzung der Delegationsbereiche gegeneinander.

i. Ergänzung des Delegationsprinzips durch angemessene Kontrollverfahren.

Generell gilt, daß die Entwicklung und Verwirklichung von Delegationsmodellen unter besonderer Berücksichtigung von Aufgabenstellung und Situation erfolgen muß. Zu enge Schematisierung oder unkritisch übernommene Delegationsmodelle aus anderen Bereichen können dazu führen, daß nicht erreicht wird, was jede Delegation anstrebt: verbesserte Erreichung der Organisationsziele und gesteigerte Motivation der Mitarbeiter.«

Zusammenfassend läßt sich für das System der Streitkräfte feststellen:

Das vorherrschende Handlungsprinzip

gibt es nicht. Selbst die strikteste Gehorsamsverpflichtung aufgrund eines definitiv gegebenen Befehls findet ihre Grenzen, wenn der Befehl sittenwidrig ist; selbst ein klarer Auftragsgegenstand unterliegt der möglichen Veränderung, wenn es die Lage erfordert. Für die eine wie die andere Entscheidung trägt der zur Entscheidung Aufgerufene, er möge einen niederen oder einen hohen Dienstgrad haben, die alleinige Verantwortung. Die Formel, daß es notfalls ›im Sinne einer übergeordneten Absicht‹ zu handeln gelte, verdeckt das Dilemma nicht, es macht es nur noch deutlicher, auch wenn diese Formel im Einzelfall zur Klärung beitragen mag.

Im übrigen gilt das Aufopferungsprinzip.

Die damit dem Soldaten, insbesondere dem Offizier als Truppenführer, aufgebürdete Verantwortung setzt Freiwilligkeit und einen alles umfassenden Wertekonsens in unserer Gesellschaft voraus. Von beidem kann jedoch nicht die Rede sein. Handeln und Führen in der Bundeswehr finden also in mehr als einem Sinne ›unter erschwerten Bedingungen‹ statt.

Die Sinnerfüllung

im Bereich der Streitkräfte orientiert sich an der Herausforderung durch die gestellten Aufgaben. Voraussetzung ist die Identifizierung mit den Zielen, um derentwillen diese Aufgaben durchgeführt werden sollen. Soldatsein um des Soldatseins willen hat schon der Begründer des ›Bürgers in Uniform‹, der General Baudissin, als reines Landsknechtstum verurteilt (39). Je deutlicher diese ideelle Übereinstimmung, um so nachhaltiger auch die Sinnerfüllung als Verwirklichung ideeller Werte, neben dem Erleben von Solidarität und Kameradschaft und einem vielfach kreativen Umgang mit Problemen aller Art.

Das Führungsprinzip

In keinem anderen Bereich klaffen Führung und Leitung als Steuerungsmechanismen so weit auseinander wie bei den Streitkräften. Ebenso stützt sich Führung hier weitgehend auf das persönliche *Vorbild*, gerade weil es keine gewählten bzw. abwählbaren Führer gibt und weil Unterordnungen nicht freiwillig sind. Eine entgegengesetzte Möglichkeit sollte aber auf die Dauer nicht als ausgeschlossen gelten. Militärische Führungsentscheidungen sind mit Recht, auch bei multipersoneller Vorbereitung, immer Einzelentscheidungen, für die der zur Entscheidung Verpflichtete die Verantwortung trägt und damit ein Risiko eingeht. Die Notwendigkeit, auf eine mitunter plötzlich umschlagende Feindlage wirkungsvoll reagieren zu müssen, verpflichtet den militärischen Führer, bei Auftragserteilung grundsätzlich Handlungsspielräume zuzulassen, ohne damit das Gehorsamsprinzip aufzugeben. Das daraus nicht selten entstehende Dilemma ist nur durch eine umfassende Erziehung zur Verantwortung und über persönliches Vertrauen zu überwinden. Führung in den Streitkräften setzt diese *Erziehung zur Verantwortung voraus.*

Die Wirtschaft – Motivieren durch Subsysteme

Gegenüber der Politik, in der sich die *Ziele* als Ergebnis der Willensbildung der Basis ergeben (sollten), und gegenüber der Verwaltung und den Streitkräften, die ihre Ziele von der Regierung erhalten, scheint sich die Wirtschaft ihre Ziele selbst setzen zu können. Ein Unternehmen kann selbst bestimmen, in welcher Form es am Marktgeschehen teilnehmen will.

Die Voraussetzungen, die durch dieses Marktgeschehen geschaffen werden – die ›situativen Bedingungen‹, die eine so große Rolle im Motivationszusammenhang spielen –, sind jedoch so zwingend, daß der Begriff ›freie‹ Entscheidung als frei zu wählende Aktion vielfach auf den Begriff frei zu wählende *Reaktion* reduziert werden muß. Jeder kann zwar anbieten, was er will, aber verkaufen kann er nur das, was verlangt wird. Auf das Stimulieren von Nachfrage, das mehr oder minder ›geheime Verführen‹, waren wir vorn bereits kurz eingegangen.

Wirtschaftliches Handeln ist ›Handeln im System‹ par excellence: Auf dem Markt beeinflussen Anbieter und Nachfrager sich unausgesetzt und wechselseitig. Neue Techniken, neue Angebotsmethoden, neue Anbieter, neue Zielgruppen – alles hält das Marktgeschehen in einer Weise in Fluß, daß kaum eine Marktsituation mit einer anderen mehr als äußere Ähnlichkeiten aufweist. Das System von Angebot und Nachfrage (um es einmal auf den kleinsten Nenner zu bringen) erhält sich, aber die Inhalte, die Dimensionen, die Zielsetzungen, bestimmte Methoden und Beteiligte ändern sich unentwegt.

Daher gilt es zunächst einmal in der Wirtschaft, die ›übergeordnete Absicht‹ nicht aus den Augen zu verlieren: Dienstleistung an der Gesellschaft; denn ein Unternehmen bzw. sein Angebot muß zunächst einmal akzeptiert werden – die Erhaltung und Akkumulierung des Kapitals sind dabei nur der Maßstab, an dem abgelesen werden kann, ob und wie dies funktioniert. Während man nämlich eine militärische Aufgabe ›siegreich‹ beenden, dabei aber mit Mann und Maus untergehen kann, gilt in der Wirtschaft niemand als erfolgreich, der zwar wer-weiß-was erreicht hat, aber hinterher mit leeren Taschen dasteht.

Die Kapitalerhaltung und -akkumulation können wir deshalb als den *Zweck* der Wirtschaft ansehen, aber das System ›Wirtschaft‹ hat ja auch noch einen *Sinn*, der auf seine Einbettung in das übergeordnete System ›Staat‹ und ›Gesellschaft‹ verweist. Unter dem Gesichtspunkt ›Führen in der Wirtschaft‹ ist deshalb der Sinn der Wirtschaft für uns entscheidend, und der Zweck hat hier, wie überall, die Rolle eines ›Mittels zum Sinn‹. Eine Wirtschaft, die ihren Sinn – nämlich Dienstleistung (Dienen und Leisten) – an der Gesellschaft verfehlt, würde sich damit die Existenzgrundlage selbst entziehen, wie ein Herz, das nur noch sich selbst versorgt und nicht mehr den Organismus, von dem es abhängt.

Dazu kommt aber auch noch das Phänomen der ›Arbeit‹, die in der Evolution des Menschen – und insbesondere in unserer Kultur – eine ganz besondere Rolle spielt, auf die im nächsten Kapitel näher eingegangen wird. ›Arbeit‹ ist ja ein Motivationsfeld eigener Art, dessen Wurzeln weit in unsere anthropologische Vergangenheit reichen und dessen Bedeutung wir gerade in Zeiten zunehmender Arbeitslosigkeit erst dann wirklich verstehen, wenn wir uns dieser urmenschlichen Voraussetzungen bewußt werden. Führen und motivieren kann man in der Wirtschaft am allerwenigsten dann, wenn man nur an die unbestreitbare Pflicht zur Kapitalakkumulation appellierte. Ein Turnierreiter darf zwar auch nicht vergessen, daß sein Pferd ab und zu einmal etwas zu fressen haben muß, aber er reitet ja nicht nur, um sein Pferd füttern zu können. Pferd und Reiter – gute Fütterung beider vorausgesetzt – wollen zeigen, was sie können!

Und in der Wirtschaft gibt es vielerlei ›Pferde, die man reiten kann‹. Setzt man einmal die ›übergeordnete Absicht‹, das Wozu und somit den Sinn der Wirtschaft als Dienstleistung am Organismus ›Staat und Gesellschaft‹ voraus, dann kommt es im Hinblick auf ein Führen als Motivieren in erheblichem Maße auch auf das Wie der wirtschaftlichen Abläufe an. Je freier dabei die situativen

Bedingungen sind, um so mehr haben die Beteiligten Gelegenheit, ihren Sinn bei der Erfüllung ihrer Aufgabe zu finden, sei es durch den produktiven oder kreativen Aspekt ihrer Arbeit, wenn sie sich in dieser Weise herausgefordert sehen sollten, sei es durch das soziale Erlebnis von Zusammenarbeit.

Wir hatten zuvor festgestellt, daß die Führungs- und Motivationsbedingungen (Politik und Verwaltung, Streitkräfte, Wirtschaft) von den besonderen Aufgaben abhängen, die jene im Organismus der Gesellschaft erfüllen.

Wenn Sinn-Erfüllung des einzelnen in der Wirtschaft nicht zuletzt vom *Wie* dieser Aufgabenerfüllung abhängt, dann muß sich dies auch durch die besonderen situativen Bedingungen in der Wirtschaft begründen lassen:

Wie sehen also Willensbildung, Zielsetzung, Handlungsfreiheit oder Ermessensspielraum und Ergebniskontrolle aus, und was kann dabei die Aufgabe einer Führung unterstützen, Leistungsvoraussetzungen zu schaffen?

Die Zielsetzung ist ja nicht allein auf den ›kleinsten Nenner‹, die Kapitalakkumulation, beschränkt, sondern beschreibt auch den Weg, auf dem dies erreicht werden soll. Dieser Weg – als Warenproduktion oder Dienstleistung – ist mit der Aufgabe identisch, die ein Unternehmen im Rahmen der Volkswirtschaft übernommen hat.

Die Freiwilligkeit der Zielsetzung in einer nicht-plangesteuerten Wirtschaft ist bereits eine sehr wichtige motivationale Voraussetzung, da niemand ein Unternehmen zwingen kann, sich einer bestimmten Aufgabe zu widmen.

Darüber hinaus müssen Planung und Durchführung mit größter Anpassungsfähigkeit – also mit größtmöglichen Freiheitsgraden – erfolgen, weil das ›offene System Wirtschaft‹ die permanente Berücksichtigung immer wieder anderer Umweltbedingungen (Marktsituationen) erfordert. Das bedeutet zwar *Zielzuweisung weitgehend ›von oben nach unten‹*, Durchsetzung jedoch mit weitestbemessenen Handlungsspielräumen auf allen Ebenen der unternehmerischen Verantwortung. Diese Handlungsspielräume müssen schon deshalb so groß wie nur möglich sein, weil das Eingreifen in den Markt schon wieder eine Veränderung dieser Marktbedingungen bedeutet und damit ein dichtes Geflecht von

Rückkoppelungen auslöst, denen nur mit äußerster Flexibilität und rascher Anpassung begegnet werden kann:

Unternehmensleitungen, die ihren Managern einen solchen weiten Handlungsspielraum verweigern, müssen dies meist mit erheblichen Verlusten bezahlen.

Was das Militär ›Auftragstaktik‹ nennt und was dort auf bestimmte Aufgaben und Situationen beschränkt ist, stellt für die Wirtschaft das allein mögliche Prinzip dar. Um so widersinniger ist das auch in der Wirtschaft anzutreffende vielfach nur schlecht verhehlte Prinzip von ›Befehl und Gehorsam‹, mit dem sogenannte ›dynamische‹ Unternehmer und Manager noch immer ihre Firmen zwar nicht führen, wohl aber dirigieren ... und schikanieren.

Schikane ist die willkürliche Behinderung von Abläufen, die Motivation zerstört, ohne dem Zweck zu dienen.

Da ein Mitarbeiter in der Wirtschaft nur selten daran gemessen wird, wie sklavisch genau er sich an die Vorschriften geklammert hat, sondern mehr an dem, was aus einer Arbeit herausgekommen ist, bedeutet für ihn jede Einschränkung der von ihm für notwendig gehaltenen Spielräume eine Schikane. Vielleicht sollte auch das einmal mit zur Sprache kommen, wenn solche industriellen Herrscherfiguren, verdienstkreuzgeschmückt und reichhaltig mit Ehrendoktor- und Senatorwürden versehen, alle Jubeljahre öffentlich gefeiert werden.

Rationelles Wirtschaften heißt also Handeln unter Rahmenanweisungen für alle Ebenen unternehmerischer Verantwortung. Muß sich der Facharbeiter noch hundertstel-millimetergenau an seine Leitungsanweisung, seine Zeichnungen und Pläne, halten und dabei auch noch Vorgabezeiten auf die Minute genau beachten, so braucht der Werkmeister und Gruppenleiter bereits Ermessensfreiheit. Das Ausmaß dieser Ermessensfreiheit erweitert sich bis zur Spitze eines Unternehmens so total, daß z. B. die Leitung einer Aktiengesellschaft unter bestimmten Bedingungen auch den Unternehmenszweck beliebig verändern kann, sofern nur das Kapital erhalten wird und Dividenden gezahlt werden. Kein Aktionär einer großen Autofirma würde Tränen weinen, wenn die Geschäftsleitung auf Speiseeis oder Damenwäsche umstiege, wenn dies Geschäft auf Jahre hinaus größere Gewinne verspräche. Aber von Kuwait bis Düsseldorf wäre das Geschrei groß, wenn nur noch preisgünstige Krankenwagen und mobile Volksküchen gebaut würden bei kräftig abgemagerten Renditen oder womöglich gar keinen.

Mit dem *Wozu*, der Werteverwirklichung in der Wirtschaft als Unternehmenssinn, müssen wir also vorsichtig sein. Im Gegensatz zu Staat und Streitkräften, bei denen hehre Werte zumindest auf die Fahnen geschrieben sind, so daß es eigentlich Spaß machen müßte, sich zum Nulltarif dafür einzusetzen, schließt in der Wirtschaft der Systemsinn ›Dienstleistungen für Staat und Gesellschaft‹ nicht aus, daß man mitunter auch unangemessen profitiert: Heilmittel und Waffen, an denen im Sozialstaat eigentlich gar nichts verdient werden dürfte, werden gehandelt wie Bonbons und Spielzeuge.

Eine Motivation aus dem Sinn des Gesamtsystems ist bei vielen de facto noch recht zweifelhaft. Hier kommt die Motivierung – und dementsprechend auch der Führungsansatz – wohl nur aus dem Wie. Ich habe einmal in Firmen, die Gleisketten herstellen, eine Umfrage bei den Arbeitern darüber durchgeführt, ob es ihnen etwas ausmachte, ob die Gleisketten für Baufahrzeuge, für Bulldozer und Raupenschlepper, verwandt würden oder für Panzer. Die Antwort war durchweg ein Schulterzucken: Wenn die Kohlen stimmen, war es den Arbeitern egal. Dabei wurde auch gar nicht erst die Frage aufgeworfen, ob die Panzer, wenn man sie schon bei ausreichenden Tarif- und sonstigen Löhnen baute, auch nur für sogenannte Verteidigungskriege einzusetzen wären. (Ein Krieg ist um so weniger ein menschliches Problem, je weiter entfernt er sich abspielt und je weniger man selbst darunter zu leiden hat ...)

Im wirtschaftlichen Bereich, so scheint es, müssen wir weitgehend von ideellen Begründungen von Unternehmenszielen Abschied nehmen. Die Millionen von Beschäftigten haben bezüglich ihrer Sinn-Verwirklichung nur dann eine Chance, wenn sie diese im *Wie* sehen: Kreative Produktgestaltung, Herausforderung durch die Lösung technischer wie kaufmännischer Probleme, Stolz auf produktive Leistungen und Kollegialität und Solidarität in der Arbeit – in der Arbeit auch an Waffen, Chemikalien oder sonstigen Produkten mit zweifelhaften Anwendungsbereichen. Da die Gesellschaft der Wirtschaft keine verpflichtenden ideellen Rahmenbedingungen auferlegt hat, gilt als kleinster gemeinsamer Nenner eben immer noch als ›übergeordnete Absicht‹ nicht der Sinn, das *Dienen,* sondern der Zweck: das *Verdienen.* Die herausragende Rolle des *Wie* führt dann naturgemäß zu einer mitunter völligen Verdrängung des *Wozu,* das manchmal nicht einmal mehr zweifelhaft, sondern ganz unbezweifelbar von jeglicher gesellschaftlichen Wertehaltung weit entfernt ist. Ebenso verwischt der eigene Einsatz auch in der Wirtschaft häufig das Gefühl für die gesellschaftsstabilisierenden Werte, und man wird (z. B. ökologisch) blind gegenüber Produkten und Dienstleistungen, die eine Gesellschaft eher gefährden als ihr dienen. Bei der Betrachtung eines Wirtschaftssystems kommt es nicht darauf an, wie sich der einzelne verhält, sondern was das System als solches erlaubt. Letzteres hängt dabei ebenso von geschriebenen wie von ungeschriebenen Gesetzen ab. Ungeschriebene Gesetze haben bei uns allerdings ihre Bedeutung erheblich eingebüßt, seitdem Individualismus und Pluralismus nicht mehr als *Maßstab* bürgerlicher Freiheiten, sondern als Selbstzweck gelten.

Wir hatten bei der Charakterisierung von Systemen darauf hingewiesen, daß diese um so langlebiger seien, je mehr Freiheitsgrade sie enthielten. Solche Freiheitsgrade sind Maßstäbe für Werte, aber nicht Werte an sich; denn auch Freiheit ist nur so lange ein Wert, wie man sich nicht nur fragt, *Freiheit wovon,* sondern auch *Freiheit wozu.* ›Frei‹ umschreibt in diesem wie in allen anderen vergleichbaren Fällen das unstete Gleichgewicht in der wechselnden Neigung zu Extremen. In diesem Fall hätten wir es mit einer Abart negativer Rückkoppelung zu tun, bei der die gesetzlichen Einschränkungen die Ausschläge in Richtung Willkür immer wieder an den Sollwert heranführen, während sich gleichzeitig ganze Berufsgruppen bemühen, diese Einschränkungen mit großem Einfallsreichtum, wenn auch nicht immer mit ebenso großer Verantwortung, zu umgehen, bis neue gesetzliche Regelungen ihr Vorgehen durch verstärkte Restriktionen weiter einschränken. Auf diese Weise wird die Freiheitlichkeit in der Wirtschaft immer geringer – *Freiwilligkeit in der Selbstbeschränkung* ist auch hier der Preis der Freiheit.

Dies macht deutlich, daß ›die Wirtschaft‹ ein ganzes Beziehungsgeflecht von Systemen ist – ein System von Systemen –, mehr als jeder andere Bereich; und deshalb muß auch eine Vielzahl nicht immer klar zutage liegender motivationaler Einflüsse berücksichtigt werden. Dabei treten – im Gegensatz zu Politik und Streitkräften – die ideell-gesellschaftlichen Gesichtspunkte stark zurück;

wirksamer erweist sich vielmehr die *Motivierung durch Subsysteme,* als die wir einzelne Unternehmen, vor allem aber kleinere, überschaubarere Arbeitsbereiche, ansehen müssen: Abteilungen, Arbeitsgruppen, spezielle Teams sowie die Möglichkeiten, die sich aus der unmittelbaren *Herausforderung durch eine bestimmte Aufgabe* selbst ergeben.

Fassen wir die motivationalen und Führungsansätze des Systems ›Wirtschaft‹ zusammen, so müssen wir zunächst feststellen, daß – im Unterschied zu ›Politik‹, ›Verwaltung‹ und ›Streitkräften‹, die alle *ausdrücklich* zum Wohle des Gemeinwesens da sind und daher auch ihren Sinn und ihre Legitimation beziehen – der Sinn von ›Wirtschaft‹, obwohl eingebettet in den Sinn übergeordneter Systeme, doch als unmittelbarer Motivationsfaktor praktisch ausfällt und durch den Einfluß von Subsystemen ersetzt wird.

Dominierend sind dabei die situativen Bedingungen, auf die allein Führung einwirken kann. Motive lassen sich nicht verändern, lediglich herausfordern. Solche Herausforderungen liegen zuerst im *Aufgabencharakter einer Arbeit.*

Eine solche Aufgabe muß freiwillig übernommen werden und darf nicht aufgezwungen worden sein. In der Praxis und im Idealfall heißt dies Aufgaben*angebot* und nicht Aufgaben*verteilung.*

Vielfach wird dies mit Delegation von Verantwortung gleichgesetzt. Aufgabenübernahme oder Aufgabenverteilung haben jedoch *nichts mit Verantwortung zu tun.* Eine übernommene Aufgabe kann ohne jede Verantwortung erledigt werden, während eine übertragene Aufgabe erhebliche Verantwortung bedeuten kann. Die Frage, ob und ggf. wieviel Verantwortung in einer Aufgabe enthalten ist, muß immer gesondert beurteilt werden.

Aufgabenübernahme heißt zunächst, daß der Übernehmende sich selbst diese Aufgabe zutraut und daß er weiß, daß er auch das Vertrauen dessen genießt, der ihm diese Aufgabe persönlich übertragen, anvertraut hat. Gegebenenfalls schließt dies auch Verantwortung mit ein. Mehr oder weniger routinemäßige Aufgabenverteilung (siehe hierzu Seite 169 ›Das Harzburger Modell‹) allein aufgrund festliegender Kompetenzbereiche betrachtet die Frage der erforderlichen Kenntnisse, Fertigkeiten wie der Verantwortungsbereitschaft als grundsätzlich durch den Stellenbesetzungsplan geklärt. Mag das in vielen Fällen auch zutreffen: Motivation geht von einem solchen Verfahren nicht aus – eher ein routinemäßiges scheinbares Sichabfinden, denn solche Routine mündet nach einer gewissen Zeit unweigerlich in Streß.

Wer Führung als Motivation versteht, sollte deshalb stets den Versuch machen, selbst ›gewöhnliche‹ Arbeitsabläufe zu persönlich anvertrauten und von den Betreffenden vielleicht sogar als Ausdruck des persönlichen Vertrauens empfundene Aufgabenübernahme zu gestalten. Die gemeinsame Konzipierung von Ziel und Methode – ob in einer Zweistundensitzung oder in fünf Minuten – sind dabei wichtige Elemente eines solchen ›Angebotes‹.

Je stärker die persönliche Identifikation mit einer Aufgabe ist, um so größer ist der motivationale Effekt. Unangenehme Vorgesetzte werden also auch mit attraktiven Aufgaben nur mäßigen Erfolg haben, während angenehme Vorgesetzte auch mit wenig attraktiven Aufgaben einsatzbereite Mitarbeiter finden.

Durchführung mit weitestmöglichem Handlungsspielraum innerhalb konkreter, klarer Rahmenanweisungen stellt eine weitere Komponente sinn-orientierter Arbeit dar, weil dies die freie Entfaltung produktiver wie kreativer Energien ermöglicht. Dabei kann dann auch der Gestaltung der *sozialen Arbeitsbedingungen* Rechnung getragen werden, die meist einen wesentlichen Teil der Sinn-Bilanz des einzelnen ausmacht. In der Praxis heißt dies, daß bei der Zusammensetzung von Arbeitsgruppen möglichst auf gewachsene Strukturen Rücksicht genommen wird, daß Leute, die sich mögen, miteinander arbeiten, und Leute, die sich nicht mögen, getrennt voneinander gehalten werden.

Unfriede bei der Arbeit mag zwar die Herrschaftsstruktur der jeweiligen ›Machthaber‹ in der Gruppe und über die Gruppe (des offiziellen wie des informellen Gruppenführers und übergeordneter Vorgesetzter) befestigen, der Arbeitsproduktivität und einem sinnvollen Erlebnis von Sozialkontakten dient Unfriede nicht. Wo sich Cliquen gebildet haben, liegt in der Regel eine Frontstellung gegen Personen oder Einrichtungen vor. (Die größte ›Clique‹ stellt demnach eine spontane Streikgemeinschaft dar.) Weitester Handlungsspielraum, u. U. unter Einbeziehung von Mitbestimmung am Arbeitsplatz, vermag unzulängliche Arbeitsbedingungen selbstregelnd auszugleichen und die Motivationslage zu verbessern.

Handeln unter Rahmenbedingungen heißt somit, daß den Handelnden alles das überlassen bleiben muß, was nicht unabdingbar zur Wahrung der ›übergeordneten Absicht‹ festzulegen ist. Letzteres kann z. B. bedeuten, daß die Grenzen der finanziellen Kompetenz umrissen werden, damit die Betreffenden wissen, wieviel Geld sie riskieren können.

Wenn auch die sachlichen Unternehmensziele mitunter als weitab von den üblichen ethischen Werten erscheinen mögen, dem Klima eines Unternehmens kommt ein solcher Umstand nicht zugute. Das System ›Wirtschaft‹ erhält sich zwar notfalls auch eine Weile auf unmoralischem Wege. Manche Großunternehmen haben sich in der Vergangenheit dadurch geradezu ›ausgezeichnet‹. Aber alle späteren Stiftungen für gute Zwecke haben selbst einem Rockefeller nicht geholfen, den ethischen Makel zu tilgen, der bis heute auf den brutalen Methoden der Frühzeit liegt. Das übergeordnete System Staat muß hier regelnd eingreifen. Nicht von ungefähr ist die Zahl derjenigen Bestimmungen, die wirtschaftliches Handeln regeln, ungleich größer als die Anzahl der Gesetze und Verordnungen, mit denen sonstiges Handeln reglementiert wird. Dies liegt unmittelbar an den Wirkungen der Wirtschaft als System. Gerät dieses System nämlich in Überlebensgefahr, so gibt es drei Wege, dieser Gefahr zu entgehen:

1. Zufuhr neuer Energien (mehr Geld, verstärkte Arbeitskraft),
2. Zufuhr neuer Ideen (neue Angebote, neue Zielgruppen),
3. Nichtbeachtung hindernder Einschränkungen: strafbare Lösungen – von der Steuermanipulation bis Nutzung der militärischen Gewalt ganzer Staaten zur Durchsetzung wirtschaftlicher Zwecke. Bis heute sind mehr Soldaten aus wirtschaftlichen als aus politischen Gründen geopfert worden.

Da Menschen immer mehreren Systemen angehören, muß die Wirtschaft, so amoralisch sie sich mitunter selbstgefällig gebärdet, auf die Werteverwirklichung mancher ihrer Mitarbeiter Rücksicht nehmen. Das betrifft die innerbetriebliche Qualitätskontrolle ebenso wie die nicht nur preiswerte, sondern auch anwendungs- und verwertungsgerechte Gestaltung ihrer Produkte. Auch preiswerte Waren können schließlich im Hinblick auf den erwarteten Zweck

›nichts wert‹ sein. Ein Dachdecker mag einen billigen Stundenlohn haben, wenn es hinterher trotzdem hereinregnet, war seine Arbeit dennoch ›nichts wert‹.

Mitarbeiter sehen es ungern, wenn man ihnen nachsagt, daß sie in Unternehmen arbeiten, die Schund liefern. Ganze Berufszweige sind damit ins Zwielicht und unter Motivations›druck‹ geraten.

Will ein Wirtschaftsunternehmen also einen weiteren motivationalen Überbau über das an sich schon motivierende ›Handeln unter Rahmenanweisungen‹ errichten, so muß es seine Unternehmensziele möglichst weit in das gesellschaftliche Wertesystem integrieren, und das bedeutet dann weitestgehenden Verzicht auf Ausnutzung auch der letzten, gesetzlich nur ungenügend beschriebenen Einschränkungen; ja sogar Verzicht auf alle Formen strafbarer Lösungen, so gentlemanlike sie inzwischen auch geworden sein mögen.

Führung – bisher nur als Hinführung zu leistungsgerechtem Handeln und Ermöglichung von Leistungsbedingungen interpretiert – bedeutet dann auch *Vorbild in der Verwirklichung ethischer Werte.*

Die Wirkung von Heilmitteln hängt bekanntlich – zutreffende Indikation vorausgesetzt – von drei Dingen ab: Einmal von den enthaltenen Substanzen, zweitens von deren Kombination und Dosierung und last not least von demjenigen, der sie verordnet (40). Letzterer ist dabei eingebunden in das System, in dem sich Arzt und Patient gegenüberstehen. Wird der Arzt als Helfer betrachtet, sieht sein Verhältnis zum Patienten anders aus, als wenn dieser in ihm lediglich einen Gesundheitsingenieur sieht, auf dessen Dienste er im Rahmen seines Wartungsvertrages mit der Krankenkasse Anspruch hat. Glaube an Wunder durch Technik oder Wunder durch Wissenschaft – beides ist meist dasselbe – kommt noch dazu.

Mit Führung ist es ähnlich:

Die Managementliteratur umfaßt eine Vielzahl von Einzelhinweisen, die einem in diesem oder jenem Zusammenhang immer wieder begegnen. Die ›Substanzen‹ scheinen deshalb etwa dieselben zu sein. Bei dem hier vorgestellten Führungssystem der Sinn-Orientierung kommt es aber – wie in der Medizin – sehr auf die Zusammensetzung, auf die hierarchische Abhängigkeit der Einzelelemente untereinander und die Art ihrer Anwendung an.

Manche Elemente verstärken sich gegenseitig, andere schwächen sich ab, in der (beabsichtigten) Hauptwirkung ebenso wie in den (unbeabsichtigten) Nebenwirkungen. Darüber hinaus spielt eine große Rolle, wer appliziert, also wer führt: ein von der Persönlichkeit und seinen fachlichen Leistungen her anerkannter und akzeptierter Führer oder ein nur Vor-Gesetzter, ein Vor-die-Nase-Gesetzter. Die Droge ist (auch hier) der Arzt. Das kann so weit gehen, daß Menschen allein von dem Charisma eines Führers motiviert werden. Was sie dann tun, braucht gar nicht einmal dem von diesem Führer Vertretenen zu entsprechen. Sie gehen aufgrund des Eindrucks, den ein solcher Führer auf sie gemacht hat, einfach davon aus, daß das, was sie selbst für gut und richtig halten, auch im Sinne dieses Führers sein müsse – eine Variation jener Erfahrung, daß Handeln zugleich dessen Rechtfertigung auslöst.

Sinn-orientierte Führung muß deshalb, um in ihrer inneren Beziehung verstanden zu werden – und nur dieses Verständnis ist die Voraussetzung für sinnvolle Anwendung – auch die Hierarchie der Werte deutlich machen, auf denen sie beruht:

Erkenntnisleitend ist die Erfahrung, daß *das Streben nach Sinn-Erfüllung als Werteverwirklichung die primäre menschliche Motivation* ist.

Demnach muß ein Führer zuerst mit dem individuellen Sinn-Konzept der zu Führenden vertraut sein, ehe er die situativen Bedingungen einer Aufgabensituation so gestalten kann, daß sie auf die Betreffenden leistungsherausfordernd wirken. Die motivationspsychologische Ordnung ist eindeutig hierarchisch und schreibt eine Überordnung der *individuellen* Erwartungen über die Erwartungen eines Unternehmens oder einer sonstigen Institution vor. Dies muß man zunächst einmal ganz unvoreingenommen erkennen, da alles andere reine Illusion wäre. ›In Gang‹ kommt erst dann etwas, wenn die individuellen Erwartungen der Mitarbeiter erfüllt werden, sonst wird zwar auch gearbeitet, aber nichts geleistet.

Dabei können diese individuellen Erwartungen durchaus idealistisch und gar nicht immer so materialistisch sein, wie dies gern unterstellt wird; sie können sich auch unmittelbar auf das Unternehmen richten, z. B. wenn es um dessen Erhaltung selbst bei eigenen Opfern geht.

Nur müssen es eben die Erwartungen dieser Mitarbeiter selbst sein und keine ihnen von anderen suggerierten – nicht von der Unternehmerseite und nicht von der Gewerkschaft.

Dies sollten vor allem diejenigen berücksichtigen, die sich bei der Lösung des betrieblichen Widerspruchs zwischen Unternehmenszielen und Mitarbeiterzielen mit der Formel aus der Affäre ziehen, daß eben diese unterschiedlichen Interessen zu koordinieren seien. (Siehe hierzu die späteren Ausführungen über McGregor und Blake und Mouton.) Wenn dies so einfach wäre, hätte es im Laufe der Jahrzehnte nicht so viele Managementüberlegungen gegeben, die sich genau mit dieser Frage beschäftigen.

Uns erscheint es vielmehr realistischer, die Ebene der Koordination nicht zu hoch anzusetzen: Ethos der Wirtschaft (als Dienstleistung für die Gesellschaft) hin – Ethos oder ›Ziele‹ eines Unternehmens her; selbst bestimmte Ziele in den Unternehmen als betriebliche Vorhaben erscheinen mir kaum verknüpfbar mit individuellen Zielen von Mitarbeitern; machbarer erscheint vielmehr, die Durchführung von Unternehmenszielen für die Mitarbeiter so sinn-orientiert zu gestalten, daß (nicht deren ›Ziele‹, wohl aber) deren *Sinn-Erwartungen erfüllt* werden.

Die gemeinsame Zielkonzeption, von der auch hier öfter die Rede ist, ergibt in der Praxis ja doch weniger die Bejahung dieser Ziele, als vielmehr die Bejahung der Machbarkeit, der Erreichbarkeit. Ein Vertriebsleiter, ein Produktionsleiter, ein Werbeleiter lodert ja nicht für die jeweiligen Produkte. Was er und seine Mitarbeiter in einer Konzeptionsplanung, an der sie beteiligt sind, akzeptieren, sind Abläufe, Termine und Qualitäten.

Deshalb gründet sich eine sinn-orientierte Unternehmensführung *nicht auf Ziel-Koordination, sondern auf Sinn-Realisation:*

»Wer Leistung in der Arbeit fordert, muß Sinn in der Arbeit bieten.«

Übersicht über die systemabhängigen Bedingungen des Führens . . .

POLITIK	JUSTIZ/VERWALTUNG
Willensbildung (1) von unten nach oben »Der Souverän ist das Volk«	Auftragshandeln nach Maßgabe der Legislative. Durchsetzung von oben nach unten
Mehrheitsentscheidungen	Verwaltung: Einzelentscheidung, Gerichte: auch Mehrheitsentscheidungen
Staat: Institutionalisierte Opposition zur Kontrolle und ggf. zur Ablösung der Führungsspitze Meinungspluralismus selbst innerhalb einer Partei Flügel und Fraktionen	Keine Opposition (2) ggf. Kündigung oder Rücktritt Eingeschränkter Meinungspluralismus (s. o.) Einheitlichkeit der Inhalte
Nur begrenzt verbindliche ›Parteilinie‹	Verbindliche Geltung der Inhalte bis zur verordneten Novellierung
Handeln nach Rahmenanweisungen mit meist weitgesteckten Spielräumen bei Beachtung der ›übergeordneten Absicht‹ (›Parteilinie‹)	Handeln auf Anweisung mit genau vorgeschriebenem Ermessensspielraum. Rahmenanweisungen etc. nur im Selbstverwaltungsbereich
Kein Aufopferungsprinzip	Kein Aufopferungsprinzip
Trotz der demokratischen Willensbildung von unten nach oben sind die politischen Führer oft auch die großen Zielsetzer. Ansonsten Trennung von Führung und Leitung (Stäbe, Manager).	Mehr Leitung als Führung, letztere nur im Personalbereich der Institutionen
Stil: partnerschaftlich überzeugend motivierend	Stil: autokratisch in der Sache überzeugend und motivierend im persönl. Umgang

. . . nach Aufgabenorientierung der Systeme

STREITKRÄFTE	WIRTSCHAFT
Auftragshandeln nach Maßgabe des Bündnisses. Durchsetzung von oben nach unten	Willensbildung von oben nach unten
Einzelentscheidung ggf. Entscheidungsvorbereitung durch Stäbe	Abgestuftes System von Einzel- und Mehrheitsentscheidungen
Keine Opposition ggf. (eingeschränkt) Rücktritt (3) Kein Meinungspluralismus	Keine Opposition ggf. Kündigung oder Rücktritt Kein durchschlagender Meinungspluralismus (6)
Verbindliche Geltung der Inhalte	Verbindliche Geltung der beschlossenen Inhalte
Befehl und Gehorsam Auftragstaktik Im Extremfall: Selbständiges Handeln (4) entsprechend der übergeordneten Absicht	Auftragshandeln unter Rahmenbedingungen (8) Im Extremfall: Selbständiges Handeln (7)
Aufopferungsprinzip	Kein Aufopferungsprinzip
Trennung von Leitung und Führung	Teilweise Trennung von Leitung und Führung, teilweise Personalunion
Stil: autokratisch (5) aber mit der Verpflichtung zum Überzeugen und Motivieren	Stil: partnerschaftlich überzeugend motivierend

Anmerkungen zu dem vorausgegangenen Schema:

Die Darstellung ist idealtypisch, d. h., es findet eine Wiedergabe der Prinzipien, nicht aber der ›Praxis‹ oder der üblichen oder möglichen Abweichungen statt.

(1.) Daß sich in der Politik Leitungs- oder Führungsgremien bis hin zur Regierung über den ›Willen‹ des Volkes hinwegsetzen, ist *Praxis.* Da ein Volkswillen pluralistisch ist, findet sich immer eine Begründung.

(2.) Während im politischen Bereich Opposition zum System gehört, sollten prinzipiell abweichende Meinungen, die der tiefen Überzeugung eines öffentlich Bediensteten entsprechen, zur Kündigung bzw. zum Rücktritt führen. Da Justiz und Verwaltung ausführende Organe der Legislative sind, gehört Verzicht auf Opposition zum System.

(3.) In den Streitkräften unterliegt die Auflösung des Dienstverhältnisses im Frieden wie im Kriege besonderen Bestimmungen; im Frieden ist sie grundsätzlich möglich, im Kriege nur in besonderen Fällen.

(4.) Selbständiges Handeln bedeutet hier auch Abweichen vom Auftragsinhalt. Ein solcher Entschluß muß u. U. kriegsgerichtlich vertreten werden.

(5.) Autokratisch heißt wörtlich ›alleinentscheidend/alleinherrschend‹. Einem solchen Prinzip widerspricht es jedoch nicht, wenn Entscheidungen, gegen die es prinzipiell *zwar Widerspruch, aber keine Opposition* gibt, überzeugend begründet werden, um Demotivationen vorzubeugen. Solche Begründungen sind erwünscht, aber nicht vorgeschrieben.

(6.) Zu bestimmten Konzepten abweichende Meinungen zu haben, ist üblich. Ein solcher Meinungspluralismus schlägt aber nicht auf eine einmal getroffene Entscheidung durch, sondern wird durch diese paralysiert, wenn auch nicht aufgehoben. Widerspruch begründet noch keine Opposition.

(7.) Selbständiges Handeln im Extremfall ist deshalb in der Wirtschaft selten, weil es diesen Extremfall – Handeln ohne die Möglichkeit einer Rückfrage bei Vorgesetzten – aufgrund heutiger Kommunikationsmittel kaum gibt. Ansonsten ist auch hier der Erfolg der Richter. Bei Mißerfolg droht zwar kein Kriegsgericht, wohl aber der Verlust der Position.

(8.) Weisungen und Anordnungen sind auch in der Wirtschaft definitiv und müssen dies auch wegen der Durchführungssicherheit sein. Nichtsdestoweniger entscheidet die Form des Miteinanderumgehens, das gegenseitige menschliche Verständnis, darüber, ob zwei auf unterschiedlichen Verantwortungsebenen miteinander Kommunizierende sich grundsätzlich als Partner im Wirtschaftsgeschehen empfinden. Dasselbe trifft auch für das Verständnis von ›Partnerschaft‹ in den anderen Bereichen zu.

Kurze Zusammenfassung zum Verständnis von Führung in sozialen Systemen

1. Systeme sind *Wirkungs*gefüge.
   In ihnen treten bestimmte Inhalte miteinander in Verbindung und beeinflussen sich untereinander.

2. Die *Struktur* eines Systems entspricht der *Funktion.*
   Die organisatorische Gliederung der ›Teile‹ (z. B. der Mitarbeiter in Arbeitsgruppen oder der Abteilungen eines Unternehmens) entspricht der Funktion dieser Glieder.

3. Funktion und Struktur sind abhängig von der *Aufgabe* des Systems. Diese Aufgabe verweist zugleich auf den *Sinn des Systems,* der die Eingliederung in übergeordnete Zusammenhänge deutlich macht.
   Die Aufgabe z. B. des Systems ›Bundespost‹ ist der Transport von Informationen und Waren. Der übergeordnete Zusammenhang ist die Gesellschaft, der Sinn ist Dienstleistung für diese (nationale wie übernationale) Gesellschaft.

4. Ein System ist nicht durch die Eigenschaften seiner Teile definierbar, sondern durch *Sinn und Aufgabe.*
   Nicht der technische Standard der Waffensysteme noch der Trainingsstandard der Soldaten definieren das System Bundeswehr, sondern die Aufgabe ›Sicherheit‹ und die spezielle Dienstleistung für das politische System »Bundesrepublik Deutschland«.

5. Systeme sind Werteordnungen.
   Systeme schaffen keinen Sinn (der durch nichts und durch niemanden geschaffen, geliefert, verordnet werden kann), aber sie h a b e n Sinn: Sie beruhen auf einer Werteordnung, die in sozialen Systemen mit den Werten des jeweils übergeordneten Zusammenhangs (Systems) korrespondiert. ›Korrespondieren‹ bedeutet nicht ›identisch sein‹: Ein Verbrechersyndikat, das innerhalb des eigenen Systems die Todesstrafe kennt, muß sich nichtsdestoweniger auf den Strafenkodex der Ge-

sellschaft einstellen, auch wenn dieser keine Todesstrafe praktiziert. Die differierenden Werteordnungen ineinandergeschachtelter Systeme sind nicht selten die Ursache von Konflikten und Spannungszuständen.

6. Innerhalb eines Systems ist der Wertekodex hierarchisch geordnet.

   Diese Ordnung ist mit den logotherapeutischen Wertekategorien beschreibbar: Bei sozialen Systemen gibt es eine Art ›übergeordneter Absicht‹, die den Sinn des Systems auf die kürzeste Formel bringt (siehe oben unser Beispiel Bundespost oder Bundeswehr). Dabei kann *jeder Wert sinn-definierend* sein, wobei dann die anderen Werte *nachgeordnet* sind. In politischen und religiösen Systemen z. B. sind bestimmte *ideelle* Werte sinn-definierend, während soziales Erleben und kreatives/produktives Schaffen dahinter zurücktreten. Bei Seniorenclubs dominiert das *soziale Erlebnis*, bei künstlerischen Arbeitsgemeinschaften das *kreative* Schaffen.

   Zugehörigkeit zu einem System fordert zunächst Anerkennung des Systemsinns. So kann man nicht Kirchenchrist sein nur um der Nächstenliebe willen, wenn man nicht primär an den persönlichen Gott glaubt.

7. Der Mensch gehört, ob er will oder nicht, bestimmten Systemen an, z. B. dem Biosystem ›Mensch‹, Volk, Gesellschaft, Staat, und in einer bestimmten Entwicklungsphase auch ›Familie‹, ›Schule‹ und dgl. Anderen Systemen kann er sich mehr oder weniger freiwillig anschließen oder auch sich ihnen entziehen.

   Zwänge übergeordneter Systeme können mitunter zum Anschluß an nachgeordnete Systeme nötigen: So ›muß‹ man zum Lebensunterhalt einen Beruf ergreifen, kann schlimmstenfalls aber auch ohne Beruf existieren. Man kann den Wehrdienst auch verweigern, man kann sich der Rechtsordnung des Staates durch Übertretung der Gesetze entziehen (um dann in das System ›Gefängnis‹ zwangsweise überstellt zu werden).

   Man kann schließlich die mehr oder weniger zwangsweise Zugehörigkeit zu einem System (z. B. eines bestimmten Berufes oder Unternehmens) auch als ›Mittel zum Sinn‹ betrachten und mit dem dort verdienten Geld Sinn außerhalb dieses Systems ›kaufen‹.

8. Nicht die formale Einordnung entscheidet über die Zugehörigkeit zu einem System, sondern die *innere Einstellung.*
   Die Uniform macht nicht den Soldaten, nicht einmal das Gelöbnis; die Lohnliste weist nicht unbedingt diejenigen aus, die sich auch mit dem System ›Unternehmen/Firma‹ identifizieren (Aufgabe, Struktur, Funktion). Die innere Einstellung ist vor allem am langfristigen Verhalten, am *Verhalten unter Risikobedingungen* erkennbar.
   Häufig sind es nur die Subsysteme, zu denen sich jemand tatsächlich bekennt und von denen er sich motivieren läßt, eben seine unmittelbare Arbeitsgruppe, z. B. die Kollegen seiner Abteilung, die Zusammenarbeit mit einem ganz bestimmten Vorgesetzten u. a. m.

9. Motivationale Kräfte werden nur durch akzeptierte Systeme mobilisiert.
   Selbst ein Gefängnis kann einen Insassen dann motivieren, wenn er es als Resozialisierungsanstalt akzeptiert, während ein Kranker, der nicht gesund werden will, auch im besten Krankenhaus keine Besserung erfährt.

10. Orientierungslose ›auf der Suche nach Sinn‹ neigen dazu, eine Sinn-Erfüllung weniger im Rahmen eines eigenen Sinn-Konzeptes anzustreben, als sich bestimmten Systemen mit klar definiertem Sinn anzuschließen.
   Die Gründe dafür sind sicher vielfältig. So kann ein von vielen vertretener Sinn (z. B. ein Glaubensinhalt) als ›zuverlässiger‹ angesehen werden als eine individuelle Glaubenseinstellung; Zugehörigkeit zu sozialen Gruppierungen kann Sicherheit und vermehrte soziale Kontakte versprechen, und mancher läßt sich überhaupt lieber führen, als daß er sein Leben auf eigene Faust wagt. Die fanatischsten Systemeiferer (die Faschisten, Kommunisten, Glaubensfundamentalisten) sind oft diejenigen, die ohne das System hilflos wären.

11. Führen im System heißt Motivieren im Sinne dieses Systems und Schaffen von Leistungsbedingungen mit Hilfe des Systems.

    Ein akzeptiertes System ermuntert ja gerade dadurch zur Einordnung (zum Eintreten in eine Partei, in ein Wirtschaftsunternehmen, in eine Behörde), weil deren Strukturen und Funktionen eine Vielzahl von Herausforderungen erwarten lassen, deren Bewältigung Sinn-Erfüllung verspricht.

    Führung realisiert diese Erwartungen, indem ›die richtigen Leute mit den *richtigen Aufgaben*‹ zusammengebracht werden.

    Eine Leistungssituation wird immer nur da entstehen, wo (Sinn-)Erwartungen erfüllt wurden: ein Elektrotechniker, der darauf erpicht ist, ein guter Fernmeldeingenieur zu werden, wird bei der Bundespost kaum als Briefsortierer herausragen, ebenso wie anderswo ein erfahrener Exportkaufmann, dessen Fähigkeiten und motivationale Energien ungenutzt bleiben, wenn er in der Materialverwaltung beschäftigt wird.

12. Die Zugehörigkeit des Menschen zu bestimmten Systemen, ohne die er nicht überleben könnte, wie die Zugehörigkeit zu anderen, denen er sich selbst angeschlossen hat, bedingt, daß die Sinn-Angebote solcher Systeme stärker als andere motivieren.

    So wäre es abwegig, wollte man die Sinnerfüllung, die in Arbeitssystemen unserer Kultur liegt, nur deshalb stärker auf andere Bereiche, z. B. in die sog. Freizeit, verlagern, weil es uns heute immer schwerer fällt, Sinn in der industriellen Arbeitswelt zu realisieren. Gerade ›Arbeit‹ als ein für Menschen unserer Kultur wesentliches Charakteristikum hat für uns einen *Sinn*, der nicht beliebig gegen einen anderen ausgetauscht werden kann – mit anderen Worten: Der *Sinn der Arbeit* ist durch keinen anderen ersetzbar. (Siehe Seite 185.)

Acht Tips für das Führen in Systemen

1. Die Tatsache, daß sich Mitarbeiter in Unternehmen verschiedenen Subsystemen nicht entziehen können, legt es nahe, diese Systeme vor allem *zur Motivierung zu nutzen.*

In Frage kommen: die Branche, der Berufsstand, das Unternehmen, die Arbeitsabteilung, bestimmte Spezialteams oder Projektgruppen u. a. m. Voraussetzung ist stets, daß der einzelne auf motivierende Einflüsse eines solchen Bereiches infolge seiner individuellen Sinn-Konzeption überhaupt ansprechbar ist, denn *Motive können nicht infiltriert, sondern immer nur mobilisiert werden.*

Motivationale Elemente sind in diesem Zusammenhang: Sozialprestige, wirtschaftliche Sicherheit, Spezialistentum, herausragende Aufgabenstellung (Arbeit an besonders wichtigen, besonders qualifizierten, besonders gefährlichen Projekten), Sprungbrettfunktion der Arbeitsgruppe oder Arbeitsaufgabe für das weitere Fortkommen innerhalb oder außerhalb des Unternehmens, Zusammenarbeit mit besonders qualifizierten und angesehenen Fachleuten u. a. m.
Kunst der Führung ist es, diese und ähnliche Elemente erkennbar in die Gestaltung der situativen Bedingungen einer Arbeit einfließen zu lassen.

2. Es sei daran erinnert, daß sich Menschen eher mit kleineren als mit größeren sozialen Einheiten identifizieren (s. Seite 57, Leisten in der Gruppe). Dies trifft auch auf die Motivationschancen sozialer Systeme zu.

Aus diesem Grunde sollte man immer zuerst versuchen, die *Bedingungen in den kleinsten Arbeitseinheiten,* also unmittelbar am Arbeitsplatz, motivierend zu gestalten: durch Mitbestimmung am Arbeitsplatz, durch Aufgabenstrukturierung der Arbeit, durch sorgsame Beobachtung der Zusammenarbeit, sprich: durch harmonische Zusammensetzung von Arbeitsgruppen, Abteilungen und Teams.

3. Systeme haben einen Zweck und einen Sinn.
Der Zweck liegt in der jeweiligen Aufgabe, der Sinn in der Bedeutung, die das System für den betreffenden Angehörigen hat.
Der Sinn von Arbeitsgruppen, Teams oder Abteilungen kann für einen Mitarbeiter darin liegen, daß er in ihnen als Fachmann ›gut zum Zuge kommt‹, daß die Einbettung in eine solche Gruppe umgekehrt bestimmte Schwächen verdeckt, daß seine ›Anlehnungsbedürfnisse‹, sein Streben nach Kollegialität und Solidarität befriedigt werden, daß die Effektivität/Produktivität bestimmter Gruppierungen mehr Arbeitsplatzsicherheit als an anderer Stelle bedeutet u. a. m.
Aufgabe der Führung ist es, Mitarbeiter möglichst in solche Gruppierungen zu integrieren, in denen ihre (soeben genannten und andere) Sinn-Erwartungen am stärksten berücksichtigt werden.

4. Wie kommt man dahinter, was für den einzelnen Mitarbeiter welche Bedeutung hat – wie kann man sich über sein individuelles Sinn-Konzept informieren?

Wenn *die Sinn-Erwartungen der Mitarbeiter* genau genommen *die einzige relevante Motivationsgrundlage* darstellen, muß jeder mit Führungsverantwortung Beauftragte darauf sehen, sich zumindest ein einigermaßen zutreffendes Bild dieser Erwartungen von allen seinen Mitarbeitern zu machen.
Dazu dienen einmal die üblichen Arbeitsbesprechungen, das Reagieren auf Aufgabenangebote und das Erstreben oder Verfehlen von herausragenden Leistungen. Darüber hinaus wird sich vieles auch im außerdienstlichen Kontakt ergeben, denn die aufgelockerte Stimmung im gesellschaftlichen Umgang erlaubt es, ungehemmter aus sich herauszugehen als in der Streßsituation am Arbeitsplatz.
Drittens gibt es die Möglichkeit, über einen *Sinn-Erwartungstest* bzw. durch *Überforderungs/Unterforderungs-Profile* sich ein ziemlich genaues Bild zu machen. Wir haben in diesem Buch die entsprechende Vorgehensweise ausführlich beschrieben (siehe »Die Organisation sinn-orientierter Arbeit«, Seite 183).

5. Auch Betriebsräte sind ein Charakteristikum bestimmter sozialer Systeme. Jede Führung hat die Betriebsräte, die sie verdient. In sinnvoll geführten Unternehmen sind die Betriebsräte aktive Helfer bei der Verwirklichung von sachlichen Unternehmenszielen (Leitung) wie der Motivierung von Zusammenarbeit und Leistung (Führung).
In sinn-frustrierten Unternehmen sind engagierte Betriebsräte die ›Führer der Opposition‹.
Opposition ist jedoch nicht systemadäquat, sondern ein Zeichen dafür, daß das System gestört ist. Solche Störungen können nicht dadurch behoben werden, daß nun ein System auf das andere eindrischt, sondern nur dadurch, daß die Mängel in dem gestörten System behoben werden. Die Aufdeckung möglicher Sinn-Frustrationen kann dabei ein erfolgversprechender Ansatz sein.

6. Gestörte Systeme demotivieren.
Ansatzpunkt Nr. 1 für eine Entstörung ist die Kontrolle der Strukturen: Mitarbeiter (Qualifikationen), Organisation der Arbeitsabläufe u. a.m.
Ansatzpunkt Nr. 2 ist die Kontrolle der Funktion: Aufgabenstellung (Unterforderung, Überforderung, Wichtigkeit, Unwichtigkeit der Aufgabe, organische Einbettung in übergeordnete Zusammenhänge u. a. m.).
Ansatzpunkt Nr. 3 ist die Kontrolle des Sinn-Bezuges: Wer fühlt sich wodurch sinn-frustriert, und wie sehen die entsprechenden Erwartungen aus? Soziale Systeme können aber auch Subsysteme enthalten, die positiv rückgekoppelt sind – mit anderen Worten: in denen sich etwas ›aufschaukelt‹, Erfolgsbewußtsein bis zur Arroganz ebenso wie Mißerfolgsangst bis zur allgemeinen Niedergeschlagenheit, Arbeitseuphorie, das Gefühl, ›der letzte Dreck‹ zu sein oder ›an der Spitze der Kolonne‹ zu marschieren, Kameradschaft oder Haß untereinander. Die Rechnung bezahlt das Unternehmen über sinkende Produktivität, Innovationsverlust u. a. m.

7. Der Ansatz, ein Unternehmen als ›System‹ zu begreifen, macht unter anderem zweierlei deutlich:
a) Als ›offenes System‹ ist ein Unternehmen auf ständige Energiezufuhr von außen angewiesen. Für das soziale System ›Unternehmen‹ heißen diese Energien: Kapital – Arbeitskraft – Innovationen.
Daraus folgt: Wo es keine Gewinne gibt, wo keine produktive Zusammenarbeit herrscht und wo keine neuen Ideen eine Chance haben, da gibt es auch kein Überleben, geschweige denn eine Entwicklung.
b) Das System erhält sich um so ungefährdeter, je mehr Freiheitsgrade es aufweist.
Im Unternehmen lassen sich solche Freiheitsgrade ablesen an der freien Verfügbarkeit bestimmter Personen oder Gruppen über bestimmte finanzielle Mittel (Kostenstellen, Profitcenter etc.) – an Handlungsspielräumen bei Zielsetzung und Durchführung – an der freien Meinungsäußerung bei Planung und Entwicklung – am Diskutieren von Wegen und Methoden – an möglichem, ja erwünschtem Widerspruch – am Recht auf Irrtum – an Experimentierfreudigkeit und kalkulierter Risikobereitschaft – an persönlicher Offenheit und persönlichem Vertrauen.

8. Systeme haben aber auch ihre Schattenseiten. So ermöglichen sie z. B. nicht nur Solidarität, sondern *sie erzwingen sie auch.* Eine unkritische Betonung von System-Eigentümlichkeiten (anders ausgedrückt: eine Überbetonung sozialer Bindungen in einem Unternehmen) führt von der begrüßenswerten System-Konformität – der Übereinstimmung mit den System-Zielen und Gebräuchen – zum Konformismus, zur inneren und äußeren Gleichschaltung und zum Mangel an Selbstkritik.
Weitere Schritte sind: Heftige Reaktionen gegen System-Kritiker, ›Nestbeschmutzer‹, permanente ›Suche nach dem Schuldigen‹, eine geradezu neurotische Aufdeckung von äußeren Ursachen für innere Schwierigkeiten – und das alles um den Preis der Aufrechterhaltung des System-Bewußtseins, das damit zum System-Wahn wird.

Drittes Kapitel: Die gesellschaftlichen Rahmenbedingungen und das veränderte Menschenbild der Führung

Die charakteristischen Merkmale, die das Führungsverhalten in einer bestimmten *Zeit* und in einer bestimmten *Gesellschaft* kennzeichnen, spiegeln zugleich die vorherrschenden Strukturen dieser Gesellschaftsepoche wider. Gesellschaftsordnung und Führungsordnung verhalten sich also analog. Verhaltensweisen wie Kunststile lösen sich aber nicht stufenartig ab, so daß man erst eine Stufe verlassen muß, um die nächste zu erreichen, sondern gehen vielfältig ineinander über, wobei manchmal mehrere ›an sich‹ überholte Stile noch eine Weile nebeneinanderher bestehen. Mehrere solcher Stile – in der Führung wie in der Kunst – ringen in einer Epoche dann um die Vorherrschaft. Dies ist insbesondere heute der Fall, wo durch verstärkte internationale Kontakte verschiedenartige Strömungen in Wirtschaft und Politik, in Wissenschaft und Technik aufeinandergetroffen sind, sich miteinander vermengt und teilweise wieder voneinander getrennt haben oder in neuen Gemengen weiterexistieren.

Die Spuren der Vergangenheit sind dabei oft mehr als nur Spuren. In den Führungsprinzipien mit ihren manchmal jahrhundertealten Stammbäumen wird dies besonders deutlich.

Ein Verständnis von Führung bliebe unzulänglich, wollte man die gesellschaftlichen Bedingungen, die zu den jeweiligen Ausprägungen geführt haben, heute als bloßes ›historisches Problem‹ zu den Akten legen. Mit den Veränderungen in der Gesellschaft, die sich vor allem als veränderte Macht- und damit Eigentumsverhältnisse darstellen, geht nämlich auch eine *Veränderung des Menschenbildes* einher, dessen mitunter fatale Auswirkungen auf das Führen unter humanen Bedingungen nicht unreflektiert bleiben dürfen.

Das Prinzip von ›Befehl und Gehorsam‹

Dieses Prinzip ist zwar nicht das älteste, wohl aber das fragwürdigste Relikt aus alter (Feudal-)Zeit.

Befehl und Gehorsam bedeuten absolute Unterwerfung unter den Willen des Befehlenden. Damit ist auch jegliche Verantwortung für das aufgehoben, was zur Ausführung befohlen ist. Von diesem Prinzip kann man keine Abstriche machen. Es ist widersinnig zu verlangen, daß ein zum Gehorsam Verpflichteter die erhaltenen Befehle erst auf die Goldwaage der Ethik zu legen hat, um dann zu entscheiden, ob er den Befehl ausführen will oder nicht, vielleicht den einen, den nächsten dann aber nicht, möglicherweise jedoch die folgenden wieder ... Ein absolutistischer Spruch lautete: »Wer auf die preußische Fahne schwört, hat nichts mehr, das ihm selbst gehört« – und das schließt das Gewissen ein.

Was gut und böse, was Recht und Unrecht ist, bestimmt der absolutistische Herrscher. Die Unterwerfung unter seinen Willen erzwingt er kraft der ›Gewalt‹, die ihm sein Gottesgnadentum verliehen hat. Die menschliche Ausdeutung dessen, was Menschen mitunter für Gottes Willen halten – die wohl gotteslästerlichste Anmaßung, die man sich vorstellen kann –, liefert hierzu auch noch den religiös-konfessionellen Unterbau: »Jedermann sei Untertan der Obrigkeit, die Gewalt über ihn hat. Denn es ist keine Obrigkeit ohne von Gott; wo aber Obrigkeit ist, ist die von Gott verordnet. Wer sich nun wider die Obrigkeit setzt, der widerstrebt Gottes Ordnung, die aber widerstreben, werden über sich ein Urteil empfangen« (Römer 13). Das ist eindeutig. Eindeutig mittelalterlich.

Und so sind absolutistische ›Befehlsverhältnisse‹ immer eindeutig. In neuerer Zeit, in der die von Gott gegebene Ordnung auch schon einmal Zweifeln ausgesetzt war, wurde das Prinzip von

›Befehl und Gehorsam‹ durch einen persönlichen Eid begründet, den der Gehorchende dem Befehlsgeber (Befehlshaber) leistete.

So leistete die Deutsche Wehrmacht nach dem Tode des Reichspräsidenten v. Hindenburg im Jahre 1934 dem ›Führer und Reichskanzler Adolf Hitler‹ einen *persönlichen* Treueeid: Es wurde also nicht auf den Inhaber einer Institution geschworen, mit der man schließlich noch bestimmte gesellschaftlich verbindliche Werte verknüpfen konnte, sondern auf eine Person. So kam es dann, daß dieser Mann schließlich selbst diese Werte setzte und ein ›Führerbefehl‹ Gesetz war und damit Ausdruck einer neuen Werteordnung.

Wer aus sittlichen Erwägungen nun glaubte, seinen Eid brechen zu müssen, verabschiedete sich damit nicht nur von der Person des Eidnehmers, sondern von der gesamten Lebensordnung, die jener verkörperte: das deutsche Volk, das Deutsche Reich ... ›Deutschland‹. Das war sicher für manchen ein bißchen zuviel, und so kniff man dann öfter einmal beide Augen zu. Je weiter oben die Betreffenden saßen, um so mehr mußten sie kneifen, weil sie ja auch mehr zu sehen bekamen. Die weiter unten beriefen sich dann gern auf die Kneifer oben oder schätzten ihre Handlungsweise nach dem bewährten psychologischen Prinzip ein, nach dem der Handelnde in der Tatsache seiner Beteiligung die Rechtfertigung seiner Handlung sieht.

Ein Eid beruht auf dem Glauben an Gott. Selbst in religiösen Vorstellungen, die mehrere Götter kennen, gibt es meist immer einen Gott, der ganz besonders für die Wahrung des Eides zuständig ist. Bei den Germanen war es Thor, Donar, der Donnerer. Von ihm sagte man, daß er nach einem Eidbrecher sogar mit seinem Hammer werfe ...

Da nur Gott ins Herz sehen kann (»Der Mensch sieht, was vor Augen ist, Gott aber sieht das Herz an«, sagt die Bibel), weiß oft auch nur ein Gott, wann ein Eid gebrochen wird.

Ob auch vor Gott Unzurechnungsfähigkeit im Augenblick der Tat angesichts eines Eidbruchs oder eines Meineides gilt, wie doch schon mal vor einem deutschen Gericht, ist zweifelhaft. Es scheint überhaupt fragwürdig, Gott in unsere menschlichen Händel so weit hineinzuziehen, daß er – z. B. wenn wir einen Eid ›bei ihm‹ leisten – sozusagen für das geradesteht, was wir (uns) da leisten. Wenn jemand bei Gott schwört, heißt das doch nichts anderes, als daß

Gott sein Zeuge ist oder daß Gott ihn gegebenenfalls bestraft, wenn er eidbrüchig wird oder meineidig. Mit solchen geradezu noch magischen Vorstellungen eines Gottes, der hinter jedem einzelnen Halunken herzulaufen hat, um ihm spätestens beim Jüngsten Gericht die Ohren lang zu ziehen, sollten wir Schluß machen.

Zu einer Zeit, als man glaubte, Gott eine solche Funktion noch zumuten zu können, mochte das noch angehen, heute wäre es besser, wenn wir uns von Eiden aller Art schlicht verabschiedeten. Ein Eid gar, der vor Gericht ohne den Zusatz »so wahr mir Gott helfe« geleistet wird, hat für das Gericht lediglich den einen Vorteil, daß im Falle der Widerlegung der nachweisliche Tatbestand des Meineids gegeben ist. Dann allerdings hilft dem Betreffenden tatsächlich nur noch der Psychiater, wenn man eines Tages trotzdem Minister werden will.

Bezüglich der Situation vor Gericht wäre die Abschaffung des Eides eine Frage der Formulierung von Rechtsvorschriften, bezüglich des Eides als Grundlage von ›Befehl und Gehorsam‹ ist es weit mehr: Es wäre die Aushöhlung, ja Aufhebung, der nicht minder überholten Vorstellung von jeglicher Obrigkeit, die Gewalt über uns hat – physische Gewalt (nun ja, die hat sie wohl), aber keine sittliche ›Gewalt‹ – mit anderen Worten: sie verkörpert qualitativ wie quantitativ nicht ›mehr‹ Sittlichkeit als der einzelne auch.

Das Problem von ›Befehl und Gehorsam‹ könnte uns ebenso kalt lassen wie eine Fülle anderer, nur noch ›historischer‹ Probleme auch, aber leider schleppen wir ja diesen Widersinn, der zugleich der Widersinn des Eides ist, noch heute in unserer Führungspraxis in den Streitkräften bzw. in unserer Gerichtspraxis mit uns herum.

Ein Eid ohne Gott ist lediglich eine persönliche Verpflichtung, deren Bruch Rechtsfolgen hätte oder eine Minderung des persönlichen Ansehens bedeutete. Letzteres setzte jedoch ein gesellschaftliches Wertebewußtsein voraus, dessen wir uns nicht mehr sicher sein dürfen. Den Begriff Ehre haben wir ja abgeschafft.

Ein Befehl ohne Eidgrundlage ist eben nicht mehr als jede andere Weisung auch. Seine Nachhaltigkeit kann lediglich durch Androhung von (Kriegs-)Gerichtsverfahren unterstrichen werden. Dann aber ist *Angst vor Strafe* und nicht sittliche Verpflichtung die *Motivationsgrundlage*. Unter solchen Voraussetzungen wird bekanntlich mehr Energie vorsorglich dazu aufgewendet, permanente Schuldlosigkeit nachzuweisen als zur Durchführung der eigentlichen Aufgabe nötig ist.

Die Abweisung unsittlicher Befehle wäre damit ohne Eidkonflikt (wie oben) geregelt. Eine Klärung bliebe im Zweifelsfall dem irdischen Gericht überlassen. Das ist zwar auch unter den gegenwärtigen Bedingungen bereits der Fall. Aber das Aufopferungsprinzip, das ja unabdingbarer Bestandteil eines militärischen Verhaltens sein muß, weil sonst jeder in Deckung geht, wenn's gefährlich wird, braucht jetzt einen völlig neuen Bezug. Worauf soll es sich stützen?

Der Vorteil eines unkritisch und im Überschwang der nationalen Begeisterung auf sich genommenen Aufopferungsprinzips war ja doch, daß man glaubte, sich auch dann aufopfern zu müssen, wenn das Ergebnis in keinem vernünftigen Verhältnis zum Effekt stand.

Wer das Glück hatte, das ›Stahlbad‹ eines Krieges genossen zu haben, das früher jeder Generation zur Reifung zugestanden wurde, weiß, wieviel unsinnige, taktisch wie strategisch bedeutungslose, mit unzureichenden Mitteln geführte militärische Aktionen es gegeben hat, die Tausende das Leben kostete. Eine beliebige Anzahl von Gefechtsberichten auf ihre Richtigkeit und die dahinter stehenden Gefechte auf ihre Wichtigkeit überprüft, würde dies mit erschreckender Deutlichkeit bestätigen.

Überließen wir also die Entscheidung ›Aufopferung oder nicht‹ den jeweils Betroffenen, so stießen wir sehr rasch an die Grenzen unseres heutigen Verständnisses von militärischem Einsatz und Soldatentum. Ich mache hier gar nicht den Versuch, für das verworrene System von ›Befehl und Gehorsam‹ mit oder ohne Eid ›bei Gott‹ oder bei sonst wem eine mögliche Lösung zusammenzureden. Es gibt keine. Wenn wir nicht unter absolutistischem Zwang miteinander umgehen wollen, sondern in Freiheit, dann ist immer nur *Freiwilligkeit der Preis der Freiheit.*

Eine bloße, vom Gesetz geforderte Verpflichtung ist kein Eid, und eine bloße Anordnung kein Befehl. Aber eine solche Verpflichtung ist nach unserer heutigen Auffassung angemessener als ein Eid, und Anordnungen sind angemessener als ›Befehle‹. Befehle wurden auch früher schon vor allem von denen befolgt, die sie befolgen *wollten* oder unter Zwang befolgen *mußten.* Eine Unzahl von Befehlen wurde heimlich umgangen oder ihre Ausführung wahrheitswidrig behauptet, falls eine Überprüfung unwahrscheinlich oder unmöglich war. Aus diesem Grunde war die Ausführung eines unsinnigen Befehls, den man weder mit List noch mit Tücke (z. B. durch Abschieben auf einen anderen) umgehen konnte, auch früher schon weniger Aufopferung aus sittlichen Gründen, als schieres Pech, Unglück in seiner schlimmsten Form.

Wir sollten deshalb heute den Begriff von ›Befehl und Gehorsam‹ ersatzlos streichen und das ausgesprochene oder unausgesprochene Aufopferungsprinzip nebst Eid dazu. Wir können dann allerdings zur Durchsetzung von Anordnungen nur noch auf zweierlei bauen: Einmal auf die Angst vor einer Strafe, die nicht geringer sein könnte als die Nachteile, denen man durch Verweigerung aus dem Wege gehen will. In den meisten Fällen liefe das auf Todesstrafe hinaus, denn der Hauptnachteil, der im Kriege mit der Befolgung sinnvoller wie unsinniger Befehle verbunden ist, ist nun einmal der Verlust des Lebens. Nur dürfte im Kriege gerade deshalb die abschreckende Wirkung der Todesstrafe noch geringer sein als im Frieden.

Bleibt, zweitens – und letztlich – nur noch der eigene sittliche Impuls. Dieser setzte die Verinnerlichung einer Werteordnung voraus mit umfassender gesellschaftlicher Reichweite: Werte, die nicht nur ›private‹ Werte eines einzelnen sind – denn solche werden im Krieg nur selten verteidigt –, sondern gesellschaftliche, gemeinschaftliche Werte. Hier aber hapert's bei uns heute gewaltig. Nicht einmal unser Feld-, Wald- und Wiesenschlagwort von der ›Freiheit‹ hielte einer *Definition* von auch nur drei extremen Vertretern unserer pluralistischen Gesellschaft stand, und extrem müßten sie schon sein, sonst wäre es kein Pluralismus. Hier liegt also ein Defizit vor uns, das wir auffüllen müssen, solange das schöne Wetter über unserer Demokratie anhält. Danach ist es zu spät. Mit bloßen ›Gesellschaftsmodellen‹ und dem Recht auf extreme Subjektivität, ja überhaupt mit dem seit dem nationalsozialistischen Schock hochkultivierten Individualitätsglauben ist da wenig zu machen. »Du bist nichts, dein Volk ist alles« war zwar keine sehr erhebende Philosophie, um damit zu leben, doch sterben ließ es sich danach – zwar nicht unbedingt sinnvoll wohl aber wenigstens sinngemäß. Die Tatsache, daß wir Deutschen uns da schwerer tun als andere, mit einem nie verwirklichten Nationalstaat, mit einem umstrittenen Nation-Begriff, mit einer Bundesrepublik als Dauerübergang, mit Mauer und Schießbefehl, mit der zweifelhaften Überzeugung, unsere Sicherheit beruhe letztendlich nur auf den Raketen der anderen, und der Meinungsvielfalt, was die inneren Werte betrifft – all das sollte uns nicht davon abhalten, überholte Denkmodelle in der Versenkung verschwinden zu lassen, in die sie schon lange gehören. Seit dem Ende der absoluten Monarchie war mit dem Prinzip von ›Befehl und Gehorsam‹ schon kein Staat mehr zu machen.

Auch die Wirtschaft ist in ihren Grundstrukturen immer ein Spiegelbild der Gesellschaftsordnung gewesen. So kannte auch sie in der Frühzeit des Kapitalismus ihre ›absolute Monarchie‹ und bis in die Zeit der fortgeschrittenen Industrialisierung ihre Untertanen, die teilweise, wie in Großunternehmen des 19. Jahrhunderts, morgens militärisch organisiert im Gleichschritt in die mauerumwehrten Fabrikkasernen einmarschierten und von denen man erwartete, daß sie »dem Staat treue Untertanen und der Fabrik Arbeiter eigener Race« lieferten (41). Das ganze 19. Jahrhundert noch tobte praktisch der Kampf um die Aufhebung der körperlichen wie der geistigen Leibeigenschaft.

Der ›aufgeklärte Absolutismus‹ und die ›konstitutionelle Monarchie‹ waren Wegstrecken dieses Kampfes, wobei sich dann der Nationalsozialismus später noch einmal als Rückschritt erwies. Wenn Hitler in einer seiner bekanntesten Reden deutlich machte, wie der nationalsozialistische Staat den Bürger in den Fangarmen seines Organisationsgestrüpps hielt, dann war damit nicht nur die organisatorische, sondern auch die ideologische Verstrickung gemeint. Dabei zeigte sich dann eine rasch zunehmende Tendenz zur Abkehr von der Freiwilligkeit und eine Hinwendung zur gesetzlich verpflichteten Mitgliedschaft. Zunächst jedoch wurde in den Wogen der ersten Begeisterung dieser heraufziehende Zwang teils verkannt, teils ideologisiert, so daß Baldur v. Schirach, der Jugendführer des Deutschen Reiches, dichten konnte: »Frei sind wir, doch wir seh'n im Dienen mehr Freiheit als im eigenen Befehl ...«

Wie sehr solche Töne noch jahrzehntelang und weit über das Ende des Nationalsozialismus hinaus in die geistige Landschaft unserer – nun demokratischen – Gesellschaft paßten, macht die Äußerung eines Unternehmers aus den ersten Nachkriegsjahren deutlich, der da schrieb: »Der Arbeiter muß endlich lernen, das zu wollen, was er tun soll«. Töne, die man auch heute noch gelegentlich hört.

Das ›Führerprinzip‹, wie an anderer Stelle bereits charakterisiert, stellte somit die bisher letzte Ausprägung des Absolutismus dar, sehen wir einmal von dem ideologischen Absolutismus ab, wie ihn – nicht nur sowjetische – Parteimitglieder auf der Grundlage ihrer immer und allein rechthabenden Parteilinie vertreten.

Die Wirtschaft ist aber nicht nur Spiegelbild der Gesellschaft, sie ist es auch, die diese Gesellschaft immer wieder verändert. Nicht nur im Frankreich des 17. Jahrhunderts (Colbert) hatte erst der Staat die Wirtschaft verändert, sondern später auch die Wirtschaft den Staat. Zunehmende Spezialisierung und Qualifizierung wie ausgreifende Verzweigung und damit rasche, vielfältige Anpassung machen mehr Bildung und selbständiges Handeln vieler erforderlich.

In ähnlicher Weise vollzieht sich die Entwicklung zu demokratischen Gemeinwesen, in denen ebenfalls mehr Leute mehr Sachverstand und mehr Verantwortung zeigen müssen als im Obrigkeitsstaat. Man braucht nicht nur ›hands‹, wie es generationenlang in England hieß, man braucht nun auch ›Köpfe‹ und ›Herzen‹, Verstand und Verantwortung.

Das Irritierende an dieser Entwicklung ist das ungerührte Nebeneinanderbestehen teilweise überholter Formen beim industriellen Eigentum wie in den Prinzipien des Führens:

Geradezu anachronistisches Privateigentum einzelner an Unternehmen einer Größenordnung, die längst den Rahmen, geschweige denn die Kontrollmöglichkeiten eines Staates überschritten haben, daneben durch breite Kapitalstreuung vergesellschaftete Firmen, Unternehmen mit Kapitalbeteiligung der Arbeitnehmer, arbeiterselbstverwaltete Firmen und schließlich solche, bei denen der Staat Mehrheits- oder Minderheitsaktionär ist.

Unabhängig davon entwickelt sich die Mitbestimmung in noch differenzierter Weise nebenher und verändert auf ihre Art langsam aber sicher auch die Eigentumsverhältnisse, denn Mitbestimmung ohne Mitverantwortung ist nicht nur ein Widersinn, sondern ein Unsinn; es erübrigt sich, an dieser Stelle alle Varianten von der sogenannten paritätischen bis hin zu den formellen wie informellen Formen auf der untersten Ebene aufzuzählen.

All dies macht ein anderes Miteinanderumgehen, ein sich gegenseitig Ernstnehmen erforderlich: andere Führung. Während die Leitungsmechanismen immer technischer, immer unpersönlicher werden, müssen die Führungspraktiken immer persönlicher, immer ›menschlicher‹, immer individueller werden. Wir sagten es schon.

Die Wandlung des anthropologischen Bildes in der Führung

Das Bild, das sich der Mensch vom Menschen und dessen Rolle im Weltgeschehen macht, ist deshalb erkenntnisleitend gerade auch für die Art und Weise, in der Menschen meinen, daß Menschen geführt werden sollten.

Das Goldene Zeitalter, in dem der Tiger mit dem Lämmchen ›Hasch mich‹ spielte und alle Menschen ›Brüder‹ waren, ist weniger als ein Märchen, es ist eine Illusion. Im Gegenteil: Eines der ersten Eigentumsobjekte des Menschen war der Mensch selbst, der andere, den man in seine Botmäßigkeit gebracht hatte. Der Mensch war als Sklave auch der erste Motor, die erste ›Kraftmaschine‹ in der Wirtschaft. Zugleich war er ›Ware‹, nicht nur als der Fremde, sogar als der eigene Bruder; erinnern wir uns nur an Joseph, den seine Brüder nach Ägypten verkauften. Patriarchat hieß ›Herr‹-schaft über Leben und Tod – der Ehefrau wie des ältesten oder jüngsten Kindes, und zur Sklaverei gab es vielerlei Wege: durch Kriegsgefangenschaft, wirtschaftliche Verschuldung, als Beute von Räubern und Piraten oder durch eigenen Leichtsinn, die Spielleidenschaft zum Beispiel.

Damit änderte sich die Qualität des Menschen unter Umständen in Sekunden: Eben noch frei, Subjekt, im nächsten Augenblick Objekt. Plötzlich wurde man mit ganz anderen Augen als zuvor angesehen, das Mitgefühl sank ins Unendliche, denn die Sorge um den Sklaven orientierte sich lediglich an seinem Preis, an seinem Marktwert. Dieses Bild vom Menschen als einer biologischen Maschine wurde noch durch die ersten Anatomen verstärkt, die staunend in das Uhrwerk des Menschen hineinsahen, von den frühesten griechischen Anatomen bis zu Leonardo da Vinci. Der Mensch als Objekt des Menschen ist sicher die ursprünglichste aller

Lebenserfahrungen, und die Religionen aller Zeiten haben zunächst diese Objekthaftigkeit zum Gegenstand, entweder, indem sie darüber reflektierten, wie dieses Jammertal endgültig und ohne Wiedergeburten in Richtung Nirwana zu verlassen oder durch aufgeschobene, aber nicht aufgehobene Freuden im Jenseits zu kompensieren sei. Je mehr man Gott auf Erden nötig hatte, um so mehr hat man an ihn geglaubt.

Marx hat deshalb in der Entlohnung des Arbeiters nur einen Beitrag zur Rehabilitation gesehen, zur Wiederherstellung der Arbeitskraft lediglich für die nächste Arbeitsperiode, bei täglicher Entlohnung also für den nächsten Tag, denn der Mehrwert der Arbeit wurde dem Arbeiter, dieser verkürzten Sicht nach, vorenthalten.

Darwins Entdeckung der genetischen Zuchtwahl als eines blind mechanistischen Prozesses hat zu diesem Menschenbild noch beigetragen. So wurde das Jahrhundert Darwins, das 19. Jahrhundert, zugleich das Jahrhundert des biologischen Materialismus, in dem ein praktisch physikalisches Kausalitätsprinzip von möglichst unmittelbarer Ursache/Wirkungsbeziehung über alles und jedes gestülpt wurde und zuerst einmal über den Menschen selbst. Krankheiten schienen ausnahmslos auf ›Erregern‹ zu beruhen, und die Zelle als kleinster biologischer ›Baustein‹, nicht mehr der ganze Mensch, galten als Sitz der Krankheit (Virchow). Freud schließlich machte aus den jahrtausendelang bekannten Wirkungen von etwas Nichtbewußtem, auf denen die magische Medizin aller Kulturvölker der Vergangenheit wie der Naturvölker der Gegenwart beruht, einen materialistischen Triebmechanismus. Die psychophysische Ganzheit des Menschen war damit in Antriebsaggregate, in Triebe, zerlegt und diese wiederum zu einem Wirkungsgefüge (System) zusammengebastelt worden, mit dem man umgehen konnte wie mit einer Maschine.

Unter solchen Aspekten mußte der freie Wille ebenso auf der Strecke bleiben wie auch sonst die Freiheit des Menschen von übergeordneten Instanzen. Was sich im Laufe der Individuation und Sozialisation entwickelte, erschien eher als eine Art Stanzprodukt vielfältiger Prägungen. Eine Überschreitung der Schichten- oder Klassengrenzen war deshalb ebenso undenkbar wie die Überschreitung biologischer Grenzen, etwa des Geschlechtes.

Maslow und die mechanistische Hierarchie der Bedürfnisse

Vor diesem Hintergrund ist auch das vielfältig in der Motivationspsychologie wie in der Management-Literatur herumgeisternde Schema einer triebmechanischen Bedürfnispyramide zu sehen, wie es Abraham H. Maslow, ein amerikanischer Psychologe, entwickelt hatte. Danach muß erst das jeweils niedere Bedürfnis befriedigt sein, ehe die Befriedigung des nächsthöheren akut wird. (Siehe Text nach der auf Seite 163 abgebildeten Pyramide.)

Maslow selbst spricht obendrein noch viel von Homöostase, einem aus der Biologie entlehnten Begriff für Gleichgewichtssysteme. Der Mensch ist aber kein Gleichgewichtssystem, sonst hätte er niemals körperlich oder geistig *wachsen* können, sondern er *verfügt* mit seinem Organismus über eine Reihe solcher Systeme.

Also strebt auch sein Bewußtsein nicht nach Ausgleich und Gleichgewicht, sondern nach *produktiver Spannung,* wie die Hirnforschung nachgewiesen hat. Nur das kranke Hirn ist auf Entspannung, auf Ruhe aus, das gesunde Hirn hingegen verlangt nach Anspannung. Dahinter steckt die Alltagserfahrung der Langeweile, deren Abwendung eben kein Zeichen von Krankheit, sondern von Vitalität und Gesundheit ist. Wenn Maslow darüber hinaus gerade das geistige und sittliche ›Wachsen‹ einer Persönlichkeit als menschliches Lebensprinzip ansieht, so ist allein das schon die Widerlegung des Homöostatischen.

Daß eine solche Motivationsstruktur nicht der Weisheit letzter Schluß sein konnte, lag auf der Hand. Mochte für das instinktgesteuerte Tier der Weg zur Tränke, also der Durst, vor dem Verlangen nach Sicherheit rangieren, auch wenn an der Tränke der Löwe lauerte, so gibt der bewußt lebende und sich nach Wertemaßstäben entscheidende Mensch dafür eine Fülle von Gegenbeispielen: Die

Mutter, der Freund, der Kamerad, die den letzten Schluck Wasser dem Kind, dem Freund, dem Kampfgenossen überlassen, der Gefangene, der um ideeller Werte willen in einen Hungerstreik tritt, der Liebende, der seinen Partner auch ohne sexuelle Vereinigung liebt, und eine unendliche Anzahl anderer Beispiele mehr.

Das Heer der Dissidenten, mögen sie nun in die Freiheit gelangt sein oder noch in den Lagern einsitzen, wäre nach Maslow nie möglich, denn danach sieht es so aus, als käme – wie auch Brecht es formuliert hat – »erst das Fressen, dann die Moral«.

Kennt man von Maslow jedoch mehr als nur seine Motivationspyramide, wird man vor allem in seinem wichtigsten Werk »Motivation und Persönlichkeit« (42) rasch darauf stoßen, daß er seine Aussagen so vielfältig relativiert hat – vor allem auch das oft falsch oder bewußt mißverstandene *Konzept der Selbstverwirklichung* –, daß die hierarchische Abhängigkeit der verschiedenen Bedürfnisstufen untereinander weitgehend verwischt wird. Ohne diese Hierarchie ist das Ganze aber nur ein beliebiger Selbstbedienungsladen von Bedürfnissen. So hat Maslow auch Frankl 1966 in einem Aufsatz eingeräumt, daß der von Frankl postulierte *Wille zum Sinn als primäre Motivation* zu gelten habe (43).

Zur Illustration die Marlowsche Bedürfnispyramide mit seiner vielzitierten jedoch äußerst fragwürdigen Hierarchie:

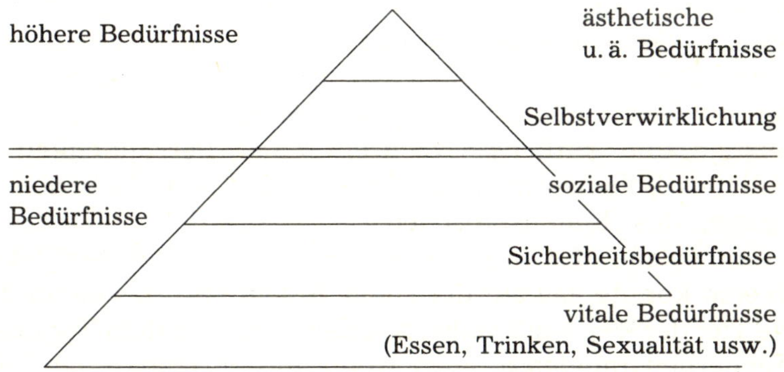

Die Bedürfnisse stehen nach Maslow in einer hierarchischen Beziehung zueinander. Das heißt, erst muß das niedere Bedürfnis befriedigt sein, ehe das nächsthöhere »anfällt«.

In seinem mehr zitierten als offenbar gelesenen Buch reduziert und relativiert Maslow selbst aber gerade das scheinbar Unausweichliche des Hierarchischen, so daß man nur darüber erstaunt sein kann, daß gerade das Hierarchische immer wieder ins Blickfeld gerückt wird.

Frankl hat demgegenüber darauf hingewiesen, daß nicht einmal in den Ausnahmesituationen des Lebens, wie er sie in den nationalsozialistischen Konzentrationslagern erlebt hat, der Mensch *grundsätzlich* zum »Wolf unter Wölfen« geworden und »erst das Fressen und dann die Moral« gekommen sei. Vielmehr seien die einen zum Schwein, die anderen zu Heiligen geworden.

Der Mensch sei also sehr wohl in der Lage, über seinen Bedürfnissen zu stehen. Maslow billigt im übrigen Selbstverwirklichung nur dem älteren Menschen zu. Dies ist eine der vielen und vielleicht die entscheidende Schwäche dieses Konstruktes, das nach den Originalbeschreibungen vorwiegend eine Sache des nicht unbegüterten, halbwegs gebildeten Mittelstandes in reiferen Jahren ist.

Demgegenüber ist das Sinn-System prinzipiell unabhängig von Alter und Geschlecht, wenngleich auch, wie alle sozialen Phänomene kulturabhängig, denn was sinn-voll und damit wertvoll ist, das sagt die (sich wandelnde) Kultur.

Herzbergs fragwürdige ›intrinsische Motivation‹

Auch die sich auf Maslow beziehenden Managementtheorien von McGregor und vor allem von Frederic Herzberg weisen eine Vielzahl von Seltsamkeiten auf, die sich eigentlich von selbst widerlegen. Ähnliches trifft man jedoch immer wieder, wenn jemand ein vordergründig einleuchtendes Prinzip, so die auf den ersten Blick frappierende Pyramide, allzu kritiklos zum Vorspann eigener Eingebungen macht. Da ich mich zu Herzberg ausführlich an anderer Stelle (44) geäußert habe, möchte ich hier nur auf ein paar wesentliche Punkte eingehen, um den Ansatz kritischer Überlegungen deutlich zu machen.

Das Herzbergsche Prinzip beruht auf der richtigen Erkenntnis, daß zur Durchführung einer Arbeit drei Voraussetzungen notwendig sind:

1. *Fähigkeiten,* die durch Anlage und Ausbildung bedingt sind, 2. *Gelegenheit und* 3. *Bereitschaft,* also die Motivation. Für letztere sieht er äußere Anreize, z. B. Geld, als sogenannte *extrinsische* Faktoren an, und innere Anreize als *intrinsische* Faktoren. Diese beruhen jedoch nicht, wie man annehmen sollte, auf den Persönlichkeitsfaktoren desjenigen, der die Aufgabe übernommen hat, sondern auf Kriterien, die in der Arbeit selbst enthalten sind. Diese teilt Herzberg nun unabhängig davon, wie der jeweils Arbeitende subjektiv darüber denkt, in objektiv ›Zufriedenmacher‹ und ›Unzufriedenmacher‹ ein.

So rechnet er unter die ›Zufriedenmacher‹ z. B. das Ausmaß an Neuem im Arbeitsablauf, also die Möglichkeit, bei einer Arbeit zu lernen – ein Aspekt, der sicher für einige zutrifft, für andere aber auch nicht. Weiterhin ist Verantwortung nach Herzberg ein solcher objektiver Zufriedenmacher, aber gerade Verantwortung für

Sachen oder Personen wird von nicht wenigen subjektiv als äußerst bedrückend empfunden, so daß sie darüber sogar krank werden. Zu akzeptieren wäre im allgemeinen sicherlich, daß Vorwärtskommen im Beruf ein solcher Zufriedenmacher wäre, weil damit erhöhtes Ansehen, aber auch ein höheres Einkommen verbunden sind. Letzteres rechnet bei Herzberg jedoch erstaunlicherweise zu den ›Unzufriedenmachern‹, denn er geht von der seltsamen Formel aus: »Je mehr er hat, je mehr er will«; und das ist für ihn ein permanenter Zustand der ›Unzufriedenheit‹, der sich negativ auf die Motivation auswirkt. Es gibt aber auch ernst zu nehmende psychologische Erkenntnisse, die gerade aus einem solchen Zustand permanenter Unvollkommenheit den gegenteiligen Schluß ziehen (Adler). Lohn, Prämien usw. zu den ›Unzufriedenmachern‹ zu zählen, ist deshalb absurd, auch wenn das diejenigen gern hören, die solche Löhne und Prämien bezahlen müssen.

Daß Sicherheitsstreben zu den ›Unzufriedenmachern‹ rechnen soll, leuchtet ebensowenig ein wie Prestigedenken, Betriebsklima, Vorgesetztenbeziehungen u. a. m. Hört man dann noch, daß Lob und Anerkennung möglichst unpersönlich, am besten durch Apparate angezeigt, aber nicht durch andere ausgesprochen werden sollten (das Musterbeispiel für ein intrinsisches Leistungsbarometer ist für Herzberg die automatische Trefferanzeige in einem Schießkeller, wo der Schütze mit sich und der Automatik allein ist), dann wird man diesen Versuch, menschliche Motivation zu systematisieren, nicht gerade als geglückt, vor allem aber als nicht sehr wirklichkeitsnah ansehen müssen.

Nichtsdestoweniger findet man Herzberg wie Maslow noch überall unkritisch weitergereicht, die betriebswirtschaftlichen Handbücher sind voll davon. Vor einem Vortrag, den ich vor der Jahresversammlung eines Unternehmens der chemischen Industrie halten sollte, wurde ich von dem Einladenden vergattert, ja nichts gegen die Maslowsche Bedürfnispyramide zu sagen, da sie das Steckenpferd eines der wichtigsten Direktoren sei. Diese Pyramide hing dann auch tatsächlich eingerahmt über einer Vielzahl von Schreibtischen.

Was hätte der Betreffende aber wohl gemacht, wenn einer seiner Mitarbeiter zu ihm gesagt hätte: »Bevor ich nun zur Selbstverwirklichung bei dem neuen, mir soeben erteilten Auftrag schreite, möchte ich zunächst zur Befriedigung meiner Sicherheitsbedürfnisse einen Arbeitsvertrag für die nächsten fünf Jahre, und ehe ich Ihre ästhetischen Bedürfnisse zu den meinen mache, müßten erst einmal meine Selbstverwirklichungsbedürfnisse hinreichend befriedigt sein.« Natürlich sagt so etwas keiner, aber es denkt so auch niemand, und deshalb sollte man von solchen Gedankenspielereien ablassen.

Ebensowenig würde wohl jemand einem Vorgesetzten, der ihn gerade gelobt hat, à la Herzberg antworten: »Ach wissen Sie, Ihr Lob bezieht sich ja gar nicht auf meine Arbeit, sondern hat nur etwas mit meiner Person zu tun. Lieber wäre es mir, wenn die Maschinen, mit denen ich umgehe, mir anzeigten, ob ich gut oder schlecht war. Ihre Einstellung ist mir zu persönlich gefärbt ...« Nicht einmal eine Serie erfolgreicher Herzberg-Seminare lasse ich als Gegenargument gelten, obwohl mir ein wütender Seminarveranstalter auf einen meiner Artikel im MANAGER-MAGAZIN hin vorhielt, er habe immerhin mit Herzberg-Seminaren viel Erfolg gehabt. So können wir also täglich die Feststellung machen, daß sich auch auf dem Gebiet der sogenannten ›Führungsstile‹ noch einige Saurier unter uns tummeln, vor dem Hintergrund eines mehr oder weniger mechanistischen Menschenbildes, das längst als obsolet erkannt worden sein sollte.

Das ›Harzburger Modell‹: Menschen für Posten anstatt Aufgaben für Menschen

Zu der Vielzahl von ›Modellen‹, die ein ebenso zähes Leben haben wie die Vorstellungen vom Menschen als eines hier wie dort verfügbaren ›Moduls‹, auswechselbar nach Katalog, gehört auch das ›Harzburger Modell‹, das von dem Militärhistoriker Reinhard Höhn entwickelt wurde. Ich verhehle nicht, daß ich vor Jahren, als meine »Millionenverluste durch Führungsfehler« erschienen, noch anderer Meinung war als heute. In der Zwischenzeit habe ich aber in so vielen Unternehmen gesehen, daß damit nichts, aber auch gar nichts, zum Besseren gewendet worden ist, sondern nur ein höchst fragwürdiges Plandenken und Modelldenken vom Menschen Platz gegriffen hat.

Da es in diesem Abschnitt um das *Menschenbild* geht, das hinter bestimmten Führungsprinzipien steht, möchte ich mich bezüglich ›Harzburg‹ auch *nur darauf* konzentrieren.

Teilt man den Betrieb in Kompetenzbereiche ein, die man jeweils für eine ganze Weile festschreibt (und das muß man tun, weil es viel zu lange dauert und zu teuer ist, eine solche Maßnahme in einem Unternehmen überhaupt einmal zu installieren), dann verfehlt man die Realität möglicherweise in mehrfacher Beziehung: Einmal hat sich in dynamischen Unternehmen die Aufgabenstruktur schon längst wieder verändert, wenn schließlich das Erhebungs-, Beurteilungs- und Beschreibungswerk fertiggestellt ist; zum anderen genügt eine Handvoll aktiver, ehrgeiziger, vielleicht auch rücksichtsloser Aufsteiger, um aus dem ganzen Aufwand Makulatur zu machen: Unter Hinweis auf eine Stellenbeschreibung wurde jedenfalls in der Wirtschaft noch kein wirklich guter Mann gebremst, und Stellenbeschreibungen gelten ja nicht nur für die weniger guten.

Darüber hinaus mögen andere die für sie ›viel zu weit geschneiderten Jacken der Verantwortung gar nicht anziehen‹, wie es mir gegenüber einmal der Generalbevollmächtigte eines Warenhauskonzerns beschrieb, weil nicht einmal die strikte Zuweisung von Verantwortung aus Verantwortungsscheuen Verantwortungsstarke macht. Daß andererseits Grenzen der Verantwortung Ehrgeizige nicht hindern, wurde bereits erwähnt.

Das zugrunde liegende Prinzip ›Menschen für Posten‹ – hier habe ich die Schubfächer meiner Betriebsaufgaben, und nun suche ich die passenden Inhalte dafür – stammt aus dem militärischen Organisationsdenken vor beinahe 200 Jahren, als sich auch das Stab- und Linie-Denken entwickelte.

Natürlich »muß Ordnung sein«, und Stellenbeschreibungen als Kompetenzbegrenzung und Verantwortungszuweisung haben auch etwas mit Ordnung zu tun. Nur als ›Führungsinstrument‹ in einem Unternehmen (»Führungsanweisung«), als Motivierung sind sie prinzipiell ungeeignet. Stellenbeschreibungen beschreiben, wie der Name sagt, Stellen, Funktionen, *nicht konkrete Personen* und deren Leistungsfähigkeit, Leistungsbedürfnisse oder gar Leistungsgrenzen.

Ob sich ein Stelleninhaber wirklich mit der Aufgabe identifiziert (auch wenn im Auswahlverfahren festgestellt wurde, daß seine Ausbildung eigentlich genügen *müßte*), und ob er willens und fähig ist, die damit verbundene Verantwortung zu übernehmen, das ist dann eine Sache der Praxis.

Das Militär ging von ›Kriegsstärkenachweisungen‹ aus, mit denen die personelle Organisation und Stellenbesetzung beschrieben wurde und von ›Kriegsausrüstungsnachweisen‹, die Ausrüstung aller Art an Waffen, Fahrzeugen und Geräten umfaßte. Diese einzelnen personellen, im Etat vorgesehenen Positionen wurden im Frieden mit zeitlich begrenzt dienenden Dienstverpflichteten wie Freiwilligen, im Kriege mit dem jeweiligen ›Ersatz‹ (Neueingezogene, Freiwillige, wieder genesene Verwundete etc.) besetzt. Die Funktion blieb, die Besetzung wechselte, im Kriege häufiger als im Frieden.

Da organisatorische Umstellungen, die ja immer abhängig sind von veränderten Kampfaufträgen, neuen Waffen u. a., beim Militär nur verhältnismäßig selten vorkommen, haben solche Nachweisungen mitunter eine lange Geltungsdauer.

Gleichzeitig hält niemand sie für ein Element der Führung, und deshalb ist ihre Bedeutung auch unbestritten.

Anders ist dies in der Wirtschaft, wo bestimmte Einzelfunktionen aufgrund sich schnell verändernder Aufgabengestaltungen immer wieder neue Akzente erhalten, teilweise rascher überhaupt wieder verschwinden, auf jeden Fall aber eine ganz andere Plastizität voraussetzen, um sowohl neuen Herausforderungen wie neuen Stelleninhabern mit erwünschten wie unerwünschten Persönlichkeitsmerkmalen zu genügen. Hier können also Stellenbeschreibungen nur jeweils einen recht groben Funktionsraster bieten, der hinsichtlich seiner tatsächlichen Relevanz – und da steckt wieder einmal der Teufel im Detail – entweder einer permanenten Feinabstimmung bedarf oder eben einer erheblichen Vernachlässigung. Der Wirksamkeitsgrad von Stellenbeschreibungen liegt also irgendwo auf der Mitte zwischen zwei Extremen: Entweder findet permanent eine jeweils situations- und personenbezogene Nachjustierung statt oder man beachtet sie so wenig wie möglich, dann nämlich, wenn das Raster lediglich *einer theoretischen Organisationsstruktur,* nicht aber der *konkreten Personalstruktur,* entspricht.

Das Menschenbild des Harzburger Modells geht von starren Organisationsstrukturen und offenbar äußerst elastischen Personalstrukturen aus. Gegeben ist der organisatorische Rahmen, in den sich die einmal dazu Ausgesuchten *einzupassen haben.* Der Auswahlvorgang vor einer Einstellung ist aber nur *ein* Aspekt, der sich noch dazu unter den verzerrenden ›Labor‹bedingungen von Einstellungskontakten und -tests vollzieht, die Wirklichkeit am Arbeitsplatz ist dann das vielfältige Wirkungsgefüge von zugewiesenen oder übernommenen Aufgaben mit und ohne Sinn für die Betreffenden.

Die hier offenbar vorausgesetzte beliebige *Anpassungsfähigkeit* wie Ein- und *Unterordnungsbereitschaft* entsprechen nicht der Wirklichkeit, es sei denn, man nähme den häufig anzutreffenden Zwang zur zähneknirschenden Anpassung als ausreichende Motivationsgrundlage. Ich habe erst in jüngster Zeit bei einer Unternehmensberatung, bei der wir die Kompetenzbereiche einer Vielzahl von Führungskräften im unteren und mittleren Management untersucht haben, zum wiederholten Mal die Feststellung gemacht, daß alle Festschreibungen ›für die Katz‹ sind, und daß nicht die Personalstrukturen (als Reaktion unterschiedlicher Persönlichkeiten) als elastisch vorausgesetzt werden sollten, *sondern die Organisationsstrukturen*. Die sogenannten Persönlichkeitsvariablen sind es, die Fähigkeit zur Zusammenarbeit des einzelnen, sein Verständnis auch für die Belange der anderen, seine Einsichtsfähigkeit nicht nur in die Schwächen der Mitarbeiter, sondern auch in seine eigenen, seine Hilfsbereitschaft und Fähigkeit zu unkonventionellen Problemlösungen sowie das Ausmaß seiner ganz individuellen Verantwortungsbereitschaft – *das alles strukturiert Arbeitsabläufe* und keine irgendwie gearteten, mit äußerster Akribie ausgearbeiteten Stellenbeschreibungen. Je elastischer gerade das Organisationsschema gehalten wird, um so eher erfüllt es seine richtungweisende *Leitungs*- aber nicht Führungsaufgabe.

Je schärfer die Kompetenzabgrenzungen sind, um so größer ist der Energieaufwand. Das *wider*spricht zwar nahezu allen bisher veröffentlichten Theorien, *ent*spricht aber der Wirklichkeit. Man kann sich dies an dem folgenden Bild klarmachen:

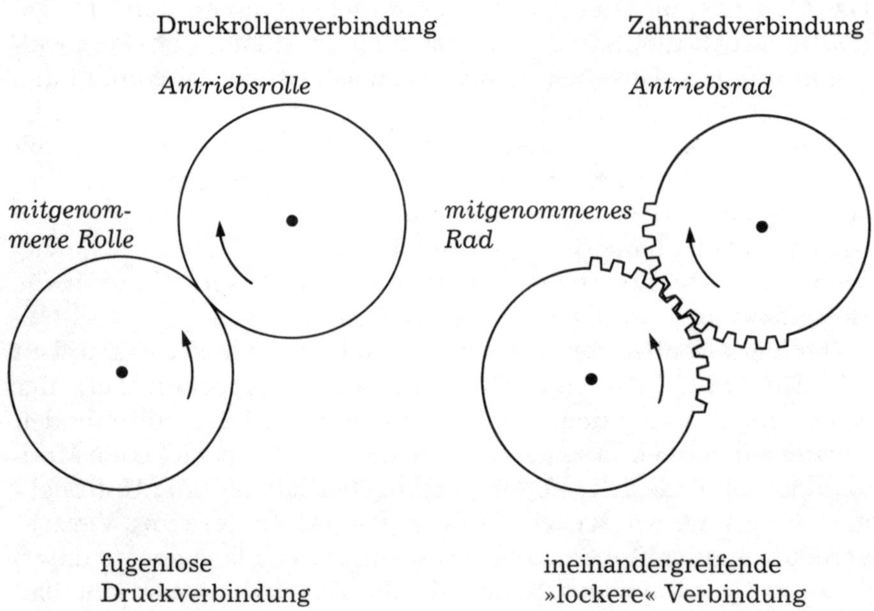

Betrachtet man zusammenarbeitende Elemente als ›Rollen‹ mit einer klar begrenzten Oberfläche, dann gehört ein ganz erheblicher Druck dazu, um ein Zusammenwirken, ein gegenseitiges Sichmitnehmen, zu erzielen. Bei nur geringen Verschiebungen oder Verkantungen ergibt sich mangelnde Haftung, Reibung, Leerlauf bzw. Stillstand einzelner Rollen. Scharfe Kompetenzabgrenzung bedeutet also Arbeit ohne Spielraum: »Paßt ... hat aber keine Luft« könnte man sagen.

Geht man jedoch nicht von dem Bild der scharf umgrenzten Rolle, sondern von dem eines Zahnrades aus mit einem vielfältig gezahnten, also »offenen« Rand, dann wäre Druck beim Ineinandergreifen der Zahnräder sogar schädlich und energieverzehrend. Das Ineinanderverzahnen von Kompetenzen, also das Nicht-scharf-Konturieren, bedeutet im Alltag, daß an den Nahtstellen der verschiedenen Aufgabenbereiche nicht stur Abgrenzung des einen gegenüber dem anderen praktiziert wird. Wenn einmal eine Information oder Zulieferung ausbleibt, dann begründet dies kein Recht auf Beschwerde, sondern die Pflicht zur Nachfrage und Klärung. *Je schärfer abgezirkelt die Kompetenzbereiche, um so geringer das Interesse an den anderen,* je verzahnter die Kompetenz, um so größer die Verantwortung für das Ganze.

Wichtige Aufgabenbereiche sollten an entscheidenden Berührungspunkten mit anderen immer *Zonen gemeinsamer Verantwortung* haben.

McGregor: Zuckerbrot und Peitsche oder Selbstdisziplinierung: Das X-Y-Prinzip

Ganz im Banne Maslows und mit mancherlei Bezügen zu Herzberg, den er mehrfach zitiert, steht McGregor.

Die Maslowsche Bedürfnishierarchie ist für McGregor zwingend. Gerade das Fragwürdigste daran, nämlich die stufenweise Abhängigkeit der nächstfolgenden von der jeweils vorausgehenden Ebene unterstreicht er ganz besonders und auf seine Art: »Der Mensch, dessen tiefere Bedürfnisse befriedigt sind, ist nicht motiviert, diese Bedürfnisse zu befriedigen.« (Eben!)

Auch die Überlegungen zur Entlohnung, die für McGregor ebenso wie für Herzberg nichts anderes als ›Zuckerbrot‹ und ›Unzufriedenmacher‹ sind, verlaufen kraus. Den seltsam sich selbst bestätigenden (tautologischen) Satz von der Bedürfnisbefriedigung illustriert McGregor anhand des Lohnbeispiels; »Warum sind die Leute nicht produktiver?« (fragt das Management.) »Wir zahlen gute Löhne, verschaffen gute Arbeitsbedingungen, haben ausgezeichnete Sozialleistungen und ständige Beschäftigung. Doch scheinen die Leute nicht willens zu sein, mehr als ein Minimum an Leistung zu zeigen.« Nach McGregor »braucht man sich nicht weiter nach den Gründen umzuschauen«:

Da die Bedürfnisbefriedigung nicht während der Arbeitszeit stattfindet, sondern danach, müssen die Arbeiter *deshalb* ihren Arbeitsplatz verlassen, man kann das Geld schließlich nicht während der Arbeit ausgeben. »Es überrascht daher nicht, daß von vielen Lohnempfängern die Arbeit als eine Art Strafe empfunden wird, als zu zahlender Preis für die Erfüllung mannigfacher Wünsche außerhalb der Berufstätigkeit«, und der »einzige Beitrag, den die Löhne zu seiner [des Arbeiters] Befriedigung bei der Arbeit stiften können, resultiert aus Statusunterschieden, die aus unterschiedlichen Löhnen erwachsen«, und deshalb ist auch permanenter Krach. So gelangt McGregor zu einer X-Theorie der Motivation und einer Y-Theorie.

Die X-Theorie ist die Theorie von »Zuckerbrot und Peitsche«, von »Belohnungen, Versprechen, Prämien oder Drohungen und anderen Zwangsmitteln«. Sind jedoch erst einmal die »tieferen Bedürfnisse« des Arbeiters mit Hilfe von Zuckerbrot erfüllt und steht ihm der Sinn nach Höherem, dann greift eben zum Zweck der Produktivitätssteigerung das Zuckerbrot nicht mehr, sondern das X-Management zur Peitsche.

Die Y-Theorie hingegen beruht auf dem Grundsatz der »Verschmelzung der individuellen Ziele des Arbeiters mit den Belangen des Unternehmens«. Das wäre tatsächlich das Ei des Kolumbus.

Wenn die X-Theorie nach McGregor »Lenkung und Kontrolle durch Autorität« ist (er meint vermutlich ›durch autoritäre Gewalt‹), dann lautet »das zentrale Prinzip der Y-Theorie«: »Schaffen von Bedingungen solcher Art, daß die Mitglieder der Organisation ihre eigenen Ziele am besten erreichen, wenn sie sich um den Erfolg des Unternehmens bemühen.« Muß man McGregor zustimmen, wenn er sich gegen eine Beeinflussung der Mitarbeiterschaft in dem Sinne wehrt, daß es für alle am besten sei, wenn man das tun zu wollen lernte, was ein weises Management ohnehin für das Beste hält, so muß man jedoch das entscheidende Kriterium seiner Y-Theorie in Frage stellen:

Nach Theorie Y krankt ein Unternehmen, wenn die beiderseitigen Interessen (Unternehmen und Mitarbeiter) »nicht übereinstimmen«. Dabei ist natürlich »perfektes Verschmelzen der organisatorischen Erfordernisse mit den individuellen Zielen und Bedürfnissen kein realistisches Ziel«. Eine solche Verschmelzung der beiderseitigen Interessen *kommt jedoch dann zustande* – und bedarf eben dann nicht mehr des Zwangsmittels »Autorität« –, wenn »die Leute von sich aus in dem Maße Selbstdisziplin und Selbstkontrolle üben, ... um die Ziele des Unternehmens zu erreichen, indem sie sich diesen Zielen verpflichtet fühlen«.

Wenn man einmal solche Äußerungen so genau nimmt, wie sie der Autor vermutlich gar nicht genaugenommen haben möchte (und bei Herzberg, Höhn und den anderen ist dies sicher ähnlich), dann bedeutet dies, daß anstelle der Zwangsverpflichtung von oben nun die Selbstverpflichtung von unten kommen muß. Das ist jedoch nur die Wiederkehr des zuvor von McGregor selbst abgewiesenen Gedankens, daß der Arbeiter lernen müsse, das zu wollen, was er soll, sofern man nicht gleich an die Selbstverpflichtungen auf unserer roten Halbkugel denken will.

Will man vermeiden, daß aus solchen Prinzipien nicht totaler Unsinn wird, dann müssen die Ausführungsbestimmungen derartiger Führungsanweisungen von dem vielfältigen Angebot griffiger Führungspraktiken gespeist werden, die auch ohne speziellen theoretischen Überbau zahllosen Modellen das Überleben ermöglichen: ›Kooperative Führung‹ vor allem und dann nicht zuletzt der Rückgriff auf Leitungselemente, die man als Führungsprinzipien ausgibt, wie z. B. das Stab-Linie-Prinzip. So auch bei McGregor.

In manchen Einzelbeziehungen ist McGregor logotherapeutischen Motivationserkenntnissen schon recht nah. Aber die Grenzen werden deutlich durch die bedingungslose Abhängigkeit von Maslow, über den er mit keinem eigenen Gedanken hinauskommt. So in dem Begriff ›Selbstverwirklichung‹, den er an sich als letzte Quelle der Motivation vor allem für die höheren Führungskräfte ansieht und wofür ein Unternehmen Voraussetzungen schaffen müsse. Aber ›Selbstverwirklichung‹ als Folge vielfältiger vorausgehender Befriedigungsstufen niederer Bedürfnisse ist seitens einer Unternehmensführung nicht ohne weiteres operationalisierbar. In den von McGregor zitierten Untersuchungen vor allem Herzbergs wird ›Selbstverwirklichung‹ zwar auch einmal als motivierendes Element in einer Testgruppe entdeckt, aber Initiativen zu individuellen Realisierungen sucht man vergebens. Nicht einmal »faire Behandlung hinsichtlich Vergütung, Überwachung, Arbeitsbedingungen und Verwaltungspraktiken« ... »erfüllte (sie) mit hoher Zufriedenheit« oder »spornte (sie) zu außerordentlichen Leistungen an«, sondern reichte gerade noch dazu aus, »schwache Leistungen zu vermeiden«.

Das Menschenbild bei McGregor ist also dasselbe wie bei Maslow, der zwar als Begründer der Humanistischen Psychologie und damit als Überwinder des mechanistischen Menschenbildes der Freudschen Psychoanalyse gilt, aber sehr weit sind beide damit offenbar nicht gekommen.

Blake und Mouton / Das GRID-Modell
Einverständnis mit dem Produktionsziel

Näher an die Sinn-Problematik in der Arbeit heran, doch ohne sie in ihrer praktischen Konsequenz zu treffen, führt die GRID-Methode, die auch sonst einige verwandte Züge und manche sympathische Ausprägungen hat. Da uns hier jedoch weniger das – wie überall praktisch Relativierende, sondern – theoretisch Strukturierende interessiert, sei dieses System kurz mit seinen wesentlichsten Elementen gekennzeichnet.

Dabei ragen zwei Dinge heraus: Einmal der sogenannte Führungsfähigkeitsquotient (FFQ) und das Gitter (GRID) der Führungsrichtungen oder -stile.

Der FFQ ist eine äußerst kuriose Sache. Mit seiner Erfindung haben sich die Autoren vorgenommen, den Beitrag zu messen, den ein Mitarbeiter in seinem Unternehmen leistet, unabhängig von der betrieblichen Ebene, auf der geleistet wird und unabhängig von dem Alter des Betreffenden. Ob jemand Generaldirektor oder Hilfsarbeiter, 20 oder 60 ist, der FFQ gibt die Maßzahl für die Bewertung seiner Leistungs*fähigkeit* an.

Ehe wir die dafür entwickelte Formel näher in Augenschein nehmen, sei die terminologische Frage vorangestellt, ob hier tatsächlich ›Führung‹ gemeint ist und ob wirklich ›Fähigkeit‹ gemessen werden soll. Dabei müssen wir einfügen, daß Blake und Mouton keinen Unterschied zwischen ›Führung‹ und ›Leitung‹ machen, was aus unserer Sicht nicht bloß eine ›lässige Sünde‹, sondern eine ›Sünde wider den Geist‹ ist: Derjenige, der Techniken entwickelt oder Arbeitsabläufe konzipiert, ›führt‹ nicht, und derjenige, der Abläufe ausführt und Mitarbeiter motiviert, plant nicht. Beide Funktionen können natürlich auch einmal in Personalunion verbunden sein, nichtsdestoweniger handelt es sich um unterschiedliche Aufgaben.

Der Begriff ›Führung‹ ist zumindest in diesem Zusammenhang unscharf bis unangemessen. Völlig unzulässig ist aber u. E. die Bezeichnung ›Führungs-Fähigkeit‹. Es sollen also keine sichtbaren Ergebnisse von Führung oder nachweisbare Kenntnisse und Fertigkeiten bewertet werden, sondern ›Fähigkeiten‹, das, was in einem steckt, wozu jemand fähig wäre ... auch wenn im Augenblick nichts davon zu spüren ist. Ich halte es für grundsätzlich irrelevant, Fähigkeiten als potentielle Möglichkeiten sowohl zu diagnostizieren wie auch zu messen. Man kann jemand etwas zutrauen, nun gut, meinetwegen auch einschätzen, aber *messen kann man Möglichkeiten nicht.*

Meint man jedoch etwas anderes, dann muß man es auch sagen. Aber vielleicht ergibt sich aus der Analyse der FFQ-Formel des Rätsels Lösung.

Diese Formel lautet:

$$FFQ = \frac{5\,(9-E)}{\text{Dienstalter } -20} \cdot 100$$

5 ist ein feststehender Faktor, »um beim Aufstieg« (auf der betrieblichen Stufenleiter) »den Zeitunterschied« anzugeben. Dabei geht man von 8 Ebenen der betrieblichen ›Führungs‹hierarchie aus, die in jeweils fünfjährigen Stufen erreicht werden.

So gibt E die jeweils erklommene Stufe an und ist mit den Werten 1 (für oberste Stufe) und 8 (für unterste Stufe, z. B. »Beaufsichtigung des Arbeitsablaufes« – und somit ganz gewiß keine Führungsposition –) zu kennzeichnen. Vom Dienstalter zieht man das Etwa-Eintrittsalter (20 Jahre) ab und hat nun den Nenner. Das Ergebnis der Division aus Zähler und Nenner wird nun mit 100 multipliziert, um ganze Zahlen zu erhalten. Will man den Autoren folgen, so »erlaubt es der Führungsfähigkeitsquotient, Manager einer höheren Ebene und ältere Mitglieder, die an der Führung beteiligt sind, mit jüngeren direkt zu vergleichen.«

Nehmen wir einmal einen jungen Mann an, der von seinem allzu früh verstorbenen Vater eine Firma geerbt hat und nun die Leitung/Führung übernehmen muß. Er arbeitet auf Stufe 8 (= 9–1) und ist 24 Jahre alt.

Nach der Formel hat er dann einen FFQ von 1000:

$$\text{FFQ} = \frac{5\,(9-1)=40}{24-20=4} = 10 \cdot 100 = 1000$$

Einen nur $\frac{1}{10}$ so großen FFQ hätte hingegen sein 60jähriger Onkel, wenn dieser seinen verstorbenen jüngeren Bruder beerbt hätte:

$$\text{FFQ} = \frac{5\,(9-1)=40}{60-20=40} = 1 \cdot 100 = 100$$

während ein junger Vorarbeiter, dessen Ebene auch in dem 8-Stufen-System genannt wird, sich in seinem FFQ kaum von dem des alten Erben unterschiede:

$$\text{FFQ} = \frac{5\,(9-8)=5}{25-20=5} = 1 \cdot 100 = 100$$

Ein alter Meister hätte demgegenüber:

$$\text{FFQ} = \frac{5\,(9-7)=10}{60-20=40} = \frac{1}{4} \cdot 100 = 25$$

also einen Führungsfähigkeitsquotienten von nur einem Viertel seines 35 Jahre jüngeren unterstellten Kollegen.

Was wird also nun tatsächlich mit diesem Quotienten gemessen: Kenntnisse, Fertigkeiten sicher nicht, Fähigkeiten schon gar nicht, wohl aber ein Verhältnis von Alter zu erreichter Position, denn im Grunde ist doch dieser Quotient von der Größe des Nenners abhängig: Je kleiner dieser (= je jünger der Betreffende), desto größer der Quotient.

Wie da einer auf den großen Posten gekommen ist, das spielt keine Rolle, ob da einer in seinem Leben Erfahrungen, vielleicht auch in punkto Führung, gewonnen haben mag, auch das ist unwichtig.

Nichtsdestoweniger sagen die Autoren:

»Die Führungsfähigkeit des ersten« (jungen), der da aufgestiegen ist, ist also groß, während diejenige (eines anderen), »der nicht weitergekommen ist, entweder mittelmäßig oder gering zu werten« ist. Wie wir gesehen haben, braucht man gar nicht »aufgestiegen« zu sein, es genügt auch, wenn einen das Schicksal hinaufgehoben hat. Ein Quotient spiegelt also nicht nur den Faktor Jugend wider, sondern auch ›Schicksal‹, denn ein kleiner Zähler, wie er sich aus einer hohen Position ergibt, ist in großer Jugend eben mehr Schicksal als Fähigkeit, es sei denn, man ist Hannibal, Alexander oder Arminius, die alle in jungen Jahren bereits große Führer waren (45).

Weniger irritierend ist das Gitternetz der ›Führungsstile‹, das Blake und Mouton konstruiert haben.

Dabei geht es um Leitungs- bzw. Führungspraktiken, die je nach Situation mal mitarbeiter-, mal aufgabenorientiert sind. Ausnahmslose Aufgabenorientierung bedeutete völlige Blindheit gegenüber den Interessen der Mitarbeiter, extreme Mitarbeiterorientierung hieße wiederum Negierung der Betriebsziele.

Den Idealfall stellt somit die Verbindung der individuellen Ziele der Mitarbeiter mit den Organisationszielen dar. Die Realisierung baut auf der menschlichen Fähigkeit auf, »sich für den Organisationszweck einzusetzen und sich an die Organisationsziele gebunden zu fühlen«. »Ist jemand bei der Arbeitsplanung und Durchführung beteiligt«, so führt das nach Blake und Mouton offenbar automatisch »zu Gruppenaktionen und Höchstleistungen«. Auch sonst hängt »die persönliche Bindung an die Aufgabe« mit dem »Interesse aller Beteiligten am Ergebnis zusammen. Die persönliche Bindung an die Aufgabe ist die Grundlage für den wirksamen Arbeitseinsatz aller. Unter diesen Umständen verbindet sich das Bedürfnis der Menschen, an einer sinnvollen Aufgabe gemeinsam mitzuwirken, mit dem Erfordernis der Organisation, die an ausgezeichneter Leistung interessiert ist.« So die Zusammenfassung zu dem 9.9 Stil im Grid-Modell (9.9. ist das Optimum).

Hier werden einmal Aspekte deutlich, wie wir sie zuvor schon unter Merkmalen der ›Leistungs‹motivation beschrieben hatten: Aufgerufensein zur Leistung im Sinne einer Gruppenleistung (›InTEAMität‹). Allerdings scheinen uns hier einige unzulässige Verknüpfungen vorzuliegen: Von einer klaren Zielorientierung und -akzeptierung wird zuviel erwartet – aufgrund ungenannter wissenschaftlicher Untersuchungen stehe fest, »daß sich Menschen ordentlicher, sinnvoller und zielbewußter verhalten, wenn sie einen konkreten Zweck, den sie verstehen und mit dem sie einverstanden sind, erreichen wollen«.

Einverständnis, Identifizierung »mit den Spielregeln machen einen Sinn«. Unseres Erachtens reicht es jedoch nicht aus, nur mit den Produktionszielen eines Unternehmens einverstanden zu sein. Wir hatten ja zuvor schon gehört, daß sich viele zwar *mit ihrem eigenen Tun* identifizieren oder bereit sind, sich für das Ergebnis möglichst *kleiner Gruppen* einzusetzen, aber ohne daß ihnen das Unternehmen als solches und damit natürlich auch dessen Ziele etwas bedeuten.

Es ist deshalb zu kurz gegriffen, wenn man glaubt, den Mitarbeitern annehmbare Unternehmensziele präsentieren zu können, mit denen sie einverstanden sein müßten, und schon »arbeitet dann der Mensch nicht mehr für die Körperschaft, sondern für sich selbst. Zweck der Organisation und Zweck des Menschen haben sich miteinander verbunden.« Auch das Gegenteil ist möglich. Man kann als Antialkoholiker sehr sinnvoll bei Eckes arbeiten und als Nichtraucher bei Reemtsma. Ich kenne Gewerkschaftsangestellte, die gar nichts mehr von Gewerkschaften halten, und Kirchenbedienstete, die ihrer Kirche spinnefeind sind. Nichtsdestoweniger gelingt es ihnen auf dem zuvor beschriebenen logotherapeutischen Weg, Sinn in ihrer persönlichen Arbeitsaufgabe oder – wenn es nur noch um die sozialen Erlebnisse geht – wenigstens in ihrer Arbeitsgruppe zu finden. Die jeweiligen ›Unternehmens‹ziele lassen diese Leute kalt, im Gegenteil, sie gilt es auf gut wienerisch ›net amol zu ignorieren‹.

Hier sollte man also Einspruch erheben: Identifikation mit der Aufgabe: ja; Identifikation mit einer persönlichen Aufgabe als unmittelbare Voraussetzung von Gruppenaktionen, die wiederum Höchstleistungen zur Folge haben: so zwingend jedenfalls nicht. Eine Hinwendung zur Gruppenleistung kommt ja vielfach gerade dann – *mitunter erst dann* – zustande, wenn der eigene Aufgabeninhalt eben nicht sehr motivierend ist.

Die Kausalkette ›Unternehmensziel – Identifikation damit = Verschmelzung eigener Ziele mit Unternehmensziel = Gruppenaktion und dadurch Höchstleistung‹ ist viel zu einfältig, um wirkungsvoll zu sein, man muß leider noch einige Falten dazulegen.

Auch andere motivationspsychologische Hilfen, wie die vorn beschriebene Fifty/Fifty-Situation (Aufgabe zu schwer: kein Effekt; zu leicht: auch kein Effekt; Aufgabe mit mittlerem Risiko: starke Herausforderung), wie auch der bekannte Zeigarnik-Effekt, nach dem in einem Menschen, der sich einmal etwas in den Kopf gesetzt hat, innere Spannungen entstehen, das Angefangene nun auch zu Ende zu bringen, sind zwar prinzipiell richtig, können wohl aber nicht zur Unterstreichung des 9.9-Ansatzes dienen, wie die Autoren dies tun.

Aus diesem Grund erscheint es auch allzu weit und allzu falsch hergeholt, wenn als Beispiel für die Identifikation eines Menschen mit seinem Ziel Darwin genannt wird, der bekanntlich den Gedanken verfolgt habe, eine allgemeine Abstammungslehre zu begründen, oder Einstein, der sich sein ganzes Leben, nach Blake und Mouton, in die allgemeine Relativitätstheorie verbissen hätte. »Das läßt sich auch auf die Industrie übertragen. Haben Menschen Produktionsziele zu erreichen, die sie *verstehen* und mit denen sie *übereinstimmen* ... dann setzen sie ihren Ehrgeiz für die *Erreichung* dieses Zieles ein, *weil* sie sich daran gebunden fühlen.« Leider eben noch längst nicht:

Millionen von Wählern bejahen die Ziele einer Partei, ohne selbst das geringste für deren Verwirklichung zu tun. Tausende von Angestellten und Beamten bummeln in Firmen und Behörden, obwohl sie mit den Zielen dieser Einrichtungen voll einverstanden sind, und manchmal macht ausgerechnet jemand ihre Arbeit, von dem man diese Zielakzeptanz gerade nicht behaupten kann. Weder die Spielregeln noch die Ziele allein »machen Sinn«, der Sinn einer Arbeit ist vielmehr ein ganz eng an die individuelle Aufgabe gebundenes subjektives Konzept, und die übergeordneten Unternehmensziele haben damit oft genug – wie wir gesehen haben – überhaupt nichts zu tun. Und noch zwei weitere Einwände: Darwins und Einsteins Lebensziele und die Produktionsziele der Firma Lehmann und Co. *in den Augen ihrer Mitarbeiter* scheinen mir doch nicht ganz vergleichbar zu sein, und zweitens: »Weil« ist eine falsche Schlußfolgerung. Eine innere Bindung löst leider noch keinerlei Aktivität, geschweige denn Leistung aus.

Viertes Kapitel: Der Sinn der Arbeit und die Organisation sinnvoller Arbeitsbedingungen

Arbeit – das anthropologische Prinzip: Wir leben, um zu arbeiten

Gerade hatten wir uns zu der erleichternden Erkenntnis durchgerungen, daß wir eben nicht mehr nur deshalb arbeiten, um zumindest das Notwendigste zum Leben zu haben, da wird diese Überwindung des Denkens einer jahrtausendealten Mangelwirtschaft wieder auf den Kopf gestellt. In der Tat:

Die Mangelwirtschaft, in der die gesamte Menschheit bis in die letzten Jahrzehnte hinein gelebt hat und aus der sich bislang nur die sogenannten Industrieländer befreien konnten, hatte uns den Glaubenssatz suggeriert: »Im Schweiße deines Angesichtes sollst du dein Brot essen …«

Wenn wir heute schwitzen, dann im Urlaub oder wenn die Klimaanlage ausgefallen ist. Zum ersten Mal in der Geschichte der Menschheit leiden erhebliche Teile, immerhin einige hundert Millionen, keinen prinzipiellen Mangel mehr. Wenn es innerhalb dieser Überflußbereiche dennoch Armut gibt, dann heißt dies, daß *bestimmte Leute kein Geld* haben, um sich an dem vorhandenen Überfluß an Waren und Dienstleistungen zu beteiligen. Es ist geradezu kurios, daß in der Überflußgesellschaft Not – wenn auch kein Mangel – gerade dann besteht, wenn man nicht weiß, wohin mit dem Überfluß: den Butter-, Milchpulver-, Eiweiß- und Zuckerbergen, dem Überangebot an Arbeitskraft und Kohlehalden.

Der Sinn der Arbeit bei uns (im Unterschied zum Zweck bestimmter Arbeiten) kann deshalb nicht mehr im Produzieren allein bestehen und schon gar nicht im Produzieren von immer mehr Waren für immer mehr Leute. Wenn in einer Überflußgesellschaft jemand aus industrialisierten Produktionsprozessen ›aussteigt‹, so scheidet er damit ja nicht immer aus dem Arbeitsprozeß an sich aus. Alternativbereiche machen im Gegenteil deutlich, daß diese Alternative gerade darin besteht, der Arbeit wieder einen neuen oder den alten Sinn zurückzugeben, den man am klarsten mit sinn-theoretischen Kategorien (46) beschreiben kann: Unmittelbar *persönliches Werkschaffen,* Herausforderung zu *individuellen kreativen* Problemlösungen, neue/alte Formen von *Gemeinschaftsarbeit* mit gemeinsamer Planung, Durchführung und Selbstkontrolle durch autonome Arbeitsgruppen mit allen motivationalen Energien, wie sie die Industrie nur noch ganz selten bieten kann, Verwirklichung ökologischer, religiöser oder künstlerischer Ideale.

Arbeit dient keinesfalls immer und zuerst der Steigerung des materiellen Standards. Es zeigt sich vielmehr auch heute wieder, daß eine Sinn-Orientierung in der Arbeit häufig mit einer gegenläufigen Tendenz verbunden ist. Der meist übliche Zweck der industriellen Arbeit, Geld zu verdienen, um damit Sinn außerhalb der Arbeit zu verwirklichen, entfällt zugunsten einer unmittelbaren Sinn-Erfüllung in der Arbeit. Je freier, je unabhängiger die Arbeit geleistet werden kann (je mehr Freiheitsgrade das System Arbeit ausweist), um so mehr wird sie zur ›Leistung‹, und um so mehr produziert sie Überschüsse: an Produkten oder frei verfügbarer Zeit für anderweitig sinnvolle kulturelle Inhalte. Wo die Arbeit hingegen an der Kette der inneren wie äußeren Unfreiheit liegt, da erfüllt sie nicht einmal ihren primitivsten Zweck, den der Überlebenssicherung; Planwirtschaft und rigoroser Dirigismus beweisen es.

Die Überflußgesellschaft hätte durchaus die Möglichkeit, ihre Armen ohne Gegenleistung an dem vorhandenen Reichtum teilhaben zu lassen, allerdings würde sie damit ihr Prinzip Leistung/Gegenleistung aufgeben, das auch noch aus der Zeit der Mangelwirtschaft stammt, wie das biblische Wort »Wer nicht arbeitet, soll auch nicht essen«. Heute ist das pure Theorie, weil es in der Praxis eben viele gibt, die nicht arbeiten *können* oder nicht arbeiten *dürfen.* Ein Großteil der Armut in der Überflußgesellschaft ist ja gerade die Folge jener Produktionsmethoden, auf denen der Überfluß beruht: Einmal ein abgestuftes System von immer noch vorhandener ›Ausbeutung‹, und zum anderen eine Technisierung, die schneller voranschreitet als der Rückgang der Geburtenraten, der üblicherweise mit dem Überschreiten bestimmter Marken in einer Überflußgesellschaft verbunden ist.

Diejenigen, die aus dem industriellen Produktionsprozeß ausgeschieden werden, verlieren mehr als nur Einkommen, Ansehen, soziale Kontakte und Selbstwertgefühl – sie verlieren ›Sinn‹ in ihrem Leben, sofern es ihnen nicht gelingt, sich eine neue *Aufgabe* zu schaffen, ganz gleich ob unter neuen Entlohnungsbedingungen oder vor dem Hintergrund von Sozialleistungen.

Wenn Arbeit sinnvoll und nicht nur zweckgerichtet sein soll, dann muß sie Aufgabe sein. Der Aufgabencharakter hängt aber nicht von denen ab, die sie übertragen, sondern von denen, die sie übernehmen.

Werkschaffen – Aufgabenübernahme – Leistung

kennzeichnen den Menschen von seiner Urzeit an. Sie machen den Sinn in seinem Leben aus, ja man könnte sogar sagen, sie sind in einem gewissen mit dem Begriff Evolution verbundenen Sinn sogar der Sinn des menschlichen Lebens überhaupt. In meinem Buch »Das Sinn-System« habe ich versucht, dies näher zu begründen (47).

Für keine Zeit läßt uns der archäologische Blick in die Vergangenheit paradiesische Zustände erkennen: ›Kampf und Arbeit unentwegt‹. Das erste Werkzeug, der Faustkeil und später das Beil, waren *Werkzeug und Waffe zugleich,* wie auch schon der bloße unbearbeitete Stein oder Knüppel zuvor. Kaum finden wir jedoch bearbeitete Werkzeuge, lassen sich deutlich rein zweckmäßige und solche Bearbeitungen unterscheiden, die nicht mehr nur der Funktion ›schneiden‹, ›schlagen‹, ›hacken‹ dienen, sondern auch noch dem besonderen Gestaltungs- und damit *Unterscheidungsbedürfnis* der Hersteller. Die erste Kunstform war das Ornament und der erste Kunst›stil‹ die Abstraktion. Abstraktion hat etwas mit *Bedeutung* zu tun. So viel auch in der Darstellung selbst weggelassen = abstrahiert worden ist, die Bedeutung selbst erfährt dadurch keine Abstriche. Zwei gekreuzte Striche können sowohl eine Kreuzung wie ein Kreuz ›bedeuten‹, und schon geringfügige Veränderungen verändern den Sinn: So wird aus dem Kreuz, dessen Enden sich umbiegen, das Hakenkreuz, links gewendet als Swastika, als Sonnensymbol vor allem im slawischen und skandinavischen Raum, rechts gewendet als Sonnensymbol wie in Indien, oder als ›Hakenkreuz‹ des Nationalsozialismus. Das Kreuz in seinen vielfältigen Abwandlungen vom Radkreuz, Hakenkreuz, Doppelkreuz usw. ist geradezu ein Musterbeispiel für die Vielfalt symbolischer Bedeutungen, die sich hinter einfachsten grafischen Formen verbergen können. So bedeutet auch die Arbeit an solchen Symbolen, wie wir sie als Ornament bereits auf frühesten Werkzeugen finden, immer auch Arbeit an den Bedeutungsinhalten. Ob man einen Stall für Tiere, eine Behausung für Menschen oder einen Tempel für Götter baut, immer ist es ›Hausbau‹, aber immer steht ein anderer Sinn dahinter. So gibt es kaum eine Arbeit, die einem bloßen Zweck diente und keinen weiteren Sinn hätte. Dabei ist der magisch-religiöse Aspekt nur eine von vielen Sinn-Komponenten.

Eine andere liegt in der Selbstdarstellung des Menschen, der sein Werk als Ausdruck seiner selbst sieht: als Ausweis seiner Schaffens- und Leistungsfähigkeit, mit der er sich seinen Platz in der sozialen Ordnung schafft und mit dem er sich von den anderen unterscheidet. Dieser persönliche Anteil am Entstehen eines Werkes oder Werkstückes begründet durch die Eigenart seiner Entstehung und Gestaltung auch Eigentum. Dadurch, *daß* jemand etwas geschaffen hat, wird Eigentum ›rechtlich‹ begründet, an dem, *wie* er es geschaffen hat, wird es bezüglich seines Urhebers erkennbar.

Mit zunehmender Arbeitsteilung hängt der Platz in der sozialen Ordnung immer stärker von der Qualität des Geschaffenen ab: Derjenige, der bestimmmte Produkte oder Dienstleistungen besser als andere vollbringt (= zur Vollendung bringt), erwirbt mehr Ansehen, mehr Abnehmer, mehr soziale Sicherheit, mehr Tauschgut oder Geld. Seine Meisterschaft läßt ihn zum Lehrer, zum Lehrherrn werden, dem andere Lehrgeld zahlen, um von ihm zu lernen.

Bevor sich mit zunehmender Verstädterung das Handwerk immer mehr ausdehnte, orientierten sich die Personennamen vor allem an Erkennungszeichen des bäuerlichen Schaffens, wie man sie heute noch in jedem Telefonbuch findet.

Später herrschten dann die Namen nach den handwerklichen Berufsbezeichnungen vor. »An ihren Werken sollt ihr sie erkennen ...« Der Mensch wird einmal durch die Landschaft geprägt – auch durch die Stadtschaft –, in der er geboren wird, vor allem aber durch das, was er tut, schafft, werkt → bewirkt. Arbeit prägt Denkweise, Ausdrucksweise, Sprachstil, ja Stil überhaupt.

Gemeinsame Aufgaben zum schieren Überleben wie zum Überleben im geistig-religiösen Sinn haben Zusammenarbeit begründet: die autarken bäuerlichen Lebensgemeinschaften der ›Höfe‹ genauso wie die nomadischen Gemeinschaften ihrer Vorfahren als Jäger und Sammler und dann als Viehzüchter. Die Abwehr gegen Feinde wie der gemeinsame Raubzug als ›Arbeit‹, als Kriegshandwerk, sind zur Grundlage von Gemeinschaften geworden, und nicht zuletzt der Kultdienst, der Gottesdienst und Götterdienst, der wohl die geistig wie räumlich umfassendste Form einer Gemeinschaftung war und ist. Von den Germanen wissen wir, daß sie arbeits- und kriegsgemeinschaftlich zwar in Stämmen organisiert waren, ihre größeren Verbände aber Kultgemeinschaften darstellten mit bestimmten Baum- oder Säulenheiligtümern als regionaler und geistiger Mittelpunkt. Dadurch, daß sich menschliche Arbeit nicht auf den reinen Zweck der unmittelbaren Überlebenssicherung durch Nahrungsmittelbeschaffung, Behausung und Abwehr bzw. Beraubung von Feinden bezieht, wie dies noch bei den Tieren der Fall ist, die ebenfalls bereits arbeitsteilig leben (Bienen, Termiten, Ameisen u. a.), sondern sich individuell wie kollektiv immer noch durch einen besonderen *Sinn* auszeichnet, wird Arbeit *menschlich.* Auch Tiere kennen Werkzeuggebrauch (Affe, Otter, Vogel u. a.), aber Tiere kamen nie auf die Idee, ein Werkzeug herzurichten, zu bearbeiten, es vielleicht zu dekorieren und damit als eigenes, als Eigentum, zu kennzeichnen (48). Auch Tiere können sich untereinander unterscheiden. Aber vermutlich tun sie dies anhand ihrer *Eigenschaften,* wie das sicher auch bei den Menschen zuallererst der Fall gewesen sein mag und bei Kindern noch so ist: der Große, der Kleine, der Dicke, der Starke usw., und nicht anhand ihrer *Fertigkeiten.* Beim erwachsenen Menschen überwiegen jedoch die Fertigkeitsmerkmale die Eigenschaftsmerkmale in erheblichem Maße.

So strukturiert Arbeit als Arbeitsteilung und Zusammenarbeit die Gesellschaft, schafft Unterschiede und Ordnung, auch als Unter- und Überordnung.

Aus einem Gesellschafts- bzw. Herrschaftssystem, das nicht mehr durch Produzenten, sondern durch Besitzer von Produktionsmittel gekennzeichnet wird (Sklaven, Boden, Maschinen, Geld), kann und konnte sich der Abhängige nur befreien, wenn er plötzlich mit Fertigkeiten aufwartete, die andere ihm nun wieder abkaufen mußten. So ist Innovation schon immer der Ausweg aus Abhängigkeiten und Not gewesen.

Der schon bei den Tieren anzutreffende Werkzeuggebrauch hat auch zu einer tierischen Form von ›Technik‹ geführt, auch wenn wir sie dort nicht so nennen (49). Technik ist erweiterte Leiblichkeit. Das Werkzeug, das sich der Mensch selbst schafft, ersetzt die ihm nicht von der Natur angewachsenen Werkzeuge bzw. Waffen: Krallen, Klauen, Stoßzahn oder Reißzahn u. a. m. Im Laufe seiner biologischen Entwicklung hat er zwar nicht so scharf auszuschauen gelernt wie der Adler, aber er hat sich das Fernrohr, das Teleskop gebaut, mit dem er nun bis über die Galaxie hinaus sehen – und mit den Radioteleskopen hören – kann. Er hat weder Schwimmflossen noch ein Atmungssystem wie die Amphibien oder Fische, aber er kann sich mit Hilfe seiner Techniken als Taucher oder U-Bootfahrer ebenfalls unter Wasser aufhalten und bewegen wie auch in der Luft: schneller, länger und weiter als Vögel, jetzt gar über den Luftraum hinaus in den Bereich der ›Sterne‹.

Das angeborene Werkzeug des Menschen ist das kombinierte ›Organ‹ Hand/Hirn (Großhirnrinde), mit Hilfe dessen er sich bisher noch alle Kenntnisse und Fertigkeiten zulegen konnte, deren er bedurfte: *durch Arbeit.*

Diese Arbeit kennt nicht nur Phasen des freudigen Schaffens und überraschenden Findens und Erfindens, sie ist streckenweise auch sehr mühevoll und anstrengend.

»Uns ist in alten zieten, wunders viel geseit,
von helden, lobebaeren und gruozer arebeid«

So beginnt das Nibelungenlied um 1200 n. Chr. Große Arbeit, das ist auch das Sichabplagen, das Sichdurchsetzen, das Überstehen von Not und Schicksalsschlägen. Das liegt vor allem in dem griechischen Begriff von ›Krieg‹, der nach Heraklit der Vater aller Dinge sein soll, das Ringen um etwas, der große Wettkampf, nicht etwa das gegenseitige Sichausmorden. So sind die größten Heroen des Altertums zwei Gestalten, die sich durch Arbeit und Leistung auszeichnen. Herakles, der eine, kommt nach Durchführung von 12 Arbeiten wieder zu seiner Freiheit und danach ›in den Himmel‹; er wird, Halbgott, der er schon vorher war, nun endgültig unter die Götter versetzt – nachdem er Kuhställe ausgemistet, Herden durch ganz Europa getrieben, sich mit wilden Ebern und Schlangen herumgeplagt hatte; von kriegerischen Heldentaten bei diesen Arbeiten keine Spur. Der andere, Prometheus, hat den Göttern das Feuer gestohlen, das einzige Hilfsmittel, das die Götter den Menschen aus gutem Grund vorenthalten wollten, nachdem sie ihnen schon das Bewußtsein und die Freiheit der Verantwortung zugestanden hatten. Mit dem Feuer jedoch konnten die Menschen den entscheidenden Schritt in eine erweiterte Technik tun, der sie den Göttern gleich machte; und in der Zwischenzeit sind sie ja auch so groß geworden, daß sie die Götter nicht mehr brauchen.

Alles was der Mensch ißt und ist, verdankt er seiner Arbeit, sein Leben und sein Überleben, die Möglichkeit und die Fähigkeit, sich von anderen unterscheiden zu können, sich von ihm erkennen wie anerkennen zu lassen. Fluch wie Segen, Ordnung wie Unordnung und Unterordnung, im guten wie im bösen, entstehen aus der Arbeit. Arbeit gibt ihm Gelegenheit zur Leistung, zum Übersichhinauswachsen über selbstgesetzte Ziele, zur Erfüllung von Aufgaben, zum Wettbewerb mit anderen. »Und ist es köstlich gewesen, dieses Leben, so ist es Mühe und Arbeit gewesen ...«, so wenigstens hat es Luther übersetzt, der mit seiner protestantischen Ethik nach Alfred Weber ja auch mit zum geistigen Vater des Kapitalismus geworden ist.

So lebt der Mensch unter dem Aspekt der Evolution in der Tat ›um zu arbeiten‹, um sich durch kreative und produktive Herausforderungen weiterzuentwickeln. Wir leben ›weiß Gott‹ nicht, um an Maschinen zu malochen, sondern um auch an Maschinen und durch Maschinen freier zu werden. Arbeit im menschlichen Sinne ist also auch an das Kriterium ›freier werden‹ gebunden. Wer ein paar Stunden ›malocht‹, ›jobbt‹, um sich dafür ein paar freie Stunden zu kaufen, arbeitet ebenso sinnvoll wie jemand, dem der Arbeitsinhalt selbst Möglichkeiten zur freien Entfaltung seiner Kräfte und Fertigkeiten bietet. Wer nur jobbt um des Geldes willen und dann noch nicht einmal mit dem Geld etwas Sinnvolles anfangen kann, entweder weil er zuwenig bekommt oder weil es nichts Sinnvolles gibt, das er kaufen könnte, der ist in Wahrheit unfrei, selbst wenn es ihm ›frei‹stünde, diese Arbeit jederzeit zu verlassen. In eben dem Maße ist auch derjenige unfrei, dem die Möglichkeit genommen ist, sich selbst Aufgaben zu suchen, nachdem er einmal von einer Arbeit ›frei‹gesetzt wurde.

Bevölkerungsdichte wie in den Ballungsgebieten, bei Wohnraumenge ohne Balkon, Garten, Hobbyraum usw., eine städtische Umgebung, wo auf jedem Quadratmeter alles verboten ist, weil schon jeder Quadratzentimeter jemandem gehört oder – schlimmer noch – von jemandem im Namen der Allgemeinheit verwaltet wird – all das bietet ihm kaum eine Chance. An der Entwicklung zur Freiheit in der Arbeit und durch die Arbeit wird sich die ›freiheitliche Gesellschaft‹ in der Bundesrepublik messen lassen müssen, und an der Ermöglichung von Verantwortung für das eigene Ergehen. Hier liegt eine der ganz großen Zukunftsaufgaben für den Staat, wie es Gegenwarts- und Zukunftsaufgabe der Wirtschaft ist, Schaffen, Leistung und Aufgabenübernahme als Sinnkriterien auch in der industriellen Arbeitswelt zu erhalten.

Sinn-Bilanz und Sinn-Kompensation am Arbeitsplatz

»Frust«: die sinn-entleerte Arbeit.

Aus dem abstrakten Begriff »Frustration« (lateinisch frustra = vergebens) haben die jungen Linken den »Frust« gemacht, und schon weiß man, wovon die Rede ist. Frust hat etwas Lautmalerisches und ruft Assoziationen hervor: Frost zum Beispiel.

Sinn-Frustration als Daseinserfahrung heißt Frost, heißt Rauhreif auf der Seele. Sinn-Frustration in der Arbeit bedeutet dementsprechend: mit klammen Pfoten hinlangen, Frostschutzklappen über den Ohren, kalte Füße, bildlich gesprochen. Nur die Hälfte mitkriegen, nur die Hälfte mitkriegen wollen. Nicht auf die Arbeit, sondern auf das Arbeitsende sehen. Nicht an die Arbeit denken, sondern an das, was danach kommt. Wenn etwas danach kommt.

Diese Assoziation Frust–Frost, die klammen Pfoten, die Klappen über den Ohren, sind keinesfalls unwissenschaftlich, sondern das Ergebnis von Wissenschaft: das Ergebnis empirischer Sozialforschung, die sich bemüht hat, einmal nicht die kognitiven, sondern die affektiven Elemente der Sinn-Frustrationen zu ermitteln: nicht das, was man denkt, sondern das, was man fühlt.

Das kürzeste Synonym für Arbeitsfrust ist »Scheiße« – der meistgebrauchte Begriff bei sinn-entleerter Arbeit: als Stoßseufzer, als Fluch, als Schimpfwort – laut, leise oder auch nur gedacht. Dieses Wort und die Häufigkeit seines spontanen Gebrauchs können beinah zum Gradmesser der Sinnlosigkeit in der Arbeit werden. Wie: Langeweile. Wie: Auf das Pausenzeichen warten, auf das Signal zum Arbeitsende. Wie: Rückenschmerzen und Kopfschmerzen bei der Arbeit und von der Arbeit. Schlaflosigkeit,

Verdauungsstörungen. Krach mit Kollegen und Krach mit Vorgesetzten. Denn Schwierigkeiten, die einer macht, sind bekanntlich Ausdruck der Schwierigkeiten, die einer hat.

Beim Streß unterscheiden wir den notwendigen »Herausforderungsstreß«, der anregt und die Durchführung einer Arbeit möglich macht – daher vielfach auch »Erfüllungsstreß« genannt (Eustreß) – und den enervierenden, lähmenden und belastenden »Disstreß«, der meist mit »Erwartungsangst« verknüpft ist. Man könnte ihn auch »Konflikt«streß nennen.

Jede Arbeitsanforderung und jede heftige Gemütsbewegung (wie Ärger z. B.) setzen hormonale Prozesse in Gang, die mit der Ausschüttung von Adrenalin und Noradrenalin verbunden sind. Die dadurch mobilisierten Energien müssen durch entsprechende körperliche Reaktionen wieder aufgebraucht werden. Erfolgen diese nicht, muß der Organismus diese Hormon»einspritzungen« innerlich abbauen, und das hat oft schwere körperliche Schädigungen zur Folge: Durchblutungsstörungen zum Beispiel, sklerotische Ablagerungen in den Blutgefäßen. Diese innersekretorischen Abläufe sind dabei dieselben, die auch als Ursache von Nierenstörungen und Bluthochdruck festgestellt wurden.

Sinn-entleerte Arbeit zeichnet sich aber vor allem dadurch negativ aus, daß sie vielfach ein Maximum an Erwartungsstreß hervorruft – eine Mobilisierung von Energien ohne deren produktiven Abbau.

Schon allein dadurch, daß sie bewußt oder unbewußt die Aufmerksamkeitsleistung vermindert – also konkret eine latente oder offene Abwendung vom Arbeitsinhalt zur Folge hat –, stellt sie eine nicht ungefährliche Unterforderung des Menschen dar. Unterforderung ist aber körperlich wie geistig ebenso eine Belastung wie Überforderung. Nur die umfassende Inanspruchnahme eines Menschen erhält Gesundheit, Spannkraft und Leistungswillen. Das erfordert eine ausreichende muskuläre Betätigung ebenso wie psychische Aufmerksamkeitsanforderungen, also immer wieder neue Reizwahrnehmung und Verarbeitung; nicht zuletzt bedeutet dies aber auch die Beanspruchung des Menschen als Geist-Person, und darunter verstehen wir seine Entscheidungsfähigkeit und seine Verantwortungsbereitschaft.

Wir erinnern an das zuvor Gesagte: Wenn *Psyche* der Inbegriff für *körperliche Steuerung* ist, dann ist *Geist* der Inbegriff für die *Verantwortung dieser Steuerung.*

Was bei sinn-entleerter Arbeit zu kurz kommt, ist also der Mensch als Ganzheit. Bei sinn-entleerter Arbeit wird der Mensch zwar »gefordert«, aber nicht »herausgefordert«. Da rabottet oder malocht – wie der Volksmund sagt – ein »Typ«, aber da erbringt kein Mensch, kein Individuum, eine Leistung.

Nur selbstbestimmte Leistung, selbstverordnete Anstrengung belasten nicht, sondern stimulieren, machen nicht krank, sondern motivieren und setzen weitere Energien frei, die im Erfüllungsstreß sinnvoll und produktiv abgebaut werden.

Malochen und Rabotten dagegen machen kaputt – ob sie viel Kräfte erfordern oder nicht. Konflikte mit Kollegen und Vorgesetzten, die nicht gelöst werden und dann Sinnlosigkeit signalisieren, machen krank, Isolierung im Betrieb oder am Arbeitsplatz demotiviert auf die Dauer und läßt offenbar das Immunsystem ›durchlässig‹ werden, Orientierungslosigkeit, unverhoffte, unvorbereitete Normenänderung wie überhaupt die Angst vor Änderungen, die selten etwas Gutes bringen – all das können, wie die Untersuchungen (und die Erfahrungen) zeigen, Auslöser von Krankheiten sein. In dem Schema auf Seite 196 sind einmal Korrelationen zwischen ›Situationen‹ am Arbeitsplatz und psychosomatischen Störungen nach Untersuchungen zusammengestellt, die schon vor Jahren von Dr. Dr. Wolfgang Kellner gemacht wurden (50). Sein Fazit: Fehlzeiten durch Krankheit sind *Führungsversagen* der Vorgesetzten.

Unter solchen Bedingungen wird die Frage laut, überlaut: Wozu das alles? *Ziele*, die eine Arbeit hat, sind nicht gleichbedeutend mit *Sinn, den sie* vielleicht *nicht hat.* Auch Erfolge können sinnlos sein und Mißerfolge höchst sinnvoll, weil sie einen weiterbringen, vom falschen Weg abbringen, zu Erkenntnissen verhelfen, Neuorientierung bieten. Der Maßstab für Erfolge wie für Leistung kann nur im Menschen selbst liegen, nur er allein weiß, was für ihn sinnvoll ist.

Die Übersicht auf Seite 196 verzeichnet eine Reihe von ›situativen Gegebenheiten‹ (linke Spalte) und dazu korrelierend verschiedene Krankheiten von der Grippe bis zu allgemeinen Entzündungen.

Arbeitssituation und Krankheit

nach KELLNER/Soziale Situation und Krankheit München 1975

Situative Gegebenheit	GRI	H–K	H–T	M–D	N–B	BUnf	Entz	Lunge, Bindehaut, Speicheldrüsen, Bildd.
Keine allzu lange ... Betriebszugehörigkeit	●							
... Abteilungszugehörigkeit	●							
... Arbeitsplatzzugehörigkeit	●	●						
Relativ niedriger Stundenlohn	●			●				
Seltener Verwandte im Betrieb	●							
Allgemeine Unzufriedenheit mit dem Betrieb →	●	●	●					
Keinen Kontakt zum Betriebsleiter	●							
Vorgesetztenprobleme →	●	●		●			●	
Innerhalb der Abteilung öfter versetzt	●	●						
Gestörtes Kollegenverhältnis →	●	●	●	●				
Isolation am Arbeitsplatz		●						
Mangelnde eigene Arbeitsdisposition		●						
Mangelndes Interesse an der Arbeit (kein Verbesserungsvorschlag eingereicht, selbst wenn vorhanden)		●						
Angst vor Akkordnormenveränderung →	●	●		●	●	●		
Geringe Leistungsbeurteilung durch Vorgesetzte →	●	●		●				
Häufigerer Berufswechsel				●				
Nicht Facharbeiter KSt. 7,2 % Nicht Facharbeiter KSt. 6 %			●					
Arbeitszeit zu lang beurteilt →		●	●	●				

Krankheiten:

GRI = Grippe
H–K = Herz/Kreislauf
H–T = Hypertonio
M–D = Magen/Darm
N–B = Niere/Blase
BUnf = Berufsunfall
Entz = Entzündungskr.

Sinn ist zwar nicht ›lieferbar‹, aber ›machbar‹: Ein jeder kann ihn (nur) für sich selbst finden und ›in die Tat‹ umsetzen.

Frankl hat diese Sinn-Findung und Sinn-Erfüllung ganz richtig als eine Werteverwirklichung erkannt. Seine herausragende Leistung ist nicht zuletzt darin zu sehen, daß er es mit dem Begriff ›Werte‹ nicht philosophisch hat auf sich beruhen lassen, sondern daß er aufgrund einer lebenslangen Erfahrung als Arzt mit sinn-frustrierten Menschen zu einer ›Operationalisierung‹ des Sinns – zu einer Umsetzung von Sinn in konkrete Handlungen (lat. opera) gekommen ist.

Ausgehend von den Franklschen Kategorien einer spezifisch logotherapeutischen Sinn-Kategorisierung, die an dieser Stelle nicht ausführlich dargestellt werden soll, vollzieht sich ein – weniger therapeutisches als arbeitspraktisches – In-die-Tat-Umsetzen von Werten etwa in den Kategorien:

Kreativ/produktive Werte	Werkschaffen
Soziale Erlebniswerte	Solidarität, Kollegialität, Gemeinsinn
Ideelle Werte	Ideologische, religiöse, ästhetische Werte

Charakteristikum sind das Element der Leistung, das Über-sich-selbst-Hinauswachsen und das Sich-selbst-aus-dem-Auge-Verlieren (Selbsttranszendenz und Selbstdistanzierung).

Aus: Walter Böckmann/Psychologie des Heilens
HERDERBÜCHEREI 1982

Obwohl die Fragestellung dieser Untersuchungen nicht logotherapeutischen Kriterien folgt, läßt sich unschwer erkennen, welche der *Sinn-Kategorien* in den verschiedenen Situationen angesprochen sind – siehe hierzu den Kasten auf der vorherigen Seite.

Es genügt hier nur an die herausragenden Beziehungen zu denjenigen Gegebenheiten anzuknüpfen, die mit den meisten Krankheitsbildern verbunden sind:

Vorgesetztenprobleme (vier Krankheiten) und ein gestörtes Kollegenverhältnis (ebenfalls vier) deuten auf ein Sinn-Defizit bei *›sozialen Erlebniswerten‹* hin, ganz gleich, was im einzelnen Ursache der Störung sein mag.

Gestörte oder ungenügende Sozialbeziehungen in der Arbeit drücken sich auch in anderen Kriterien aus: Isolation (als Folge der Arbeitsorganisation oder ebenfalls gestörter Kollegenbeziehungen, die auf diese Weise umschrieben werden?) – innerhalb der Abteilung öfter versetzt – noch keine allzu lange Betriebs-, Abteilungs-, Arbeitsplatzzugehörigkeit – kein Kontakt zum Betriebsleiter.

Die Angst vor der Veränderung der Akkordnormen und damit eine Steigerung des Ergebniszwanges – wovon bei Nichtgenügen ein Absinken des Lohnes und damit auch des individuellen Prestiges, das Ansehen im Kollegenkreis (und in der Familie) abhängen, ist vor allem durch ihre Spitzenposition bemerkenswert. Der Ausdruck ›Akkord ist Mord‹ findet hier seine Bestätigung, auch wenn solche Akkorde, wie es den Anschein hat, mehr oder weniger immer ›geschafft‹ werden. Daß dabei auch der Mensch ›geschafft‹ ist, zeigt sich gerade an diesem Beispiel.

Denjenigen, denen die Arbeitszeit zu lang ist, dürfte die Arbeit gewiß nicht leicht von der Hand gehen. Hier haben wir vielfältige Über- oder Unterforderungen zu vermuten: Arbeiten, die zu schwer oder zu langweilig sind.

Je weniger qualifiziert eine Arbeit ist, um so belastender kann sie werden: kein Facharbeiter – relativ geringer Stundenlohn ...

Die allgemeine Unzufriedenheit mit dem Betrieb ist die allgemeinste Artikulation eines negativen Arbeitsergebnisses und kann ihre Ursache sowohl in unangemessenen Erwartungen wie objektiv unzureichenden Arbeitsbedingungen haben. Es ist schade, daß gerade dieses Moment nicht ausführlicher hinterfragt worden ist, tritt es doch nicht nur mit der beinah obligatorischen ›Grippe‹, sondern vor allem mit den bedeutsamen Herzkrankheiten in Erscheinung.

Was hier ›Grippe‹ genannt wird, muß wohl für Erkältungskrankheiten aller Art angenommen werden. Der Erfahrung nach verstekken sich dahinter aber vor allem auch solche Krankheitszustände, die weniger eine medizinische als eine ganz handfeste soziale Ursache haben. Betriebspraktiker und manche Werksärzte kennen de facto ganz konkrete ›situative Gegebenheiten‹, die buchstäblich zur Ursache von ›Grippen‹ geworden sind. So habe ich selbst mehrfach bei Unternehmensberatungen erfahren, wie die Grippe zum Regulativ sozialer Störungen in der Arbeit geworden ist. »Da geht meine letzte Grippe!« hat mir ein junger Mann einmal in einem Walzwerk gesagt und dabei auf seinen Vorarbeiter gedeutet, und ein anderer hat gedroht: »Wenn mir der Kerl noch einmal dumm kommt, dann nehme ich meine diesjährige Grippe gleich.«

Mitarbeiter, die wissen, daß sie gebraucht werden, Leute mit sinnvoll erlebten Arbeitsinhalten und Kollegenbeziehungen kommen selbst dann noch, »wenn alle anderen schon längst im Bett lägen«. Bei wem jedoch die Kontakte durch Über- oder Unterforderung durchgebrannt sind, bei dem kommt es zum Körperstreik. Auch wenn es so aussieht, als streike nur irgendein Organ (siehe Übersicht): Es ist immer der ganze Mensch, der sich hier in der Verschlüsselung einer Organreaktion zu Wort meldet (51).

Der Vorgesetzte, der von jedem Mitarbeiter Aufmerksamkeit, Energie und Verantwortungsbewußtsein erwartet, fordert damit Qualitäten, die synonym für Leistung sind. Dann aber muß er auch die Arbeit so auf den einzelnen Mitarbeiter abstimmen, daß sie für diesen auch ein Synonym für Sinn ist.

Je mehr in bestimmten Bereichen die Möglichkeiten schrumpfen, Kreativität und Verantwortung in die Arbeit einzubringen und selbstbestimmte Arbeitsprozesse immer stärker unter die Diktatur automatisierter ›Leitung‹ geraten, um so wichtiger wird das soziale Erlebnis in der Arbeit, Erlebnis der Kollegialität und Solidarität als Erlebnis des gemeinschaftlichen Handelns, des Miteinander und Füreinander; es hilft bei der Abwehr von Mißgunst, Neid und Intrigen und bei dem sich gemeinschaftlichen Zur-Wehr-Setzen gegen Ungerechtigkeit und Ausnutzung. Selbst erfolglose Streiks haben, wie die Beteiligten versicherten (52), ihren Sinn in der Solidarität der Streikenden gefunden. Eine Vielzahl von Arbeitnehmern an inhaltlich wenig sinnvollen Arbeitsplätzen kompensiert Tag für Tag ein Defizit an schöpferischen Werten durch vielfältige soziale Erlebniswerte. Das Phänomen der Kompensation (siehe hierzu das Schema auf Seite 204) ist das Geheimnis jener erstaunlichen »Arbeitszufriedenheit« selbst an deprimierenden Arbeitsplätzen. Vor allem die Sozialforscher hat das immer wieder irritiert und zu der Erklärung Zuflucht nehmen lassen, der Arbeiter habe längst vor den kapitalistischen Arbeitsbedingungen resigniert und seine Ansprüche unzulässig reduziert. Weil er aber diese Schmach nicht eingestehen will, behaupte er wenigstens »Arbeitszufriedenheit« ...

Das spricht die betreffenden Unternehmen mit definitiv sinnlosen Arbeitsinhalten nicht frei, sich auch weiterhin den Kopf zu zerbrechen und für Verbesserungen zu sorgen. Es macht aber deutlich, daß es für den einzelnen vor allem darauf ankommt, daß seine ganz *persönliche* Sinn-Bilanz am Arbeitsplatz stimmt, und zwar nach eigenen Maßstäben und nicht nach den Konzepten anderer, z. B. Wissenschaftler. Im Gegensatz zu der Auffassung Taylors, daß man den Menschen arbeiten lassen müsse wie eine Maschine und daß das Denken die Reflexe beeinträchtige, geht der hier aus der Logotherapie entwickelte Ansatz davon aus, daß es nicht nur menschenunwürdig sei, den Menschen wie eine Maschine arbeiten zu lassen, sondern daß es sogar leistungswidrig und *unproduktiv* ist, wenn der Mensch *nur* wie eine Maschine arbeitete. Selbst der ausgebuffteste Taylorismus und die raffinierteste, arbeitserleichternde und kostensparende Rationalisierung schaffen es nicht, die Produktivität gegen den Willen, oftmals gegen den unbewußten Widerstand, der Mitarbeiter zu steigern.

So hatte ein Unternehmen der Textilindustrie mit großem finanziellen Aufwand arbeitserleichternde Rationalisierung betrieben:

Die neuen Apparaturen erlaubten es, mit weniger qualifizierten Arbeitskräften bei geringerer körperlicher Belastung einen größeren Produktionsausstoß zu gewährleisten. Die Umrüstung wurde ohne alle Vorbereitung der Betroffenen nach einem minutiösen Ablaufplan ›von heute auf morgen‹ durchgeführt, und die Beteiligten bekamen vierzehn Tage Zeit, sich den neuen – leichter und schneller zu bedienenden – Anlagen anzupassen. Der ›Erfolg‹

bestand jedoch in einem *Absinken der Produktion* und in einem erheblichen *Ansteigen des Krankenstandes.* Vor allem die am meisten bedrohten älteren und qualifizierten Arbeitnehmer klagten über Herz-/Kreislaufbeschwerden, Magen-/Darmstörungen, hohen Blutdruck, Schlaflosigkeit und Kopfschmerzen: in neuen vollklimatisierten Räumen mit idealen Raumtemperaturen und Luftfeuchtigkeitsverhältnissen!

Was ihnen auf den Magen geschlagen war und Kopfschmerzen bereitet hatte, war die Nacht-und-Nebel-Aktion einer ganz auf Minimierung der technischen Betriebsunterbrechung fixierten Geschäftsleitung; über den »Faktor Arbeit« hatte sich niemand den Kopf zerbrochen. Der neue Arbeitsplatz bedeutete für die älteren und fachlich qualifizierten Mitarbeiter: soziale Unsicherheit durch jederzeit mögliches Ausgewechseltwerden gegen billige, angelernte Hilfskräfte, Verlust ihres Facharbeiter-Selbstbewußtseins, Zurückstufung im Lohn.

Die Sinn-Bilanz eines solchen Arbeitnehmers würde also möglicherweise ausschließlich negative Werte ausweisen:

- *Keine auch nur begrenzte Herausforderung fachlicher Fähigkeiten*

- *Absinken der sozialen Anerkennung*

- *Rückstufung als empfundene Ungerechtigkeit, verbunden mit Einbuße an Selbstwertgefühl.*
  (Lohnrückstufung bedeutet finanziellen Verlust; zur sozialen Verunsicherung auch noch materielle Verunsicherung.)

- Der Arbeitsablauf wird trotz objektiver psychophysischer Entlastung subjektiv als Belastung wahrgenommen: *Krankmeldung.*

Manche Unternehmen registrieren solche Erscheinungen überhaupt nur anhand ihrer Krankenstatistik. Viele nicht einmal dort, denn es ist erstaunlich, wieviel Unternehmen noch nicht einmal über eine lückenlose Krankenstatistik verfügen.

Gerade weil es keine Arbeitsstrukturen gibt, die in idealer Weise allen Arbeitnehmern entsprechen, sind auch alle Bemühungen fragwürdig, die von bestimmten Postulaten für alle ausgehen. Wer z. B. ›Humanisierung der Arbeit‹ (abgesehen von den üblichen und bereits vielfach realisierten ergonomischen Erleichterungen für alle) so versteht, daß darunter (je nach Arbeitsplatz) prinzipiell auch mehr Autonomie, mehr Selbstbestimmung, mehr Dispositionsfreiheit, mehr gestalterische oder Ablaufverantwortung enthalten sein müsse, wird in der Praxis sein blaues Wunder erleben.

Inzwischen gibt es gerade in der industrialisierten Arbeit schon immer mehr Menschen, die immer weniger Verantwortung wollen, weil die Verantwortung, die ihnen an sich übertragen werden könnte, von dem einzelnen gar nicht mehr getragen, *ertragen werden kann* angesichts des Risikos, das mit manchen maschinellen Anlagen und Abläufen verbunden ist.

Man schaue sich einmal in den Rehabilitationszentren unserer Versicherungsanstalten um, wie viele Patienten mit Herz-Kreislaufkrankheiten unter der für sie unerträglichen Verantwortung für Sachen und Personen zusammengebrochen sind. Daneben stehen (oder liegen) diejenigen, die den permanenten produktiven oder kreativen Erfolgszwang nicht mehr ausgehalten und – psychosomatisch gesehen – die ›Flucht in die Krankheit‹ angetreten haben. Die Unternehmen sollten schon im eigenen Interesse mit ihren Mitarbeitern darüber einmal ins Gespräch kommen, wie denn die Sinn-Bilanz des einzelnen an seinem Arbeitsplatz tatsächlich aussieht.

Bei einer solchen Gegenüberstellung von Sinn-Erwartung und tatsächlicher Sinn-Erfüllung kann für jeden einzelnen Arbeitnehmer ermittelt werden, was sein Arbeitsplatz an konkreter Sinn-Verwirklichung bietet und was durch Veränderung der Arbeitsstrukturen in dieser Beziehung verbessert werden kann (53). Jeder bringt nach Erziehung und Ausbildung andere Voraussetzungen für seine Arbeit mit und hegt unterschiedliche Erwartungen – auch dann, wenn scheinbar alle aus derselben Bevölkerungsschicht stammen und dieselbe Art von Schulen und beruflichen Ausbildungsgängen durchlaufen haben:

Der eine ist handwerklich geschickter und hat wenig Sinn für Theoretisches, der andere ist ein ausgesprochener Tüftler und

Bastler, der dritte ist zufrieden, wenn die Anforderungen an ihn möglichst gering sind, der nächste möchte unbedingt vorwärtskommen, und wieder ein anderer lebt sich eigentlich erst so richtig aus, wenn er sich in sozialen Gruppen betätigen kann, bei der Vorbereitung eines Betriebsfestes oder in einer betrieblichen Sportmannschaft, in der Mitarbeit beim Betriebsrat oder in der Gewerkschaft. Während der eine Angst hat vor der Verantwortung, fühlt sich der andere verkannt, wenn man ihm keine Verantwortung zubilligt.

Schließlich gibt es viele, die sich mit der stursten und monotonsten Arbeit abgefunden haben, weil sie ihr Heil – ihren Sinn – längst außerhalb der beruflichen Arbeit verwirklichen.

Über solche Zusammenhänge sollte jeder mit Führungsverantwortung Beauftragte bei jedem seiner Mitarbeiter im Bilde sein.

Zum Problem der Sinn-Kompensation
siehe Schema auf der folgenden Seite:

Kompensation ist *nicht* Werteverzicht oder ein Sichzufriedengeben mit minderem »Ersatz«. Kompensation ist Werte-Austausch, Ausweichen auf andere vollwertige Sinn-Inhalte innerhalb und außerhalb des Betriebes.

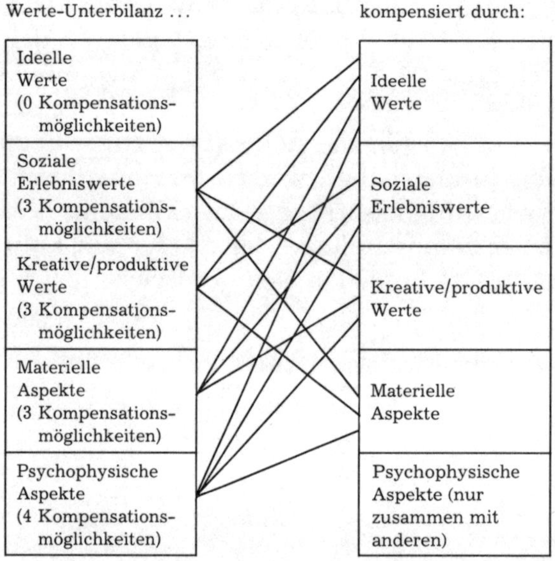

Das obige Schema zeigt die Möglichkeiten einer Werte-Kompensation im industriellen Arbeitsprozeß beim Bestehen einer Werte-Unterbilanz an einem bestimmten Arbeitsplatz.

Vergegenwärtigen wir uns dabei noch einmal, daß Sinn in einer Arbeit im allgemeinen ebensowenig durch eine Sinn-Kategorie allein repräsentiert wird wie motivationspsychologisch eine Handlung von einem Motiv allein determiniert ist.

Unabhängig davon *kann* jedoch eine ganz bestimmte Situation auch einmal die Herausforderung *eines* einzigen Sinn-Kriteriums bieten. Dies ist der Fall, wenn beispielsweise eine Handlung ausschließlich aus Liebe oder Freundschaft zu einem bestimmten Menschen unternommen wird.

Ferner ist zum Verständnis des Schemas noch zu unterstellen, daß jedes einzelne Sinn-Kriterium in einem für das Individuum typischen und somit auch relevanten Maß auftritt bzw. frustriert wird.

Aus: Walter Böckmann / Sinn-orientierte Leistungsmotivation – ENKE VERLAG 1980

Zur Interpretation des Schemas auf der gegenüberliegenden Seite:

- Ideelle Werte

  Wir gehen davon aus, daß ein erheblicher Mangel an ideellen Werten, also Verletzung bestimmter wichtiger Gefühle und Glaubensinhalte, überhaupt nicht kompensiert werden kann, sofern diese Gefühle in einem relevanten Maße bestehen.

  Beispiel: Ein Mohammedaner könnte in keinem Unternehmen arbeiten, das ihn zwingt, Schweinefleisch zu essen. Natürlich kann man im allgemeinen auch ideelle Werte korrumpieren, dann bestehen sie aber de facto nicht mehr.

- Soziale Erlebniswerte

  Im Arbeitsprozeß wird es sich vorwiegend um sozialgebundene Erlebniswerte handeln. Eine Frustration bedeutet: Isolierung am Arbeitsplatz, keine ausreichend befriedigenden Kontakte im Betrieb, weder zu Kollegen noch zu Vorgesetzten etc.

  Die Praxis zeigt, daß der Erfüllung solcher Werte-Erwartungen größte Bedeutung zukommt.

  Immerhin ist (in der Mehrzahl wohl auch nur vorübergehend, wenn auch über längere Zeiträume) Kompensation durch ideelle Werte möglich – Beispiel: Arbeit für eine »gute Sache«, für eine »Idee«.

  Ferner wiegt häufig »schöpferische Tätigkeit« eine spürbare Isolation oder Kontaktarmut auf. Weiterhin können finanzielle Anreize (mehr oder weniger lange) Isolation aufwiegen.

- Kreative/produktive Werte

  Diese lassen sich, wie es sich zeigt, im allgemeinen auch nur vorübergehend kompensieren, am deutlichsten jedoch durch ideelle Werte (die »gute Sache«), dann jedoch durch »gute Kollegen« meist durch Zugehörigkeit zu einer bestimmten Arbeitsgruppe und durch finanziellen Ausgleich. Zugrunde liegen immer »mittelfristige« Vorstellungen, also keine lebenslange Lösungen oder kurzfristige Frustrationen, die jeder öfter einmal durchstehen muß.

- Materielle Aspekte

  Unterbezahlung wird am ehesten noch um einer »guten Sache« willen oder dann hingenommen, wenn diese Arbeit eine echte Aufgabe darstellt und/oder ein erhebliches Ausmaß an Verwirklichung schöpferischer Werte bietet. Auch durch die Zugehörigkeit zu einer bestimmten Gruppe oder um bestimmter Menschen willen werden materielle Frustrationen eine nicht unbeträchtliche Zeit ertragen.

- Psychophysische Aspekte

  Alle ökologischen und ergonomisch erfaßbare Belastungen können je nach individueller psychophysischer Belastbarkeit durch ideelle Werte, soziale Werte und schöpferische Werte kompensiert werden, etwa im Sinne der bereits zuvor genannten Beispiele.

  Allerdings konnte bisher umgekehrt noch nicht beobachtet werden, daß günstige Umwelt/Umfeldbedingungen allein in einem nennenswerten Maße auftretende sonstige erhebliche Werte-Frustrationen zu kompensieren vermögen.

Der S.E.E.-Test: Die Gegenüberstellung von Erwartung und Wirklichkeit am Arbeitsplatz als Führungsgrundlage

Will man sich einen Überblick über die Leistungsbedingungen an einem Arbeitsplatz verschaffen, dann bietet sich dazu die Aufstellung individueller Sinn-Bilanzen an. Dabei können sich sowohl aufschlußreiche Hinweise auf unausgeschöpfte Potentiale als auch auf Überforderungen und Fehlbesetzungen ergeben.

Sinn-Bilanzen beruhen auf Einschätzung der *konkreten* Arbeitsbedingungen in der Gegenüberstellung zu den *angestrebten* beziehungsweise *erwarteten* Arbeitsbedingungen.

Die logotherapeutischen Sinn-Kriterien gehen in einen Fragebogen ein (54), in dem die zu analysierenden Arbeitsplätze nach ihren Anforderungen und Belastungen beschrieben werden (siehe Abb. 1). Der Befragte kreuzt dabei im Rahmen eines Profilschemas sowohl die von ihm subjektiv erlebten Überforderungen wie Unterforderungen an, zugleich aber auch das erwünschte Ausmaß erwarteter Veränderungen (siehe Abb. 2, nächste Seite).

Der Fragebogen selbst wird in Fällen der Einzelberatung, bei der die Identität der Ausfüllenden ohnehin bekannt ist, ohne weitere Angaben zur Person ausgefüllt; bei der Untersuchung von Gruppenproblemen genügt unter Umständen die anonyme Ausfüllung. Nach der Auswertung wird der Fragebogen vernichtet; er geht also keinesfalls in die Personalunterlagen ein.

Die Abb. 2 auf der nächsten Seite zeigt das stark vereinfachte und inhaltlich reduzierte Beispiel eines solchen individuellen Profils.

Abb. 1: Wertekategorien und Arbeitsbedingungen, die in den Fragebogen (S. E. E.-Test) eingehen können

Herausforderung zur kreativen Gestaltung und zur Verantwortung

1. Aufgabencharakter der Arbeit
   Grad der Arbeitsteilung
   Gestaltungsspielraum
   Disposition, Art der Durchführung, Selbstkontrollen etc.
   Zielsetzungen
2. Herausforderung zur Verantwortung für Sachen und Personen
3. Aus- und Weiterbildung
   horizontales und vertikales Lernen

Sozialgebundene Erlebniswerte

1. Soziale Kontakte
   - O in der Arbeitsgruppe
   - O in der Abteilung
   - O im Betrieb allgemein
   - O außerhalb des Betriebes, aber aufgrund des Arbeitsverhältnisses
2. Mitbestimmung
   - O am Arbeitsplatz
   - O im Rahmen des Betriebsverfassungsgesetzes
   - O der paritätischen Mitbestimmung
3. Fragen der allgemeinen Machtstruktur im Betrieb
   Vorgesetztenverhältnis
4. Erfüllung der allgemeinen Erwartungen
   - O gegenüber dem Beruf
   - O gegenüber dem Betrieb

Materielle Arbeitsbedingungen

1. Einkommenshöhe
   Art des Einkommens: Zeitlohn, Stücklohn, Gehalt, Prämien etc.
2. Sozialleistungen

Psychophysische Arbeitsbedingungen bzw. Belastungen

1. Arbeitsökolog. Einwirkungen
   - O Wärme - Kälte
   - O Feuchtigkeit - Trockenheit
   - O Staub
   - O Lärm
   - O Licht
   - O Gifte
   - O Strahlen u. a.
   - O allgemeine Unfallgefahr
2. Psychophysische Belastung durch
   - O Arbeitsweg
   - O Arbeitszeit: Dauer, Rhythmen, Arbeitstageszeit u. a.
   - O unzureichende Pausen und Ablösungen
   - O unzureichenden Urlaub
   - O unzureichende allgemeine Freizeit
3. Psychophysische Über- bzw. Unterforderung incl. einseitiger Dauerbelastungen
   Aufmerksamkeitsbelastung, Hektik, Kontrollen
   Informationslücken, Planungsunsicherheit
   Monotonie
4. Belastung durch Verantwortung
   - O für Sachen
   - O für Personen
5. Belastung durch kreativen bzw. produktiven Erfolgszwang
6. Psychische Belastung durch
   - O Berufsunsicherheit
   - O Arbeitsplatzunsicherheit (Entlassung)
   - O Unsicherheit gegenüber Versetzungen im Betrieb
   - O Angst vor Umstufung und dergleichen

○ Der Betreffende unterliegt mäßig kreativen Anforderungen (1), würde aber Steigerung begrüßen;

○ er ist verantwortlich für Sachen und betrachtet dies offensichtlich als ein gewisses Vertrauen (2);

○ sein Dispositionsspielraum ist gleich Null, und er wünscht sich, ihn nicht unerheblich zu erweitern; ähnlich steht es um den Handlungsspielraum, der die Durchführung seiner Arbeit kennzeichnet, und das Kontrollproblem (4, 5, 6);

○ die Kontakte in der Gruppe könnten nach seiner Meinung verbessert werden (7), sein Verhältnis zum Gruppenleiter ist nicht schlecht (8);

○ ähnlich steht es um seine Mitbestimmung am Arbeitsplatz (seinen »Einfluß«), die etwa auch seinem Selbstwertgefühl aus dieser Arbeit entspricht (9, 10).

○ Mit seinem Einkommen ist er zufrieden, er sieht offenbar auch kaum Steigerungsmöglichkeiten. Belastungen bringt ihm seine berufliche Tätigkeit nicht.

Zur Auswertung werden bei Gruppenuntersuchungen je nach Problemsituation sogenannte »Schwerpunktübersichten« (siehe Abb. 3, Seite 211) erstellt, in denen die Voten der im einzelnen unbekannt bleibenden Gruppenmitglieder zu bestimmten Anforderungen bzw. Belastungen als »unerfüllte Erwartung« oder »abzubauende Belastung« eingetragen werden.

Gehen wir beispielsweise bei der in Abb. 3 dargestellten »Schwerpunktübersicht« davon aus, daß die befragte Gruppe in Überlegungen einbezogen worden ist, die auf die verstärkte Übertragung qualifizierter Aufgaben abzielen, wobei eine Teilautonomie von Gruppen erwogen wird.

Wie sieht es nun mit den Belastungen innerhalb der Gruppe aus bzw. mit den ungenutzten Potentialen – mit einem Wort: Wie steht es um die Werteverwirklichung bei den einzelnen Gruppenmitgliedern, um den Sinn, den sie ihrer Arbeit zumessen, und damit um ihre Leistungsmotivation?

Abb. 2: S.E.E.-Test: Beispiel eines stark vereinfachten Einzelprofils (Sinn-Bilanz)

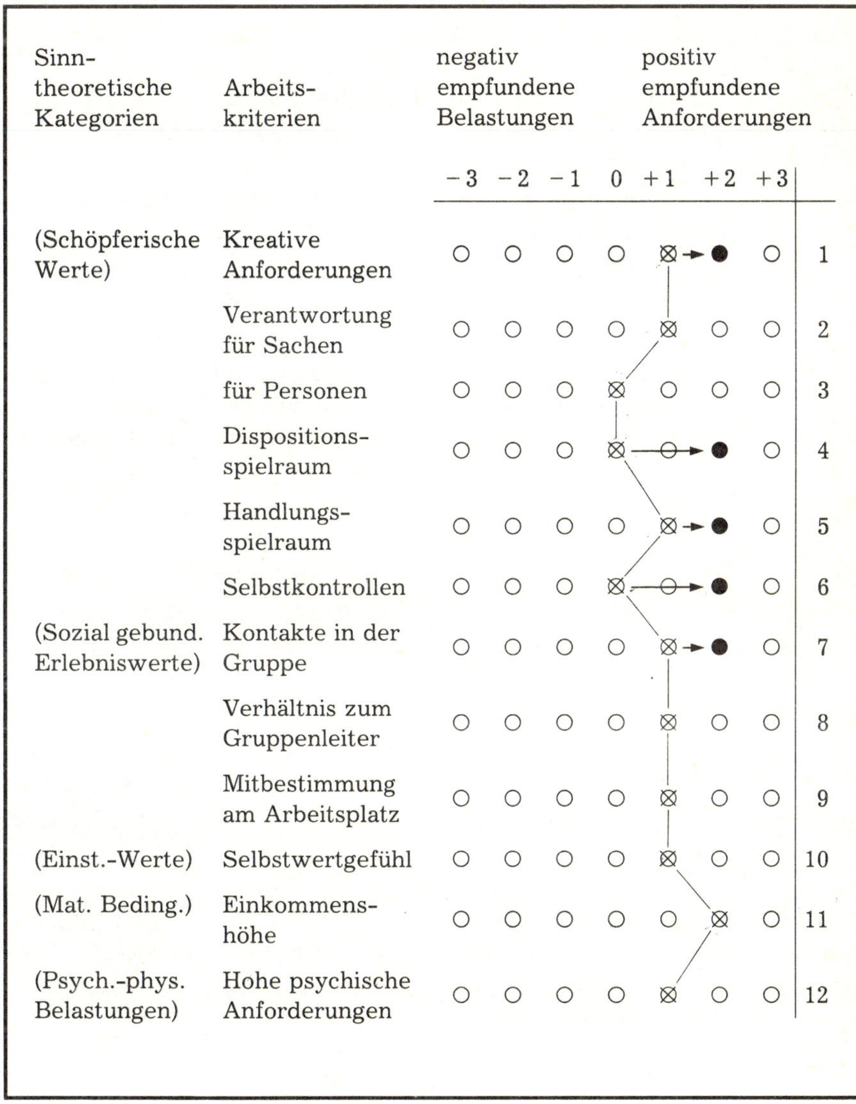

Die Schwerpunktübersicht zeigt:

- Die kreativen Möglichkeiten der Gruppe werden von den Mitgliedern selbst zwar nicht als überragend eingeschätzt, sind aber auch noch *nicht voll ausgeschöpft* worden.

- Die *Verantwortungsbereitschaft ist ebenfalls größer* als derzeit beansprucht.

- Die überwiegende Anzahl der Gruppenangehörigen *erwartet größere* Dispositions- und sonstige *Spielräume.*

- Noch mehr wünschen sich *bessere Kontakte* untereinander, ohne daß es bisher offenbar zu schweren Reibereien gekommen ist (Belastungen).

- Das Verhältnis zum *Gruppenleiter* könnte aus der Sicht einiger erheblich besser sein. Darauf deutet auch das offene Votum der übrigen Mitglieder. Man will dem Mann offenbar nichts Böses, aber er scheint *keine starke Persönlichkeit* zu sein.

- Selbstwertgefühl: Ursachen für das Gefühl, »unter Preis gehandelt zu werden«, gibt es bei dieser Problemübersicht mehrere: So kann beispielsweise die mangelnde Autonomie sowie das bei einigen Mitgliedern niedere Anforderungsniveau (1, 2) Ursache sein.

- Die Ursachen der an sich überraschenden, weil aus den üblichen Arbeitsabläufen nicht erklärbaren physischen Überforderungen kann nur in der Diskussion geklärt werden.

- Position 8 läßt darauf schließen, daß die bisherigen Arbeitsanforderungen und Abläufe als nicht besonders interessant gewertet werden. Alles liegt jedoch durchaus noch im Rahmen des Erträglichen.

Abb. 3: Schwerpunktübersicht zu einer Gruppenauswertung

↓ ↑ ↑ ○ ○ ○	*1. Kreative Anforderungen*
○ ○ ○ ○ ○ ○	Ein Mitglied fühlt sich belastet, zwei würden höhere Anforderungen begrüßen
↓ ↑ ↑ ↑ ○ ○	*2. Verantwortung für Sachen*
○ ○ ○ ○ ○ ○	Ein Mitglied fühlt sich belastet, drei würden größere Anforderungen begrüßen
↑ ↑ ↑ ↑ ↑ ↑	*3. Autonomie*
↑ ○ ○ ○ ○ ○	Die Mehrzahl der Gruppenmitglieder erwartet größere Spielräume
↑ ↑ ↑ ↑ ↑ ↑	*4. Soziale Kontakte in der Gruppe*
↑ ↑ ○ ○ ○ ○	Die Mehrzahl würde verbesserte Kontakte begrüßen, ohne daß die derzeitige Situation bereits als Belastung empfunden wird
↑ ↑ ↑ ↑ ○ ○	*5. Verhältnis zum Gruppenleiter*
○ ○ ○ ○ ○ ○	Vier Mitglieder wünschen Verbesserungen, der Rest ohne Antwort
↓ ↓ ↓ ↑ ○ ○	*6. Selbstwertgefühl*
○ ○ ○ ○ ○ ○	Einige Mitglieder verzeichnen Belastungen, ein anderes könnte Aufwertung vertragen, ohne sich bereits belastet zu fühlen
↓ ↓ ↓ ↓ ○ ○	*7. Physische Belastungen*
○ ○ ○ ○ ○ ○	werden bei vier Mitgliedern verzeichnet
↑ ↑ ↑ ↑ ↑ ↑	*8. Höhere psychische Anforderungen*
↑ ○ ○ ○ ○ ○	sind bei mehr als der Hälfte erwünscht, ohne daß Unterforderung bereits als Belastung in Erscheinung getreten wäre.

↑ = unerfüllte Erwartungen   ↓ = abzubauende Belastungen

In der Einzelberatung im Unternehmen (durch Personalabteilung, Betriebspsychologe, Personalberater oder externe Berater) dient der S.E.E.-Fragebogen als Grundlage eines Gespräches unter vier Augen mit einem Arbeitnehmer, der entweder seine Unzufriedenheit selbst artikuliert hat oder durch häufige Fehlzeiten oder durch Schwierigkeiten mit Kollegen und Vorgesetzten oder auf andere Weise in Erscheinung getreten ist.

Bei Führungsüberlegungen mit dem Ziel, die Arbeitsstrukturen für eine Gruppe/Abteilung zu verändern (wie im Fall unseres Beispiels), aber auch wenn ein Wechsel in der Führung bzw. Leitung einer Gruppe/Abteilung bevorsteht oder wenn das Arbeitsniveau zu wünschen übrig läßt (Motivationsdefizite, unzureichende Arbeitsergebnisse, auffallend häufige Terminschwierigkeiten, zwischenmenschliche Spannungen, häufigere Fehlzeiten einiger oder aller usw.), bieten solche Gruppen- oder Einzelanalysen einen greifbaren Ansatz zu entschlossenem Handeln.

Die »Schwerpunktübersichten« werden dann offen in einer Gruppenaussprache erörtert, ohne daß dabei die Identität der einzelnen Votanten bekannt sein muß (wohl aber bekannt sein kann). Solche Aussprachen schaffen meist die Voraussetzungen für anschließende Aussprachen noch mit einzelnen Gruppenmitgliedern und eröffnen nicht selten selbstkritische Analysen der Leitungsstrukturen wie des Führungsstiles. Die Leitung solcher Gruppenaussprachen wie die Durchführung eines solchen S.E.E.-Tests kann dabei sowohl bei dem betreffenden Gruppenführer/Abteilungsleiter selbst liegen wie bei einer übergeordneten Führungspersönlichkeit. Obwohl nicht unbedingt erforderlich, erweist sich anfangs die Hinzuziehung eines externen mit Führungs- und Motivationsproblemen vertrauten Beraters als nützlich.

Auch bei Gruppenprozessen geht es dabei stets um die Frage, wie das einzelne Gruppenmitglied, der einzelne Mitarbeiter im Betrieb aufgrund seiner individuellen Sinn-Erwartungen die reale Situation an seinem Arbeitsplatz einschätzt. Dies allein und damit eine sinnvolle Koordinierung der Erwartungen des Mitarbeiters mit den Realisationsmöglichkeiten im Betrieb (gegebenenfalls unter Nutzung von Kompensationsmöglichkeiten, die im Rahmen dieses

Beitrages nicht mehr dargestellt werden können) ist dann die *konkrete Führungsaufgabe.* Den »Nerv« der Leistungsbereitschaft eines Menschen kann man nur treffen, wenn man auch den »Nerv« seines Sinn-Bewußtseins trifft, indem er die Möglichkeit bekommt, so viele subjektiv als relevant empfundenen Werte in seiner Arbeit zu verwirklichen wie nur möglich.

Führung heißt damit: Individuell *»gezielte« Motivierung* als Voraussetzung für Leistung.

Eine konkrete Sinn-Einschätzung des Arbeitsplatzes, mit einer Gegenüberstellung des vom Arbeitnehmer Erwarteten, führt in der Praxis meist zur Andersverteilung von Arbeitsaufgaben bezüglich Inhalt und Verantwortung und zu einer veränderten personellen Zusammensetzung der Gruppe. Nicht selten greift dies auch in die Führungs- und Leitungsstrukturen von Unternehmen ein. Aber immer steht nach einem solchen Umstrukturierungsprozeß der einzelne vor einer besser geeigneten Arbeitsaufgabe, fühlt sich ernst genommen mit dem, was er bieten kann und bieten will. Darüber hinaus eröffnet sich meist auch eine Fülle von Möglichkeiten zur Sinn-Kompensation innerhalb und außerhalb des Beschäftigungsunternehmens.

Der ›Fall Neugebauer‹ – Beschreibung einer ›Leistungssteigerung ohne Investitionen‹

Montagegruppe Neugebauer in den roten Zahlen.

Bei der Gruppe Neugebauer handelt es sich um eine von insgesamt etwa einem Dutzend Montagegruppen eines Dienstleistungsunternehmens der Elektrotechnik.

Die Arbeitsaufgabe besteht darin, anhand gegebener Bauzeichnungen auf bestimmten Baustellen, mitunter bis zu 300 km vom Wohnort der Mitarbeiter bzw. dem Wohnsitz des Unternehmens entfernt, Montageaufträge durchzuführen.

Im Laufe der Zeit hat die Produktivität einiger Gruppen die Rentabilitätsgrenze unterschritten.

Die Arbeit wird nicht mehr in den kalkulierten Zeiten abgewikkelt, obwohl die Ansätze denen anderer, erfolgreicher Gruppen entsprechen. Die Verzögerungen beeinträchtigen dabei die Koordinierungen des Werkzeugeinsatzes vor allem teurer Spezialwerkzeuge sowie den Fahrzeugaustausch und rufen damit Störungen im Gesamtunternehmen hervor.

Die Gruppe Neugebauer gilt als Schlußlicht der Montageabteilung. Krankenstand und Fluktuation in den letzten zwei Jahren waren größer als in anderen Gruppen mit vergleichbaren Aufgaben. Arbeitszeitaufwand, Materialverbrauch und Nebenkosten (Fahrzeugkosten, Reisespesen usw.) liegen erheblich über der kalkulierten Norm.

Im folgenden werden die Mitglieder dieser Arbeitsgruppe zunächst näher charakterisiert. Anschließend wird ihr Verhalten näher analysiert und Maßnahmen zur Abhilfe erläutert.

(1) *Der »Obermonteur« (Gruppenleiter) Neugebauer, Friedrich, 38, verheiratet, ein Kind.*

Er ist durchschnittlich gesund und gehört dem Unternehmen seit fünf Jahren an. Zuvor hatte er seit seiner Lehrzeit zweimal die Beschäftigungsfirma gewechselt.

Seit einiger Zeit besucht er einen Meisterkurs, der sich aber unerwartet lange hinzieht, weil die Arbeit an den auswärtigen Orten nicht die genügende Zeit dazu läßt.

Neugebauers technische Kenntnisse werden als gut bezeichnet. Die Beziehungen zu seinen Mitarbeitern sind weder besonders herzlich noch in auffälliger Weise gespannt. In die gruppendynamischen Prozesse mischt er sich offenbar wenig ein. Er ist eher introvertiert.

Seine Abrechnungen und Berichte lassen die Gründe für die mangelnde Produktivität seiner Gruppe und seine eigene Ineffizienz nicht erkennen. So hat er sich auch bisher weder über einen seiner Mitarbeiter beschwert noch liegen Beschwerden über ihn vor.

Nach Auffassung seiner Unternehmensleitung setzt er sich jedoch gegenüber den übergeordneten Bauleitungen und den Architekten an den Baustellen nicht genügend durch, so daß manche Versäumnisse anderer auf das Konto seiner Arbeitsgruppe geschrieben werden.

(2) *Monteur Wiesenhöner, Albert, 56, verheiratet, eine Tochter, zwei Enkel.*

Mehr wegen seiner bedächtigen Art als wegen der Enkel heißt er »Opa Wiesenhöner«. Ein stetiger, zuverlässiger Arbeiter, der auch schon mal knurrt: »Quatscht nicht so viel herum, arbeitet lieber!« Er trinkt seit längerer Zeit Bier in ziemlichen Mengen, auch während der Arbeit, obwohl das verboten ist. Aber weder Bier noch Verbot zeitigen bei ihm irgendwelche Wirkungen. Sein Bierbedürfnis ist oft Gegenstand von Auseinandersetzungen mit Neugebauer, von dem er sich aber nichts sagen läßt. Die Anordnung: »Kein Alkohol während der Arbeitszeit« kann Neugebauer nur den anderen gegenüber durchsetzen.

Eine Zeitlang war W. derjenige, der die besonders qualifizierten Arbeiten durchführte. Aber nach der Einführung weiterentwickelter Techniken sind diese automatisch an die jüngeren Mitarbeiter übergegangen, von denen man annimmt, daß sie aufgrund ihrer erst wenige Jahre zurückliegenden Ausbildung damit besser vertraut sind. Eine Anpassungsausbildung im Unternehmen hat es seit Jahren ›aus Zeitgründen‹ nicht mehr gegeben. W. wird jetzt mit den üblichen Durchschnittsaufgaben betraut.

(3) *Monteur Rabe, Heinz, 44, unverheiratet, durchschnittlicher Arbeiter.*

Hauptmerkmal: Fußballbegeisterung. Er kann stundenlang über den Stand in allen Fußball-Ligen reden und tut dies auch. Fährt ab und zu auf eigene Faust während der Arbeitswoche auch von entferntesten Arbeitsstellen »nach Haus« (so sagt er wenigstens) und ist dann am anderen Morgen auch mehr oder weniger pünktlich wieder zur Stelle. Muß nach Neugebauers Auffassung hinsichtlich seiner Arbeitsausführung kontrolliert werden, da er gern ›fünfe gerade sein läßt‹. Der Obermonteur kontrolliert ihn auch regelmäßig und stellt ihn dabei nicht selten gegenüber den anderen Kollegen bloß, obwohl es sich eigentlich um kaum nennenswerte Lappalien handelt.

(4) *Monteur Schneider, Franz, 30, der »schneidige Franz« genannt, unverheiratet.*

Ein fixer Arbeiter und Frauenheld. Zumindest tut er so, was letzteres betrifft. Auf jeden Fall redet er den ganzen Tag von »Weibern«, und wenn man ihm glauben darf, hat er jeden Abend ein neues Abenteuer. Bei der Arbeit ist ihm nichts knifflig genug, und er ist auch immer rasch fertig und flaxt die anderen an, daß sie nicht nachkommen. Er gilt als der »Elektroniker« in der Gruppe und brüstet sich auch damit. Neugebauer ignoriert ihn weitgehend. Sie reden nur das Nötigste miteinander, und von Kontrolle kann seitens Neugebauers keine Rede sein.

(5) *Monteur Guthelm, Emil, 38, G. ist verheiratet und hat zwei Kinder, Gesundheitsfanatiker.*

Er betreut in der Gruppe neben seiner sonstigen Monteurtätigkeit das zu verarbeitende Material und die Spezialwerkzeuge. Da seiner Meinung nach entweder zuviel Material da ist, das er zählen, registrieren, verpacken, ausgeben, ergänzen und abrechnen muß, oder zu wenig, da Neugebauer – nach Guthelm – nicht rechtzeitig genug anfordert, gibt es häufig laute Vorwürfe zwischen den beiden. Seinen Kollegen gegenüber ist G. pingelig und ödet sie mit selbsterfundenen bürokratischen Kleinigkeiten an. Aus gelegentlichen Äußerungen geht hervor, daß er offenbar unter den oft längeren Abwesenheiten von zu Haus leidet, da seine Kinder Schulschwierigkeiten haben. Doch spricht er nur selten darüber – mit wem auch, es nimmt ja doch keiner daran Anteil.

(6) *Monteur Kaiser, Otto, 33, ist jung verheiratet und »die Seele des Unternehmens«.*

Die Arbeit geht ihm flott von der Hand, aber er ißt und schläft gern besser, als es die Unternehmensleitung vorgesehen hat. Daher kümmert er sich – anfangs unaufgefordert, inzwischen von den anderen geradezu erwartet – um die Unterbringung und Verpflegung der Gruppe. Üblicherweise hat das Unternehmen die Unterbringung mit Vollpension organisiert (zu Mittag geben die Gasthöfe ›Freßpakete‹ und Kaffee in einer Warmhaltekanne mit, abends gibt es dann warm), aber Kaiser findet nicht selten bessere Unterkünfte heraus und organisiert Zwischenmahlzeiten: mal ein Paar Würstchen oder Pommes frites, mal Mettbrötchen. Seine Spezialität ist

»Kaisers Kaffee«: nachmittags Kaffee und Kuchen, die plötzlich irgendein Bäckerjunge heranschleppt. Es heißt daher nicht selten (mit Seitenblick zu Neugebauer):

»Wenn man alles so klappte wie Kaisers Kaffee ...«

Kaiser genießt sein Ansehen in der Gruppe und seine betreuerische Aufgabe, »wenn sonst schon nichts los ist«!

(7) *Monteur und Kraftfahrer Oberschelpp, Heinrich, 48, verheiratet.*

Er hat's am Magen, an der Galle, an der Leber. So genau weiß das keiner, nicht einmal er selbst. Kraftfahrer der Gruppe (Ford-Transit) ist er deshalb, weil er den schicksten Privatwagen fährt (200er Mercedes, weiß) und weil die Geschäftsleitung der Ansicht ist, daß die Kraftfahrerei allein kein Ganztagsjob sei, sondern nebenher gemacht werden könne. Aber das Fahren (zum und vom Arbeitsort und Materiallieferungen zwischendurch) hat im Laufe der Zeit so zugenommen, daß Oberschelpp bei der Montage meist ausfällt, so daß die anderen für ihn mitarbeiten müssen. Er selbst ist manchmal den ganzen Tag unterwegs, angeblich, um unvorhergesehen benötigtes Material zu holen oder Werkzeuge von oder zu anderen Gruppen zu bringen.

So ergibt sich offenbar auch nicht selten ein Grund, um abends »schnell einmal nach Hause zu fahren«, und es findet sich dann auch immer jemand, der ebenso dringlich mitfahren muß. Während Rabe der Prügelknabe Neugebauers ist, läuft Oberschelpp unter der Rubrik »Lieblingsonkel des Maharadschah« (zum »Lieblingskind« wäre er zu alt) – warum weiß eigentlich niemand.

(8) *Schilp, Udo, 17, Azubi, zweites Lehrjahr, Diskotyp.*

Macht sich wenig aus seiner Arbeit, obwohl er doch gar nicht so dämlich ist, wie Neugebauer schon einmal festgestellt hat. Weil es allenthalben »knirscht«, ist Udo zum Elektrofeuerwehrmann avanciert, worunter seine fachliche Ausbildung leidet. So muß er bei jedem Handschlag erst angelernt werden, mal von diesem, mal von jenem. Von einer methodischen Unterweisung kann keine Rede sein.

An sich hatte Kaiser ihn unter seine Fittiche nehmen sollen, aber »bei dem lernt er nur Kuchen essen«, hat Neugebauer gesagt. Opa Wiesenhöner ist Udo zu knurrig, Neugebauer selbst hat keine Zeit, Guthelm, der pingelige Materialverwalter, schon gar nicht, Oberschelpp ist andauernd auf Achse, Rabe ist nach Neugebauers Meinung zu schlampig, der schneidige Franz zu ungeduldig – er hat's immer schon fertig, bevor er's Udo erklärt hat –, und so bleibt Udo ziemlich auf der Strecke. Wegen seiner Berufsschule gilt er ohnehin nur »als Durchreisender«. Weil sich niemand um ihn so recht kümmert, kümmert auch er sich so recht um nichts.

Obwohl nicht zur Montagegruppe Neugebauer gehörig, aber mit dieser doch unausgesetzt zusammenarbeitend, muß hier noch der

(9) *Lagerist Eberhardt, Erwin, 52,*

genannt werden. Er ist Versehrter (Unterschenkelamputiert), war zuvor selbst Monteur und herrscht nun über das ausgedehnte und vielfältig bestückte Materiallager des Unternehmens am Wohnsitz der Firma. Mit ihm hat vor allem Oberschelpp zu tun – und über Oberschelpp Guthelm.

Eberhardt arbeitet nach einem genauen Material- und Zeitplan. Wenn die Ausgabezeit vorbei ist, fällt bei ihm nicht nur die Klappe vor seiner Materialausgabe, sondern entfällt auch das Verständnis für unvorhergesehene Zwischenfälle, Hört man nur ihn, so funktioniert das Unternehmen nur, weil er »eiserne Ordnung« hält, »keine Schraube wegkommt« und »alles auf die Minute« klappt. Oberschelpp hat Mühe, sich immer auf Eberhardts Zeitplan einzustellen, und Guthelm hat es sich längst abgewöhnt, Unvorherzusehendes von Eberhardt zu erwarten. Diese mangelnde Flexibilität wird nicht im entferntesten durch Eberhardts hundertprozentige Zuverlässigkeit gegenüber dem »ordnungsgemäß Angeforderten« ausgeglichen.

Zwischenbilanz

Ohne Blick auf die roten Zahlen wäre die Gruppe Neugebauer nicht auffällig. Was sich bei ihr als Eigenheiten der einzelnen Gruppenmitglieder oder des Montageleiters abzeichnet, unterscheidet sich kaum von den Eindrücken, die eine übliche Geschäftsleitung von ihren Arbeitsgruppen hätte, wobei die bereits genannten persönlichen Eigentümlichkeiten ohnehin weitgehend unbekannt blieben.

Erst finanzielle Verluste

geben Veranlassung, sich mit der Arbeit einzelner Gruppen, und hier nicht zuletzt mit der Gruppe Neugebauer, zu befassen.

Da aus den Arbeitsberichten und Abrechnungen nur die Überschreitungen bestimmter Auflagen, *nicht aber das Warum* abzulesen ist und eine Offenlegung von Ursachen im allgemeinen zur üblichen ›Suche nach dem Schuldigen‹ gerät, stoßen die Revisionsaktivitäten dann auch ins Leere.

Der Einsatz eines nach anderen als nur betriebswirtschaftlichen Gesichtspunkten vorgehenden Beraters scheint geboten.

Dabei kommen folgende Methoden zur Anwendung:

Einzelgespräch des Beraters mit allen Gruppenmitgliedern und z. T. mit deren Angehörigen (Neugebauer, Oberschelpp, Guthelm),

Gruppengespräch mit Tests in der Gruppe (S.E.E., T.A.T., Kommunikationstest)

Gespräch mit Vorgesetzten und zusammenarbeitenden Stellen, Führungsseminar im Unternehmen: »Was heißt Leitung – was heißt Führung«?

Nun zu den Analysen und Hintergründen des Verhaltens in der Montagegruppe Neugebauer nach Einzelcharakterisierungen:

Zu 1) Neugebauer verhält sich seinen Gruppenmitgliedern gegenüber indifferent: den einen ignoriert er, den anderen kontrolliert er und setzt ihn herab, den dritten begünstigt er. Beim Durchsetzen allgemeiner Anordnungen (Alkoholverbot) macht er Ausnahmen, für nicht wahrgenommene Aufgaben (Lehrlingsausbildung) hat er durchsichtige Ausreden, er hat Angst vor Konkurrenten, er hat überhaupt Angst. Dies um so mehr, je deutlicher sein Versagen und das seiner Gruppe ruchbar wird.

Daß er Meister werden soll, hat hauptsächlich seine Frau verlangt, sie will, daß ihr Mann »Karriere macht«. Eines Tages soll er sogar »seine eigene Firma« haben. Er soll, aber er will gar nicht.

Da sich die Meisterausbildung viel länger als (von seiner Frau) erwartet hinzieht, rückt sie ihm immer öfter auf den Pelz und setzt ihn unter Druck. Je stärker dieser Druck – und der Druck seiner Unternehmensleitung – wird, um so mehr igelt sich Neugebauer innerlich ein, die *übliche Folge*, wenn jemand Druck anstatt Hilfe bekommt.

Zu 2) Für Wiesenhöner kam ›das Bier‹ so nach und nach – vor allem, nachdem man ihn sozusagen als den erfahrenen älteren Kollegen entthront und ihm jüngere vorgezogen hatte. Er ist sich dieses allmählichen Übergangs gar nicht bewußt gewesen; erst als er selbst merkte, daß er auf den einen oder anderen gar zu krassen Entzug qualifizierter Aufgaben mit einem besonderen Quantum Bier und »Kurzen« reagierte, ist ihm aufgegangen, was mit ihm los war. Er hat dann versucht, sich durch private Fortbildung (Fachzeitschriften, Bücher) weiterzubringen, aber einmal hat dies niemand bemerkt, und zum anderen ist dieses Lernen auf dem Papier auch nicht seine Sache gewesen. Mit seinem täglichen Bierkonsum spült er die üblichen Enttäuschungen leichter herunter.

Es spricht sehr für ihn, daß er seine Zurücksetzung auf eine höchst sinnvolle Weise kompensiert. Wenn er nur Zeit hat, arbeitet er ›schwarz‹. Dabei kann er zeigen, was er kann und daß er auf niemanden angewiesen ist. Er leistet dann mitunter auch eine Arbeit, die ihm niemand in seiner Arbeitsgruppe zutrauen würde, Neugebauer schon gar nicht, den er für einen Schlappschwanz hält.

Zu 3) Monteur Rabe wäre sicher auch ohne Neugebauers ständige Rügen kein Überflieger geworden, aber jetzt muß man sich fragen, ob seine Lässigkeiten wirklich Ursache oder Folge von Neugebauers Quengeleien sind. »Er braucht mich bloß mit einem Schrauberzieher in der Hand zu sehen, schon meckert er«, sagt Rabe. Unter diesen Bedingungen wird seine Arbeit noch fehlerhafter, als sie es sonst wäre. Er weiß, daß er das schwächste Glied in der Kette ist und »alles ausbaden« muß. Ihm ist es nicht wie einigen anderen gelungen, sich eine eigene Position in der Hackordnung der Gruppe zu erobern (wie Kaiser mit seinem Kaffee, der schneidige Franz mit seinen Abenteuern – »alles Angabe« nach Rabes Meinung – oder Guthelms Material-Kompetenzgeprotze. »Das macht er doch bloß, um sich Neugebauer vom Leibe zu halten ...«). Wenn Rabe dauernd von Fußball redet, ist das nur zur Hälfte Begeisterung. Die andere Hälfte ist der verzweifelte Versuch, auf seine Weise Kompetenz zu erlangen: wenn schon nicht als Elektro-, so doch dann als Fußballspezialist.

Zu 4) Der »schneidige Franz« ist Neugebauers offene und heimliche Konkurrenz, wenn es um die ›erste Geige‹ in der Gruppe geht. Als wirklich guter und immer auf dem neuesten Stand befindlicher ›Elektroniker‹ wird er gebraucht, er hat also um seine Position keine Sorge. Daß Neugebauer mit ihm so wenig spricht wie nur möglich, schätzt er ganz richtig ein: »Was der kann, kann ich schon lange – und lange macht's der hier ja doch nicht«. Sein Gerede von »Weibern« ist nicht nur Imponiergehabe, er trägt auch wegen Neugebauer mit voller Absicht auf. »Der steht nämlich unterm Daumen. Zu Hause muß er springen, wenn sie pfeift.« Schneider ist auf dem besten – oder besser: auf dem schlechtesten – Wege, Sadist zu werden.

Zu 5) Guthelms unproduktiver Umgang mit seiner Sonderaufgabe Materialkompetenz, mit der er mehr Zeit vertrödelt, als die Arbeit in der Gruppe verkraften kann und womit er Neugebauer immer wieder veranlaßt, sich selbstgemachten Problemen zuzuwenden, hat ihre Ursache auch nicht am Arbeitsplatz. So ist er zwar ein offenbar etwas zwanghaft genau arbeitender Mann, der den Aufwand an Genauigkeit mit dem Arbeitsergebnis gleichsetzt, aber zu allem Unglück bekommt seinen Söhnen zu Hause die häufige Abwesenheit ihres Vaters nicht, und »sie schlampen in der Schule« herum. Die Mutter redet sich auf den fehlenden Vater heraus. Der hat nun ein ganz strenges Schulprogramm für seine Söhne entworfen mit genauen Kontrollen am Wochenende, womit die Heimkehr des ›verlorenen Vaters‹ am Freitag für alle Beteiligten zur Qual wird.

Dafür ›bestraft‹ sich Guthelm dann selbst durch die Auferlegung noch genauerer Arbeitsbedingungen, um zu beweisen, daß Ordnung das halbe Leben sei. Daß die andere Hälfte dabei kaputtgehen kann, muß er jetzt lernen, wenn man sein Verhältnis zu Haus und am Arbeitsplatz wieder ins Lot bringen will.

Zu 6) Was bei Schneider schon an eine Art von Sadismus grenzt, die Herausforderung Neugebauers, ist bei Kaiser mehr ein Spiel. Neugebauer tut ihm leid. »Hören Sie einmal genau hin, wie er redet: ›ich muß‹ ist sein zweites Wort. Mal muß er wegen der Geschäftsleitung, mal wegen des Bauleiters, mal wegen des Architekten oder der Kollegen. Immerzu ›muß‹ er ... Das ist sein Untergang.« Nach Kaisers Meinung sollte Neugebauer seinen Mitarbeitern lieber ein bißchen mehr »Zucker« geben. (»So wie Sie ihnen Kaffee und Kuchen verschreiben?« »Vielleicht.«) »Wir könnten aus unserer Gruppe viel mehr herausholen, wenn nicht alle so verkrampft arbeiteten«, sagt er.

Zu 7) Oberschelpp hat mit seiner aufwendigen Kraftfahrerei nicht wenig zum Rentabilitätsverlust seiner Gruppe beigetragen. Aus einer Nebenaufgabe hat er eine Hauptbeschäftigung gemacht. Das Anwachsen seiner Kilometerzahl, die erheblich über der kalkulierten Größe liegt, hat dennoch niemanden veranlaßt, einmal dahinterzuhaken. Sein Fahrtenbuch stimmt, und der Lagerist Eberhardt bestätigt im wesentlichen Oberschelpps Berichte.

Im persönlichen Gespräch kommt aber noch etwas ganz anderes heraus: Oberschelpps Frau geht fremd. Das ist in der Nachbarschaft ein offenes Geheimnis. Aus diesem Grunde fährt Oberschelpp zwar pünktlich, aber keine Minute zu früh, morgens fort und ist – vor allem nach längeren Fahrten – auf die Minute pünktlich wieder zu Hause. Zwischendurch auf seinen Fahrten ruft er seine Frau unter tausend Vorwänden immer wieder an, manchmal am Tag drei-, vier-, fünfmal, immer wenn er gerade an einem günstig gelegenen Telefonhäuschen vorbeikommt. Nur so kann er sie kontrollieren, wie er glaubt. Eine Vielzahl von Fahrten unternimmt er überhaupt nur, um an eine solche Telefongelegenheit heranzukommen. Wer weiß, wieviel hundert Kilometer im Laufe der Zeit auf dieses Konto gehen. Kompromisse, morgens einmal eine Viertelstunde eher oder abends eine halbe Stunde später zu fahren, weil dringende betriebliche Belange dies erfordern, macht er nicht. Wie üblich ist ›Dienst nach Vorschrift‹ die kostspieligste Unsitte, die es gibt. Oberschelpp ist sich nicht darüber im klaren, was seine mangelnde Anpassungsfähigkeit für die reibungslose Arbeit der Gruppe bedeutet.

Zu 8) Über Udo Schilp ist im Zusammenhang ›Analyse‹ nichts zu sagen, wohl aber über den

Zu 9) Lageristen Eberhardt. Mit einem unangemessenen Aufwand an Bürokratismus hat er versucht, sich die durch seinen Unfall – wie er glaubt – eingebüßte Kompetenz als Elektromonteur wiederzugeben. Seiner Meinung nach leistet er jetzt sogar noch wichtigere Arbeit als zuvor als Monteur. »Die Firma weiß gar nicht, was sie an mir hat«, vermutet er, und fast scheint es so, als steigere er deshalb seinen Verwaltungsaufwand. So ist er – bezogen allein auf die Gruppe Neugebauer – häufig eine Ursache für einen kostspieligen bürokratischen Aufwand und mancherlei Verzögerungen, was Belastungen für eine ganze Reihe von Kollegen bedeutet.

Es ist das Verhängnis nicht nur dieses Unternehmens, daß kaum einmal große Pannen passieren, die man verhältnismäßig einfach erkennen und ausbügeln kann, sondern daß es buchstäblich das ›Kleinvieh‹ ist, das ›Mist‹ macht, der sich verhängnisvoll addiert.

Zwischenbilanz

Unproduktivität hat nicht selten viele und nicht selten viele ›kleine‹ Ursachen. Diese liegen häufig in eingefahrenen, seit langem nicht mehr an der Wirklichkeit überprüften und korrigierten Abläufen, ebenso häufig aber auch in den Einstellungen und Verhaltensweisen der Mitarbeiter, die ihre Quellen im privaten Bereich haben. Nur wer wirklich führt – und nicht nur ›leitet‹ –, hat davon eine Ahnung, ja nicht nur das: er weiß davon und kann helfen.

Führen heißt nicht zuletzt *›helfen‹*.

Maßnahmen und Veränderungen

– bezogen auf die einzelnen Gruppenmitglieder (in Auswertung der Tests und als Ergebnis der Besprechungen von Berater und Geschäftsleitung):

1b) Neugebauer wird unter der Überschrift, daß er sich jetzt konsequent um seine Meisterprüfung kümmern soll, von der Gruppenleitung entbunden und bekommt Aufgaben, die es ihm ermöglichen, zeitweise sogar eine Meister-Tagesschule zu besuchen. Mit seiner Frau hat ein Gespräch stattgefunden mit dem Ziel, ihre und seine Lebens- und Berufserwartungen im Sinne einer ehrlichen Partnerschaft zu koordinieren und einmal bestimmte Prioritäten *in Frage* zu stellen. Solche Gespräche sind mehr Ehe- als Unternehmensberatungen, aber sie gehören zu einer Problemlösung einfach dazu. Es sieht so aus, als ob zunächst einmal Ruhe im Hause Neugebauer eingekehrt ist. Die Unternehmensleitung wird später, nach Beendigung der Meisterausbildung, darüber entscheiden, inwieweit Neugebauer erneut Führungsaufgaben übertragen werden können. Sie wird dies mit ihm offen erörtern, denn seine derzeitige Angst vor Verantwortung gegenüber Personen ist wohl nur zu einem (wenn auch wesentlichen) Teil durch seine Frau hervorgerufen worden. Qualifizierte technische Meisteraufgaben gibt es in dem Unternehmen auch ohne Personalverantwortung.

2b) Opa Wiesenhöner bekommt trotz aller Raunzigkeit die Betreuung des Azubis Schilp übertragen. Es wird ihm dies als Ausdruck eines besonderen Vertrauens trotz seines Verhaltens am Arbeitsplatz (Bier) und wegen seiner umfassenden Kenntnisse der Elektrotechnik ausdrücklich bestätigt. Die Erfahrungen gleich der ersten Wochen haben gezeigt, daß dieses Vertrauen gerechtfertigt zu sein scheint. Udos Kenntnisse nehmen zu – Wiesenhöners Bierkonsum nimmt ab.

3b) Rabe arbeitet unter einem neuen Gruppenleiter weniger auffällig. Die neue Situation in der alten Gruppe ist eine Chance für ihn, sich ein neues Image zu schaffen, das unabhängig ist von der Fußball-Räsoniererei. Er hat sich vorgenommen, überhaupt weniger zu reden und dann mehr von der Arbeit oder allgemeinen Dingen als vom Fußball. »Kauft euch den ›Kicker‹!« hat er neulich mal geantwortet, als man ihn wieder mit seiner früheren Allwissenheit frozzeln wollte.

4b) Der »schneidige Franz« hat Aufgaben bekommen, die ihn erheblich stärker beanspruchen als unter der Ägide Neugebauer. Er ist in einer Sondergruppe stellvertretender Gruppenleiter und bereitet sich jetzt auf seine Meisterprüfung vor. Dadurch wird sein Ehrgeiz in sachlichere Bahnen gelenkt. Daß er Neugebauer nicht gerade kollegial unterstützt hat, obwohl es ihm leichtgefallen wäre, wurde ihm klargemacht. Von einem zukünftigen Gruppenleiter, der ja auch zugleich Menschenführer ist, erwartet man nicht zuletzt Kollegialität, hieß es.

5b) Mit dem Ehepaar Guthelm hat eine intensive Besprechung der Erziehungsprobleme mit den Söhnen stattgefunden. Dabei wurde das häusliche Programm ein wenig jugendnäher gestaltet. Eltern – und insbesondere Väter – können das, was die Schule den Kindern noch zum ›Leben‹ übrigläßt, zur Qual machen. »Spielen Sie mehr mit ihren Jungen, wenn Sie zu Hause sind«, lautete der Rat. »Und wenn sie, die Jungen, Kummer haben, helfen Sie ihnen, das Regeln und Vorschreiben besorgt die Schule schon ganz allein ...«

Daß bei diesem Gespräch auch manche Bemerkung zum beruflichen Verhalten Guthelms abgefallen ist, versteht sich von selbst. Es scheint jedenfalls so, als habe er begriffen, daß man zu Hause nicht die Probleme des Arbeitsplatzes und dort nicht die Probleme der Familie lösen kann. Jedes an seinem Platz und zu seiner Zeit.

6b) Auch Kaiser wird in einer anderen Gruppe vor Aufgaben gestellt, die nicht nur seine betreuerischen Instinkte, sondern seine ganzen technischen Fähigkeiten herausfordern. Er ist zunächst für die Leitung einer begrenzten Spezialaufgabe, später, nach entsprechender Schulung, für die Leitung einer Gruppe vorgesehen.

7b) Das Problem Oberschelpp ist vor allem ein eheberaterisches. Gelegenheit macht nicht nur Diebe, sondern auch ›Liebe‹.

Oberschelpp wird zunächst einmal so eingesetzt, daß er nur noch ganz selten von seinem Wohnort entfernt arbeiten muß. Ein Teil des Problems erledigt sich auf diese Art. Der andere kann nur durch guten Willen gelöst werden, den aber müssen beide Ehepartner aufbringen. Der weiße Mercedes hatte sich als sehr verräterisches Kennzeichen erwiesen, einmal als Symbol ›ich bin doch wer‹ und zum anderen als Signal ›jetzt kommt er!‹. Er wird abgeschafft – so und so. Das Ganze ist ein Versuch. Zumindest geht nun dem Unternehmen keine Arbeitszeit mehr verloren. Oberschelpp kann zu Fuß seine Arbeitsstelle erreichen.

8b) Udo Schilp hat in jeder Beziehung seinen Meister gefunden, und sein Erstaunen ist grenzenlos, als der ihm auch noch gelegentlich bei seinen Hausaufgaben für die Berufsschule hilft. »Ich habe ihm daraufhin angeboten, ihm Rock'n Roll beizubringen«, lacht Udo, »aber er hat abgewinkt.« »Trinkt er noch soviel Bier?« »Gelegentlich – aber wirklich nur noch gelegentlich eine Flasche ... gewissermaßen als Erinnerung.«

9b) Der Lagerist Eberhardt hat in einem Betriebsseminar erfahren, was Produktivität ist. Ordnung ist nicht nur das halbe Leben, sondern mitunter auch nur die *halbe Produktivität.* Nicht selten sind ›unordentliche‹ Improvisation, haarsträubende Regelwidrigkeit und die Berücksichtigung persönlicher Eigenarten, wenn sie für eine zügige und produktive Arbeitsabwicklung erforderlich sind, wichtiger, als noch so sorgfältig ausgearbeitete Reglements. Das Gegenteil von ›gut‹ ist nicht ›schlecht‹, sondern ›gut gemeint‹ – auch Eberhardt mußte das erfahren.

An dem Betriebsseminar über Produktivität und *»Leistungssteigerungen ohne Investitionen«* haben auch andere Mitglieder seiner Arbeitsgruppe wie überhaupt eine große Zahl von Angehörigen des Unternehmens teilgenommen, sofern sie bestimmte zentrale Aufgaben wahrnehmen.

Für die Führungskräfte des Unternehmens war dieser Gesichtspunkt Teil eines allgemeinen Führungsseminars unter der Überschrift *»Wer Leistung in der Arbeit fordert, muß Sinn in der Arbeit bieten – Motivation durch sinn-orientierte Aufgabenübernahme in einer Arbeitsgruppe«*.

Schlußbilanz

Die Unternehmensleitung hat die Erfahrung gemacht, daß es sinnvoll ist, einen Unterschied zwischen ›Führung‹ und ›Leitung‹ zu machen und sich zu fragen, ob die mit Führungsaufgaben befaßten ›Leiter‹ auch die notwendigen Führungsqualitäten haben. Führung ist keine Gabe Gottes und kommt auch nicht mit dem Leiten, sondern Führung muß gelernt sein, wie Elektrotechnik und anderes auch.

Der Einsatz des richtigen Mannes am richtigen Platz setzt die Kenntnis seiner subjektiven Arbeitsbedingungen voraus. Motivation hat *nicht nur eine* Wurzel, und nicht alle Wurzeln gründen sich auf den betrieblichen Alltag. *Auch das Privatleben gehört mit zur Arbeitsrealität.* Um dies zu berücksichtigen, bedarf es der Führung in kleinen überschaubaren Gruppen, in denen man voneinander weiß. Das bedeutet Führerschulung auch und gerade im sogenannten *unteren Unternehmensbereich.* Dort können dann zwar nicht alle Probleme aus eigener Kraft gelöst, aber doch wenigstens einer angemessenen Lösung ›höheren Orts‹ zugeführt werden.

Nicht nur große Pannen können in die roten Zahlen führen,

sondern auch eine Vielzahl oft unbemerkt bleibender Folgen des ganz persönlichen Versagens, von denen es immer heißt, daß sie ›Privatsache‹ seien.

Die entscheidenden Maßnahmen zur Verbesserung der Produktivität der Gruppe und damit der Leistungsstruktur jedes einzelnen Mitarbeiters waren eine *Neubestimmung der Aufgaben,* erweiterte Herausforderungen durch *individuelle* Sinn-Inhalte (nicht allgemeiner Unternehmensziele!) sowie Abbau unangemessener Über- wie Unterforderungen. *Kriterium war die individuelle Sinn-Erwartung,* wie sie sich aus Tests und Führungsgesprächen ergab.

Zu den angewandten Methoden:

Schwerpunkt der Gruppenarbeit war die Untersuchung der »Überforderung – Unterforderung und Herausforderung« der einzelnen Mitglieder der Montagegruppen auf der Grundlage der Sinn-Erwartung bzw. Sinn-Einschätzung des S.E.E.-Tests. Wie schon zuvor gesagt, wird dabei anhand eines Fragebogens und in Diskussionen in den Gruppen eruiert, inwieweit sich die einzelnen Gruppenmitglieder durch ihre konkrete Arbeitsaufgabe überfordert, unterfordert oder auch zu bestimmten Leistungen herausgefordert fühlen.

Der Fragebogen wurde von den Beteiligten selbst zusammengestellt. Grundlage war ein allgemeiner Fragenkatalog zur Situation am Arbeitsplatz (55). Darin wurde – in Anwendung der zuvor beschriebenen Praktiken, »Sinn« in konkrete Handlungen und Erlebnismuster umzusetzen – die Arbeitsaufgabe und das Erlebnis von Zusammenarbeit unter zwei Gesichtspunkten bewertet: einmal unter dem Aspekt des Erwarteten und zum anderen unter dem Gesichtspunkt des tatsächlich am Arbeitsplatz Angetroffenen und täglich Erfahrenen. In dem Maße, in dem sich die Realität von dem Erwarteten zu dem Möglichen und Angestrebten negativ unterscheidet, zeichnet sich auch das Maß der Frustration, der Enttäuschung und Demotivierung, ab. Andererseits lassen sich aus dem Ausmaß an unerfüllten Erwartungen und Leistungsangeboten (siehe unten) die noch ungenutzten Leistungsreserven herauslesen, die durch sinnvolle Mitarbeiterführung mobilisiert werden können.

Im folgenden finden Sie einige Fragen zu einem solchen Erhebungsbogen,
wie sie etwa der Situation der Gruppe Neugebauer entsprechen.
Die Beantwortung erfolgt zu jeder einzelnen Frage auf einer Skala

von	+ 3	+ 2	+ 1	0	– 1	– 2	– 3
durch Ankreuzen:	○	○	○	○	○	○	○

Dabei stellen die Werte links von der 0 jeweils den negativen und die Werte rechts der 0 den positiven Aspekt dar.

Der IST-Zustand wird durch Ankreuzen (×), der erwünschte SOLL-Zustand durch Ausfüllen (●) des kleinen Kreises vermerkt. Auf diese Weise kann auch ein Zusammenfallen von IST- und SOLL-Zustand angezeigt werden (⊗).

○ In welchem Ausmaß fühlen Sie sich bei Ihrer Arbeit *überfordert?*
(bei diesen Fragen nur Belastung durch IST-Zustand vermerken = 3: sehr stark, 2: stark, 1: mäßig, 0: keine Belastung)

1. durch körperliche Anstrengungen?
2. durch Aufmerksamkeitsleistungen?
3. durch Langweiligkeit der Arbeitsinhalte?
4. durch Hetze beim Arbeitsablauf?
5. durch Unsicherheit infolge Informationslücken?
6. durch Fremdkontrollen?
7. durch die örtlichen Arbeitsbedingungen (Abwesenheit von zu Hause u. a.)?

○ In welchem Ausmaß fühlen Sie sich *überfordert oder unterfordert?*

(ankreuzen unter 3: sehr stark, 2: stark, 1: mäßig, 0: keine besondere Belastung / keine besondere Unterforderung, 1: mäßig, 2: stark, 3: sehr stark unterfordert)

8. durch Planung bei Ihrer Arbeit?

9. durch Durchführung nach eigenen Vorstellungen?

10. durch Selbstkontrollen (Ergebnisverantwortung)?

11. durch kreativen Erfolgszwang (Arbeitsumfang in einer bestimmten Zeit, Termindruck)?

13. durch Verantwortung für Geräte und Material?

14. durch Verantwortung für Personen?

○ In welchem Ausmaß (bzw. für Nr. 23 und 24 ›Wie groß‹)

(ankreuzen unter 3: gar nicht/sehr gering, 2: kaum/gering, 1: etwas, 0: unbedeutend – 1: etwas, 2: mittelmäßig, 3: sehr stark)

15. können Sie bei Ihrer Arbeit Ihre Kenntnisse und Fähigkeiten einsetzen?

16. bestehen für Sie Aufstiegsmöglichkeiten?

17. bietet Ihre Arbeit Ihnen die Möglichkeit, weitere Kenntnisse und Fähigkeiten zu erwerben?

18. entspricht die Zusammensetzung Ihrer Arbeitsgruppe Ihren Vorstellungen?

19. haben Sie die Möglichkeit, in Ihrer Arbeitsgruppe Kollegialität und Solidarität zu erfahren?

20. werden Sie durch die Führung Ihrer Arbeitsgruppe gefördert?

21. ... oder belastet?

22. haben Sie in Ihrem Unternehmen Verbindung und jederzeitigen Zugang auch zu höheren Vorgesetzten?

23. ist Ihr persönliches Ansehen in Ihrer Arbeitsgruppe?

24. ist Ihr persönliches berufliches Ansehen in Ihrem Bekannten- und Freundeskreis?

Geht man davon aus, daß *jedesmal sowohl der IST- wie der SOLL-Zustand* vermerkt werden, dann läßt sich zu jeder einzelnen Frage ablesen, wo Belastungen abzubauen und größere Herausforderungen zu stellen sind:

BEISPIEL (IST = ⊗/SOLL = ●)

10. (Selbstkontrollen)	3 2 1 0 1 2 3 ○ ○ ○ ⊗ ○ ● ○
Schlußfolgerung:	Keinerlei Belastung/Herausforderung durch Selbstkontrollen.
11. (Kreativer Erfolgszwang)	3 2 1 0 1 2 3 ○ ○ ○ ⊗ ○ ● ○
Schlußfolgerung:	Keinerlei Herausforderung durch eigene Problemlösungen, diese werden jedoch in nicht unerheblichem Maße erwartet und damit angeboten.
17. (Erwerb neuer Kenntnisse und Fertigkeiten)	3 2 1 0 1 2 3 ○ ○ ○ ○ ⊗● ○ ○
Schlußfolgerung:	Diese werden in einem mäßigen Maße geboten, es wird aber auch nicht mehr erwartet.
19. (Solidarität in der Gruppe)	3 2 1 0 1 2 3 ⊗ ○ ○ ○ ● ○ ○
Schlußfolgerung:	Der IST-Zustand wird als sehr schlecht angesehen, aber die Erwartungen scheinen mit »mäßig« als ausreichend betrachtet zu werden.

Ein weiterer Test (T.A.T.) bezieht sich auf die Neigung der Testpersonen, bei einem Vorhaben vorwiegend »auf Nummer Sicher« zu gehen oder durchaus ein gewisses Risiko einzukalkulieren, mit anderen Worten: Vorwiegend auf ein Gelingen aus zu sein (gelingens-orientiert), oder auf jeden Fall ein Mißlingen zu vermeiden (vermeidens-orientiert). Für die Zusammensetzung einer weitgehend selbständig arbeitenden Gruppe (Teilautonomie) bzw. die Führung einer solchen Arbeitseinheit ist es nicht unwichtig, welche Tendenz überwiegt, bzw. ob ein gesunder Ausgleich vorliegt.

Ein dritter Test etwa im Sinne einer Transaktionsanalyse macht deutlich, wie der einzelne bei seinen Kollegen ankommt, welche Folgerungen das, *was* er sagt, bei den anderen zeitigt, und vor allem, *wie* er es sagt, wie er sich selbst sieht (reales Selbst), wie er glaubt, daß ihn die anderen sehen und wie er selbst gern eingeschätzt werden möchte (ideales Selbst).

Arbeitsproduktivität hat vielerlei Wurzeln. Jeweils nur zu einem Teil beruht sie auf den ergonomischen, finanziellen und organisatorischen Bedingungen. In einem oft nicht ausgeloteten Maße richtet sie sich nach den ganz persönlichen zwischenmenschlichen Voraussetzungen in der Zusammenarbeit, nach dem individuellen Arbeits- und Leistungskonzept und vor allem nach dem *Verständnis von Sinn,* den die Arbeit für den einzelnen hat: ob als Verwirklichung kreativ/produktiver Werte, ob als Erlebnis von Solidarität (soziale Erlebniswerte) oder als Erfüllung ideeller Werte, z. B. im politischen, ideologischen, religiösen oder künstlerischen Bereich.

Eine *Produktivitätsanalyse* muß deshalb stets *multidimensional* aufgebaut sein und eine Vielzahl von Faktoren erfassen.

Eine Kurzcharakterisierung einiger der zuvor geschilderten Montagegruppen-Mitglieder sähe dann etwa so aus:

Neugebauer

Mißlingensmeidender Typ, Überforderung durch Verantwortung für Personen seiner Gruppe, große Erwartungen an Kollegialität, sehr geringe Einschätzung des betreffenden IST-Zustandes; kein Bedarf am Erwerb neuer Kenntnisse und Fertigkeiten, Belastung durch Karrieredruck seiner Frau (gesprächsweise eruiert); geringes persönliches Ansehen in der Gruppe (IST), dagegen hohe Erwartung; Überforderung durch Fremdkontrollen und durch das an ihn gestellte Ausmaß an Selbstkontrollen für seine Gruppe u. a. m.

Oberschelpp

Mißlingensmeidender Typ, Überforderung/Belastung durch örtliche Gegebenheiten der Arbeit (außerhalb des Wohnortes, Ursache im Gespräch eruiert); als »mäßig« erlebtes Anforderungsniveau der Arbeit bei gleichfalls »mäßigen« Erwartungen; mäßige Kontakte in der Gruppe, Belastung durch Gruppenführung (Förderung negativ); hoch eingestufte Selbsteinschätzung bei gleichzeitig hoch eingestufter Fremdeinschätzung. (Widerspruch zu anderen Einschätzungen wurde im Gespräch geklärt als bewußte ›trotzige‹ Verkennung der Realität. Die Frustrierung seiner Kollegen scheint Oberschelpp durch die Einbildung einer scheinbaren Wertschätzung seiner Person verdrängt zu haben.

Schneider

Gelingensorientiert; Unterforderung durch sämtliche Aspekte seiner Arbeit, dabei erkennbare Bereitschaft zu stärkerer Belastung. An Weiterkommen und Dazulernen interessiert. Selbsteinschätzung, Fremdeinschätzung und Einschätzung des idealen Selbst fallen (erwartungsgemäß) zusammen (um so deprimierender waren die Erkenntnisse Schneiders angesichts der tatsächlichen Fremdeinschätzung seiner Person). Die Renommiererei mit den »Weibern« hatte vor allem den Zweck, das große Anerkennungsbedürfnis Schneiders zu erfüllen, das durch Quantität und Qualität seiner Arbeit und deren durchaus zufriedenstellender Durchführung nicht ausreichend befriedigt wurde.

SCHLUSSZUSAMMENFASSUNG

Sinn-Bilanzen am Arbeitsplatz zeigen, daß es noch außerordentlich viele Möglichkeiten zu einer individuellen Sinn-Erfüllung als Verwirklichung individuell eingeschätzter Werte für jeden Mitarbeiter gibt. Hier liegen zur Zeit mit die wichtigsten Führungsaufgaben, die zudem einer ständigen Weiterentwicklung und Anpassung an immer neue technische, organisatorische und personelle Gegebenheiten bedürfen.

Durch kaum eine andere Maßnahme kann man so viel Lebensqualität bewahren – und Kosten sparen – wie durch ein Sinn-Angebot in der Arbeit, das als *Leistungsangebot* auf das Unternehmen zurückwirkt.

Fünftes Kapitel:
Menschenführung live

Kein vernünftiger Handlungsansatz kommt ohne vorherige konzeptionelle Überlegungen, ohne Theorie, aus. Aber jede Theorie muß sich an der Praxis messen lassen, will sie als Grundlage konkreten Handelns gelten. Die theoretische Basis der Logotherapie fußt auf einem lebenslangen Umgang Frankls mit dem Heilung und Sinn suchenden Menschen. Die Adaption logotherapeutischen Gedankengutes an die arbeitsmotivationale Praxis setzt nicht minder theoretische Überlegungen wie unmittelbare Erfahrungen voraus. Letzteres kann sich jedoch erst auf ein Jahrzehnt Logotherapie in der Arbeitswelt – und damit die Entwicklung einer Sinn-Theorie der Arbeit stützen. Die bisherigen Ergebnisse sind jedoch durchaus ermutigend. So versteht sich dieses Buch nicht zuletzt auch als Aufforderung an andere, sich diesem Bemühen anzuschließen und bei der Bewertung industrieller Arbeit der Sinn-Suche und Sinn-Erfüllung zur Anerkennung als ›primäre Motivation‹ zu verhelfen, wie Maslow dies Frankl gegenüber bereits im Hinblick auf die allgemeine Motivationsproblematik tat.

Die nachfolgenden Interviews wurden geführt, als der Text zu diesem Buch bereits vorlag. Mit diesen Gesprächen sollte sowohl die unbeeinflußte Meinung herausragender Menschenführer in Wirtschaft und Bundeswehr eruiert als auch zugleich ein bißchen Validierung des sinn-theoretischen Konzeptes betrieben werden. Es scheint so, als ob letzteres in den Äußerungen der Befragten durchaus bereits erkennbar ist.

Reinhard Mohn
(Bertelsmann AG)

Das Haus Bertelsmann, wie sich die heutige Bertelsmann AG gern nennt, nimmt in bezug auf unser Thema eine Sonderstellung ein. Nirgendwo in der deutschen Unternehmenslandschaft wurde und wird so kontinuierlich an der Gestaltung des Selbstverständnisses eines Wirtschaftsunternehmens, insbesondere des Großbetriebes, gearbeitet wie hier. Aufgabe eines Unternehmens in der Gesellschaft, Verantwortung des Unternehmers nach innen und außen, Aufgabe und Sinn von Führung und Leitung, Aufgabe und Rolle des Mitarbeiters – alles dies sind Inhalte, die seit Jahrzehnten überdacht, formuliert, korrigiert und weiterentwickelt werden.

Treibende Kraft ist seit beinahe 40 Jahren der Mehrheitsaktionär und Unternehmer Reinhard Mohn selbst.

Sucht man ein Unternehmen, in dem die logotherapeutisch/sinntheoretischen Ansätze am deutlichsten verwirklicht worden sind – und der Autor kann dies nur referieren, ohne daran beteiligt gewesen zu sein –, dann kann Bertelsmann, von einigen terminologischen und definitorischen Abweichungen abgesehen, als Praxisbeispiel gelten.

Reinhard Mohn hat in den letzten Jahren auch nicht versäumt, seine Vorstellung von betrieblicher Ordnungspolitik als Beitrag zur allgemeinen Gesellschaftspolitik in der Öffentlichkeit immer wieder darzustellen und die großen Wirtschaftsunternehmen als Vorreiter der gesellschaftspolitischen Entwicklung zu verpflichten. Am deutlichsten werden die Prinzipien seiner Führung – zunächst anhand einiger Zitate aus Redemanuskripten, Artikeln und Interviewtexten (56), die alle um diese Inhalte kreisen:

UNTERNEHMEN UND GESELLSCHAFT

»Das Unternehmen soll liberal und fortschrittlich sein. Es strebt an, in eigener Verantwortung moderne, gesellschaftliche Lösungen zu entwickeln, die dem Menschen dienen.«

»Grenzen für unsere publizistische Tätigkeit sehen wir dort, wo Werte der demokratischen Ordnung verletzt werden.« (1)

»Nach unserer Auffassung ist (u. a.) erforderlich: Eine sozialverpflichtete Gesellschaftsordnung, in der die Eigentümer großer Produktivvermögen ihre treuhänderische Verpflichtung gegenüber der Allgemeinheit anerkennen ...« (2)

»Die Wirtschaft muß politische Aufgaben und Verantwortung übernehmen. Das bedeutet ein Umdenken, dessen Beginn eine politische Bestandsaufnahme im Unternehmen ist. Man muß überlegen, welchen Platz und welche Funktion das Unternehmen in der Gesellschaft hat und was ›Kapital‹, ›Management‹, ›Mitarbeiter‹ und ›Gesellschaft‹ in Relation zueinander bedeuten. Man muß die bisherigen Zielsetzungen des Unternehmens und den gesetzlich festgeschriebenen konventionellen Eigentumsbegriff vom Standpunkt der Gerechtigkeit her in Frage stellen ...« (3)

»Eigentum im Sinne persönlicher Nutzung scheidet in der bei uns gegebenen Größenordnung aus. Eigentum betrifft vielmehr die mit dem Eigentum verbundene Verantwortung gegenüber dem Unternehmen, dem Mitarbeiter und der Gesellschaft. Man kann heute nicht ein großes Unternehmen als privaten Besitz betrachten.« (4)

»Was ist das Unternehmen, was soll es, wem dient es ...? Wir für unser Haus haben die Gewinnmaximierung nicht an die erste Stelle gesetzt.

Unserer Auffassung nach hat vielmehr das Großunternehmen zuallererst einen Leistungsbeitrag für die Gesellschaft zu erbringen ... Unser zweites Ziel ist es, die Selbstverwirklichung aller im Unternehmen tätigen Menschen herbeizuführen ... Als drittes möchte ich als Zieldefinition herausstellen, den Gewinn als Maßstab zu verstehen und als Kapitalverzinsung ...« (5)

»Gewinn ist also nicht mehr Ziel an sich, sondern Maßstab und Mittel. Das Ziel ist der Beitrag des Unternehmens für die Gesellschaft, den Mitarbeiter und das Kapital.« (6)

FÜHRUNG

»Alle Großunternehmen kommen zu der Erkenntnis, daß Führung heute ein politischer Auftrag ist und daß die Lösung von im Unternehmen anfallenden gesellschaftspolitischen Fragen uns nicht abgenommen wird durch Anordnungen der Regierung oder das Verhalten der Gewerkschaften oder der Betriebsräte, sondern daß wir unseren eigenen Kopf zu gebrauchen haben, um diese Dinge zeitgerecht zu ordnen.« (7)

»Die Führung ist nicht mehr der uns von früher her bekannte Unternehmer, sondern eine breite Pyramide von Führungskräften.«

»Der Faktor Disposition leitet seine Legitimation bei genauerem Betrachten nicht allein aus dem Vertrauen der Anteilseigner ab, sondern in erster Linie aus der persönlichen und fachlichen Qualifikation der Führungskräfte und darüber hinaus in zunehmendem Maße aus dem Vertrauen der ›Geführten‹. Wo ist es denn in größeren Unternehmen heute noch möglich, autoritär auf dem Wege der Anordnung zu führen, statt Ziele gemeinsam zu erarbeiten und zu überzeugen?« (8)

»Mit der Vorstellung einer Trennung der Arbeitswelt von den übrigen Bereichen muß aufgeräumt werden. Dieses Muster, wonach die Arbeitswelt der negativ-belastete Erlebnisbereich ist, dem das ›Private‹ gegenübersteht, muß überwunden werden. Voraussetzung ist natürlich, daß in der Arbeitswelt Verhältnisse geschaffen werden, die es dem einzelnen ermöglichen, seine Arbeit als sinnvollen Lebensteil zu integrieren, anstatt Glück allein im Privaten zu suchen und letztlich im Privaten die Last der Arbeitswelt kompensieren zu müssen ... Dazu gehört auch die Auffassung, daß Leistung nichts Inhumanes ist, ganz im Gegenteil: Alle Mitarbeiter eines Unternehmens – besonders jene mit Führungsverantwortung, und das sollen sehr, sehr viele sein – sind nicht nur an der Entfaltung ihrer Fähigkeiten, sondern auch an der Anerkennung ihrer Leistung interessiert.« (9)

»Die größte Leistungsreserve liegt in der Realisierung der Selbstverwirklichung des Menschen in seiner Arbeit ... Zugleich wäre dies der Schlüssel für die Humanisierung der Arbeit und die Grundlage für eine sehr weitgehende gesellschaftspolitische Befriedigung.« (10)

»Die Selbstverwirklichung des Menschen darf jedoch nicht zum krassen Individualismus und zur Verweigerung führen. Selbstverwirklichung bedeutet auch die Übernahme von Verpflichtungen gegenüber der Gemeinschaft, und dies nicht zwangsweise, sondern aus Überzeugung und echtem Pflichtgefühl.« (11)

»In unserem Unternehmen haben wir eine Vielzahl von Motivationsvoraussetzungen geschaffen. So wurde die Delegation von Verantwortung und Kompetenz so weit wie möglich nach unten verlegt. ... Dies führt zu einer erheblichen Verbesserung jeder individuellen unternehmerischen Initiative bis in die kleinste Organisation hinein. Es wäre falsch, anzunehmen, daß wirklich ›oben‹ an der Spitze eines Unternehmens noch das eigentlich Kreative in bezug auf Produktion oder Fertigung oder Markt angesiedelt sein könnte. Die Aufgaben an der Spitze ... heißen lenken und koordinieren ...

Wir haben die Erfahrung gemacht, daß die genannte Planung von unten ... sich außerordentlich positiv auf die Motivation der Mitarbeiter ausgewirkt hat ...« (12)

»In dieser Firma wird nicht von oben her angeordnet und geplant, sondern die Initiativen in den Redaktionen, in Lektoraten, in der Technik und Verwaltung kommen von unten. Das könnte noch wachsen.« (13)

Aus den »Leitsätzen für die Führung«: Die Organisation der Führung hat Vorrang vor der gesellschaftsrechtlichen Gliederung des Unternehmens ... Die Leitung (hier als Führung und Leitung zu verstehen, W. B.) jeder Firma erfolgt durch einen Alleinverantwortlichen.

Der Vorgesetzte fällt Entscheidungen nach Rücksprache mit seinen Mitarbeitern ... Führungskräfte sollen die verantwortlichen Mitarbeiter ... selbständig handeln und entscheiden lassen ..., die persönliche Motivation (eines jeden) beachten und (ihn) zu verstehen suchen ..., die Arbeitsziele mit den Mitarbeitern besprechen, ihnen die Zusammenhänge mit übergeordneten Zielen sichtbar machen und Entscheidungen begründen ...

Führungskräfte müssen sich der besonderen Verantwortung aus ihrem Führungsauftrag bewußt sein und sich durch vorbildliches Verhalten und fachliche Leistung ständig neu qualifizieren.

MITBESTIMMUNG

»Delegation von Verantwortung, mehr Mitbestimmung und mehr Mitverantwortung sind das Gebot der Stunde. Dabei verstehe ich ›Mitbestimmung‹ weniger im Sinne des Mitbestimmungsgesetzes, ich meine vielmehr Mitbestimmung auf allen Ebenen des Unternehmens von möglichst vielen Mitarbeitern, nicht nur im fachlichen Bereich, sondern auch mit Blick auf die Gestaltung der menschlichen und sozialen Verhältnisse in der Arbeitswelt ...« (14)

»Deshalb scheint mit die wichtigste Form der Mitbestimmung diejenige am Arbeitsplatz zu sein: Der Mitarbeiter erhält die Möglichkeit zum Mitdenken, Kritisieren, Anregen, und er erhält vor allem mehr Informationen. Ich möchte sagen, daß ich diese Mitbestimmung in der Gruppe, am Arbeitsplatz für gesellschaftspolitisch bedeutsam und für das Unternehmen vorteilhaft halte.« (15)

ZUKUNFT

»Wir haben die Absicht, die Bertelsmann AG in eine Stiftung einzubringen, weil wir der Auffassung sind, daß die traditionelle und in Deutschland noch sehr übliche Form der Familiengesellschaft mit einer entsprechenden Betonung der Familientradition kein weiterführendes, tragfähiges Führungsfundament mehr darstellt.« (16)

B.: Wenn Sie nach jetzt beinahe 40 Berufsjahren einmal die Quintessenz Ihrer Führungserfahrungen formulieren wollten, z. B. gegenüber Ihrem Sohn, der ja jetzt ebenfalls in Ihrem Unternehmen tätig ist, was würden Sie ihm da sagen?

M.: Führungserfahrung – etwa nach Ihrer Unterscheidung von ›Führung‹ und ›Leitung‹ – läßt sich für mich nicht einfach auf eine Formel bringen. Was sich hier in Jahrzehnten entwickelt hat, weist viele Facetten auf. Am wichtigsten ist vielleicht, daß die Arbeit von möglichst vielen wieder als ein positiver Teil ihres Lebens erlebt werden kann. Wir müssen darauf achten, daß bei den heutigen Organisationsstrukturen, den vielfältigen Formen von Verwaltung und Spezialisierungen, der Sinn-Bezug der Arbeit nicht verlorengeht.

Es muß möglich sein, auch in Großunternehmen wieder unter Bedingungen zu arbeiten, die den unternehmerischen Aufgaben wirklich entsprechen, und gerade das haben wir hier zu verwirklichen versucht. In einer Vielzahl von Kostenstellen, Profitcentern und Firmen entscheidet wieder der einzelne, was zu tun ist. Das bedeutet Freiheit für den einzelnen: zu gestalten, zu lernen, Erfahrungen zu sammeln, Fehler zu machen und Bestätigung zu finden. All dies ist für den kreativen Menschen das, was seine Motivation ausmacht. Allein schon die Entwicklung, die Bertelsmann in den letzten vier Jahrzehnten genommen hat, kann als Ausdruck dafür gelten, daß wir mit dieser Auffassung auf dem richtigen Wege sind – mit dem Versuch, die menschlichen Beziehungen in unserem Haus in eine bestimmte Ordnung zu bringen.

B.: Sie schreiben in einem Ihrer vielen Aufsätze zum Thema Unternehmensführung, daß die mit Führungsaufgaben Betrauten sich bemühen müssen, »hinter die Motivation ihrer Mitarbeiter zu kommen«. Das deckt sich genau auch mit meinem nach logotherapeutischen Grundsätzen entwickelten Ansatz, daß man nämlich auch in industriellen Arbeitsprozessen herausfinden muß, unter welchen speziellen Arbeitsbedingungen der einzelne von sich aus anspringt.

Haben Sie dafür irgendwelche besonderen Techniken entwickelt, oder ergibt sich dies mehr aus dem ständigen sensiblen Kontakt untereinander?

M.: Vor allem erscheint es mir wichtig, daß man nicht nur in den Spitzenregionen der Führungspyramide, sondern auch im mittleren und unteren Management Mitarbeiter so führt, daß sie mitarbeiten wollen und nicht nur sollen.

Wenn wir z. B. die japanische Herausforderung bestehen wollen, müssen bei uns mehr Köpfe mitdenken, und die tun dies nur, wenn sie wollen und nicht nur müssen.

Dies muß zunächst überall in der Führungspyramide verstanden werden, und daraus ist dann ein entsprechendes Führungsverhalten abzuleiten. In der Praxis heißt dies: Mitarbeiter informieren, sie aber auch anhören, mit ihnen diskutieren und vor allem so mit ihnen umgehen, daß sie sagen können: »Ja, hier sind wir wirklich Mitarbeiter.«

B.: Also ›Führung‹ als Steuerung von Zusammenarbeit?

M.: Ja, und dafür gibt es bei uns viele Einrichtungen, die dies gewährleisten sollen. Einmal ist da die alljährliche ›Führungskritik‹ im Januar, die sehr umfassend und tiefgreifend ist. Dazu gehört aber auch, daß ich die Aufgaben der Mitarbeitervertreter, der Betriebsräte, verstehe und ihnen helfe, sich richtig zu betätigen.

Wir sind in diesem Jahr noch etwas weiter gegangen: Alle 2 Monate finden jetzt Mitarbeiterbesprechungen statt, in denen diejenigen, die unmittelbar miteinander zu tun haben, ihre Probleme besprechen. Da sitzen nicht zwanzig oder gar fünfzig Leute zusammen, sondern fünf oder sechs gewählte Sprecher aus allen Gruppen, dazu das zuständige Betriebsratsmitglied und der Abteilungsleiter. Dieses Gremium hat sich über das zu unterhalten, was gerade anliegt. Das können sachliche Schwierigkeiten sein oder ganz persönliche Probleme, das kann die Auftragsstruktur betreffen, Überstunden, Veränderungen des Arbeitsflusses – was auch immer. Die Leute, die da zusammensitzen, wissen, wovon sie reden. Das nenne ich qualifizierte Mitbestimmung und Mitsprache am Arbeitsplatz. Das gibt einen echten Sinn, das ist eine Verlängerung des Betriebsverfassungsgesetzes nach unten.

Auch diese Mitarbeiterbesprechung – für die es übrigens eine Satzung gibt, nach der alles abzulaufen hat – ist eines der Mittel, mit denen wir erreichen wollen, daß der Begriff ›Mitarbeiter‹ konkret erlebbar wird. Unser Bertelsmann-Modell enthält viele Facetten, mit denen wir dies bewirken, nicht bloß diese oder jene sogenannte Führungstechnik. Das ganze ausgedehnte Informationswesen gehört mit dazu, die Schulungsmöglichkeiten, die Fortbildungsveranstaltungen, das betriebliche Vorschlagswesen, mit dem jeder angesprochen wird, seinen besonderen kreativen Beitrag zu leisten, ein gerechter Arbeitslohn, dann die Gewinnbeteiligung – wie überhaupt alle Möglichkeiten, Sozialpolitik weiterzuentwickeln. So machen wir uns jetzt Gedanken über die Arbeitslosigkeit und haben dazu im Oktober 1983 ein Forum veranstaltet, bei dem wir unsere Überlegungen im Gespräch mit Professor Engels und Herrn Ferlemann von der IG Druck in die betriebsinterne Öffentlichkeit gebracht haben. Dabei ging es um die Frage, was wir jetzt konkret tun müssen. Unser Vorstand hat bereits eine erste Konsequenz daraus gezogen und eine große Zahl zusätzlicher Lehrstellen geschaffen. Darüber hinaus praktizieren wir sehr viel mehr Flexibilität in den Arbeitsprozessen als früher, mehr Teilzeitbeschäftigung, mehr Job-Sharing ... Ich will damit sagen, auch diese Dinge werden hier weiterentwickelt, und ich freue mich sehr, daß solche Anstöße nicht mehr nur von oben kommen. Der Anstoß, sich z. B. dem Thema Arbeitslosigkeit zu widmen, kam vom Betriebsrat. Er hatte gefragt: »Was tut ihr denn eigentlich in dieser Hinsicht?«

Man muß klar erkennen, Herr Böckmann, daß die Zeit vorbei ist, wo in Unternehmen nur an der Spitze geführt wurde. Heute muß – vor allem in einem Großbetrieb – die unternehmerische Kreativität dort ansetzen, wo die Mitarbeiter noch ihre Aufgaben gestalten können. Die Unternehmensspitze hat mit Planung, Koordinierung und Leitung ganz anderes zu tun als das, was wir ursprünglich unternehmerisches Handeln genannt haben und was heute noch in den mittelständischen Betrieben so hervorragend praktiziert wird.

Bei uns findet das vor allem auf der mittleren Ebene statt. Wenn dabei – eben in der kreativen Gestaltung – nicht viele mitziehen, dann schlafen die Großunternehmen ein. Insofern geht das, was Sie speziell ›Führung‹ nennen, auf dieser Ebene nahtlos auch in das über, was Sie ›Leitung‹ nennen.

B.: Auch ich sehe die Unterscheidung von ›Führung‹ und ›Leitung‹ vor allem methodisch, was seine Bedeutung für die Führer- oder Leiter- bzw. Führer- und Leiter-Auswahl wie Schulung und Beurteilung hat. In der Praxis liegen diese Aufgaben selbstverständlich oft dicht beieinander.

Wenn ich mich noch einmal frage, wie denn Ihre idealen Gedanken und Konzepte in die Praxis umgesetzt werden, dann kann ich jetzt eine Reihe von Punkten zusammenfassen, die dieser Aufgabe dienen: Sie haben also einmal eine Jahresbesprechung, in der Sie Führungs- wie Leitungsprobleme diskutieren, Sie haben die achtwöchentlichen Mitarbeiterbesprechungen und dann ein ganzes Bündel von Informations- und Schulungsveranstaltungen, die diese Prinzipien zum Inhalt haben und die von der Unternehmensleitung angeboten und angeordnet sind.

M.: Von allein kommt das nicht. Zuerst müssen die organisatorischen Voraussetzungen und das Klima geschaffen werden, damit überhaupt Dialogbereitschaft besteht. Aber dann muß auch der Dialog selbst organisiert werden.

B.: Und welche Erfolgskontrollen gibt es?

M.: Nun, einmal gibt es für diese Initiativen – die Mitarbeiterbesprechung wie die Jahreskonferenz – festgelegte Ablaufrichtlinien, so daß diese Maßnahmen nicht im Unverbindlichen stecken bleiben. Außerdem nehmen wir alle vier Jahre eine umfassende Mitarbeiterbefragung vor.

Wir möchten wissen, ob der einzelne unsere Führungsziele konkret erlebt: ob er wirklich als Mensch und Mitarbeiter behandelt wird, ob er seine Entlohnung als gerecht empfindet und vieles andere. Unser Fragebogen umfaßt etwa 60 Fragen. Dieser Bogen wird auch in anderen Großunternehmen, zumindest in ähnlicher Weise verwendet, so daß wir Vergleichsmöglichkeiten haben; denn erst wenn ich unsere ›Zensuren‹ mit denen anderer Firmen vergleiche, kann ich daraus etwas für mich ableiten.

Die Beantwortung der Fragebogen ist im übrigen anonym. Der Betriebsrat ist wie immer voll eingeschaltet. Wir haben nicht zuletzt deshalb hohe Beteiligungsraten, die bei 80 Prozent liegen.

Im übrigen: Wenn die Befragung auch vertraulich ist, so besteht doch die Möglichkeit, einzelne Unternehmensbereiche zu charakterisieren. Wir können deshalb kritisch untersuchen, warum vielleicht hier die Stimmung schlecht ist, und ob sich dort etwas verbessert hat. Wir diskutieren dann, woran das liegt. Eine Rückkoppelung ist also gegeben.

B.: In Ihren Papieren treten zwei Kriterien für Führungskräfte hervor: sachliche Qualifikation und vorbildliches Verhalten. Wie weit geht letzteres – gibt es dafür bestimmte Grenzen, oder verlängern sich hier die Anforderungen bis ins Unendliche und somit auch in die Privatsphäre hinein?

M.: Es gibt bei uns zwar viele persönliche und gesellschaftliche Kontakte auch im privaten Bereich, und diese tragen sicher zur allgemeinen Motivation bei; aber einen »Secret Service« zur privaten Überwachung lehnen wir ab. Wenn sich allerdings jemand als Menschenführer nicht fair verhält, wenn er nicht korrekt ist, dann muß ich sagen: Den bitte nicht!

Ich sage allen meinen Führungskräften immer wieder, daß Leute, die es nicht fertigbringen, ihren Mitarbeitern gegenüber auch Zuneigung aufzubringen und denen es egal ist, wie diese über sie denken, in unserem Hause nicht tragbar sind.

Für solche Leute gibt es auch keine Beförderungsmöglichkeiten, denn Einsatzmöglichkeit und Einkommen hängen von Kriterien wie diesen ab.

B.: Ich möchte noch einmal auf den Begriff ›Gerechtigkeit‹ zurückkommen. Gerechtigkeit beruht nun einmal vor allem auf subjektiven Maßstäben – die objektive Gegenüberstellung wäre dann das verbriefte ›Recht‹. Was jemand als ›gerecht‹ empfindet, richtet sich vor allem nach dem, was er selbst für gerecht hält. Wie soll nun aber der einzelne ›Führer‹ im Unternehmen dahinterkommen, was sein jeweiliges Gegenüber als gerecht betrachtet?

M.: Das ergibt der Dialog! Sie haben recht, Gerechtigkeit ist nicht absolut zu definieren, aber um dies zu verstehen, braucht man den Dialog. Wenn hier und da im Unternehmen etwas nicht verstanden worden ist, dann liegt das ja nicht immer nur an denen, die etwas nicht verstanden *haben,* sondern auch mit an denen, die etwas nicht genügend verständlich *gemacht haben.* Man muß Maßnahmen wie Verhalten auch erklären und um Verständnis werben.

B.: ... und dabei auch vielfältige subjektive Maßstäbe mit berücksichtigen.

M.: Grundsätzlich wollen wir die einzelne Persönlichkeit sich so frei wie nur möglich entwickeln lassen, aber natürlich gibt es auch bestimmte Grenzen. Deshalb muß man erklären, anhören, diskutieren. Ich glaube, auf diese Weise erreicht man im gegenseitigen Verständnis auch Gerechtigkeit.

B.: Also Gerechtigkeit als dialektisches Prinzip – als Ausgleich zwischen unterschiedlichen Interessen im Rahmen des betrieblich Möglichen.

M.: Ja.

B.: Sie haben bei der Rangfolge in der Motivation die ›materielle Gerechtigkeit‹ an die erste Stelle gesetzt; materielle Gerechtigkeit dabei wohl als Einkommensgerechtigkeit?

M.: Nein, da hat sich im Laufe der Zeit noch viel mehr ergeben. Angefangen bei sozialen Rentenansprüchen, über Gewinnbeteiligungs- und Gehaltszuschlägen, die es bei uns gibt, sowie sonstige freiwillige Sozialleistungen. Das ist inzwischen schon ein ganzes Paket.

B.: ... ich komme nur deshalb darauf, weil Sie ja in Sachen Führung eine ganz deutliche Betonung auf die Motivation legen. Muß man nicht vielmehr die ›sinnvolle Aufgabe‹ – auch nach Ihren eigenen Führungskriterien – über die materielle Gerechtigkeit stellen, denn es gibt im Grunde keinen materiellen Ausgleich für sinnlose Arbeitsbedingungen. Wenn mich z. B. ein unangenehmer Vorgesetzter um meine ganze Arbeitslust bringt, dann helfen mir 500,– DM mehr auch nicht darüber hinweg.

M.: Ich glaube, da muß man differenzieren. Bei kreativen Menschen und Führungskräften ist das sicher so. Aber man muß auch diejenigen sehen, die da Tag für Tag ohne kreativen Anteil bei der Arbeit ihr Geld verdienen. Für diese Mitarbeiter ist der gerechte Lohn – zusammen mit allen sonstigen, ihnen gerechterweise zukommenden Sozialleistungen – schon die Hauptsache.

Kommt hingegen z. B. jemand aus einer öffentlich-rechtlichen Rundfunkanstalt zu uns, jemand, der auch dort schon gut bezahlt worden ist, dann ist sein Motiv sicher, daß er hier bei uns freier arbeiten kann. Ebenso ginge es vielleicht auch einer Führungskraft, die wir ausnahmsweise von draußen zu uns hereinholen.

B.: In Ihren Texten zur ›Mitarbeiterbesprechung‹ ist zu lesen, daß eine Entscheidung dann ausgesetzt und zur Klärung an den nächsthöheren Vorgesetzten weitergeleitet werden kann, wenn z. B. Meinungsunterschiede zwischen einem Abteilungsleiter und den Mitarbeitern unüberbrückbar erscheinen. Was heißt hier ›kann‹, in wessen Ermessen liegt dies – im Ermessen des Abteilungsleiters?

M.: Nein. Das ist keine Ermessensfrage. Die Mitarbeiter haben in diesem Fall – wie umgekehrt auch der Abteilungsleiter – einen Anspruch darauf, daß eine solche Entscheidung bis zur Klärung ausgesetzt wird.

B.: Gibt es in Ihrem Unternehmen eine Einrichtung, eine Stelle, eine bestimmte Person, an die sich ein Mitarbeiter wenden kann, wenn einmal in einer Bedrängnis der nächsthöhere Vorgesetzte als Gesprächspartner oder Vertrauensperson ausfällt, gibt es dafür irgend jemanden, der außerhalb der Hierarchie steht?

M.: Da gibt es natürlich die Betriebsräte!

B.: Na ja, aber die sind doch sehr stark auf unternehmenspolitische Probleme fixiert –.

M.: ... aber auch auf Probleme von Krankheit oder sozialer Hilfe.

B.: Ich meine eigentlich mehr noch Schwierigkeiten, die unter Umständen gerade die Hierarchie selbst betreffen, unmittelbare Arbeitsplatzprobleme, über die der Betreffende weder mit seinen Kollegen noch mit seinem Vorgesetzten sprechen möchte und die ihm vielleicht gerade deshalb schwer auf der Seele liegen.

M.: Er kann dann mit der Personalabteilung reden.

B.: Mit ›der Abteilung‹ ... aber mit wem dort nun in Person?

M.: Eine Art Ombudsmann haben wir natürlich nicht, aber in besonderen Fällen kann er sich auch an meine Frau wenden. Meine Frau hat eine große Zahl von Arbeitskreisen innerhalb und außerhalb des Unternehmens begründet, und sie nimmt sich auch bestimmter schwieriger Einzelfälle an. Einen solchen Fall, bei dem auch ein psychotherapeutisches Gutachten eine Rolle gespielt hat und den wir dann unter anderem auch durch einen Wechsel des Arbeitsplatzes innerhalb des Unternehmens gelöst haben, hatten wir vor kurzem erst.

B.: Dann existiert also tatsächlich eine solche informelle Anlaufstelle für besondere Fälle. Ich finde es großartig, daß sich gerade die Frau eines Unternehmers für eine solche diffizile Aufgabe zur Verfügung stellt.

M.: Ich möchte noch etwas anderes hinzusetzen: Wir haben uns hier bei Bertelsmann vor allem darum bemüht, die Beziehungen zwischen denen, die hier zusammenarbeiten, sinnvoll zu ordnen. Dazu haben wir Regelungen entwickelt, die nicht idealistisch in der Luft hängen und in der Praxis dann an der Realität scheitern, sondern wir haben uns um praktikable Lösungen bemüht. Die Lösungen zielen zwar auf den einzelnen Menschen ab, müssen aber auch den Aufgaben des Unternehmens gerecht werden; denn dieses Unternehmen hat auch eine Aufgabe gegenüber der Gesellschaft, in der es lebt und von der es lebt.

Daniel Goeudeverts

Veranlassung, das Gespräch mit dem Vorsitzenden des Vorstandes der *FORD AG in Köln* zu suchen, war der Ruf Daniel Goeudeverts, »ein Kommunikationsgenie« zu sein. DER SPIEGEL, nicht gerade für den pfleglichsten Umgang mit Zeitgenossen berühmt, ließ sogar verlauten, der Mann sei auch noch »ein Verkaufs- und PR-Künstler«. Aber selbst das wäre noch kein Grund gewesen, den keltischen Supermann (1,92 m, geboren in Reims) hinsichtlich seiner Führungspraktiken zu interviewen, wenn nicht auch von einer »vollmotivierten Belegschaft«, einem »ausgeprägten Wir-Gefühl« und einer »Botschaft« die Rede gewesen wäre, für die man in Köln einstehe.

Wie es scheint – und dieser Eindruck hat sich bei dem Gespräch bestätigt – steht hier vor allem nicht nur ein zweck-bewußter Manager einem Unternehmen vor, sondern auch ein sinn-bewußter Menschenführer – wenn man so will: ein »Logotherapeut«, auch ohne bis heute ein Wort von Logotherapie oder Sinn-Theorie der Arbeit gehört zu haben.

»Zwei Fliegen mit einer Klappe ...«

G.: Die Motivation der Mitarbeiter eines Unternehmens ist weitgehend von der Struktur des betreffenden Unternehmens abhängig. Nehmen Sie als Beispiel die Armee. Da haben Sie als große personelle Gruppen einmal die Offiziere, dann die Unteroffiziere und die Soldaten. Jede dieser Gruppen hat sicher einmal ein eigenes, gruppenbezogenes Motivationsverständnis, aber alle zusammen sind Soldaten. Und sie haben alle dieselbe Aufgabe: das Vaterland zu verteidigen. In einem großen internationalen Industrieunternehmen wie FORD ist das Bild viel komplizierter, z. B. bezüglich des familiären, ja auch des kulturellen und nationalen Herkommens – wo finden Sie sonst Deutsche, Franzosen, Türken, Jugoslawen und Italiener in einem Unternehmen? Ford Köln beschäftigt in seinem größten Werk über 8000 Türken von dort insgesamt 25 000 Mitarbeitern ...

Konfessionelle und sprachliche Probleme spielen also auch eine Rolle. Das wäre Punkt 1.

Punkt 2 sind Bildung und Ausbildung. Das fängt bei absoluten Analphabeten an und geht bis zu hochqualifizierten Top-Ingenieuren. Jede Gruppe hat ihre eigene Identität:

Produktentwicklung, Fertigung, Verwaltung usw. Dazu kommen Verbindungen zwischen den 5 Werken von Ford in der Bundesrepublik und Verbindungen innerhalb Europas und nach Amerika. Das Problem heißt also »Kommunikation«, und dieses Wort wird noch öfter fallen, wenn es um die Motivation der Mitarbeiter geht.

Wenn ich mich frage, wie kann ich diese Motivation verbessern, bedeutet dies auch immer: Wie kann ich zunächst die Kommunikation mit und zwischen den Mitarbeitern verbessern. Natürlich ist Motivation mehr als nur Kommunikation, aber wenn Sie das Kommunikationsproblem nicht lösen, brauchen Sie sich keine Hoffnung zu machen, das Motivationsproblem in den Griff zu bekommen.

B.: Das Engagement der Mitarbeiter für ihre Arbeit und für ihr Unternehmen fängt also damit an, daß diese Mitarbeiter – alle Mitarbeiter – in diesen Kommunikationsfluß eingebunden sind ...

G.: Das ist die Basis. Jeder Mitarbeiter hat das Recht auf Information. Aber die Art dieser Informationen – ob es sich um offene und rückhaltlose oder zurückhaltende oder unvollständige Informationen handelt oder um Informationen nur von »oben« nach »unten« – all dies entscheidet darüber, ob diese Informationen Vertrauen genießen.

Um jeden Anschein einer Manipulation durch das Top-Management zu vermeiden, gehen wir zunächst davon aus, so offen wie möglich zu informieren. Dabei nehmen wir bewußt das Risiko auf uns, auch einmal zuviel zu sagen. Die Alternative wäre nämlich, zuwenig zu sagen. Aber kein Informationsfluß ist vollständig kontrollierbar, das, was man möglicherweise aussparen möchte, spricht sich schließlich doch herum.

B.: Lassen Sie mich kurz zusammenfassen: Motivation durch Vertrauen, Vertrauen durch Information –

G.: Ja, und zwar Information auf allen Wegen, auf den traditionellen schriftlichen Wegen – Rundschreiben, Schwarzes Brett, Zeitungen wie unser Ford-Report – und auf mündlich-persönliche Weise. Dabei kann es sich um organisierte und formalisierte Meetings wie um spontane Begegnungen handeln. Allerdings führt jede bewußte Strukturierung – wie jede bewußte Einschränkung – möglicherweise zur Manipulation und damit zum Mißtrauen. Demgegenüber wären thematisch und zeitlich jeweils offene Meetings auch nicht praktikabel. So kommt also viel auf den permanenten persönlichen Kontakt an.

Damit sind wir dann auch bei einer anderen Sicht von Hierarchie. Bisher hatte die Hierarchie vor allem den Zweck, den Willen desjenigen, der ganz oben an der Spitze stand, bis in die unterste Ebene eines Unternehmens dringen zu lassen. Das bedeutete Abhängigkeit »der da unten« von »denen da oben« – also keineswegs eine immer motivierende Situation.

Wenn wir dieses Gefühl der Abhängigkeit abbauen wollen, müssen wir ein Gegengewicht dazu schaffen: Wir müssen unsere Mitarbeiter wissen lassen, daß wir genauso auf sie hören wie wir erwarten, daß sie auch auf uns hören.

Es gibt doch kaum etwas Frustrierenderes als das Gefühl, daß die Erfahrungen, die täglich am Arbeitsplatz gemacht werden, niemanden sonst interessieren. Dabei stellen diese Erfahrungen ein wichtiges Kapital dar. Wenn wir uns also diese Erfahrungen zunutze machen –

B.: – Quality Center ...

G.: – sehr richtig, schlagen wir zwei Fliegen mit einer Klappe: Einmal spüren unsere Mitarbeiter, daß uns ihre Einsichten wichtig sind – das verstärkt die Motivation – und zum anderen bemühen wir uns, diese Erfahrungen in neue Handlungsweisen umzusetzen, und das verbessert die Qualität unserer Erzeugnisse.

Gleichzeitig wird dadurch ein Beitrag zur Identifizierung des einzelnen mit seiner Arbeit geliefert, und auch das ist eine weitere Verstärkung seiner Motivationsbasis. Es kommt aber noch etwas hinzu: Es gibt immer Leute, die glauben, sich »von unten« nichts sagen lassen zu müssen, und die meinen »von unten« auch nicht lernen zu brauchen. Das betrifft den Kern einer Persönlichkeit, aber diesen Persönlichkeitskern kann man nur durch unmittelbare Erfahrung verändern ... und durch persönliche Gespräche, durch Überzeugung –

B.: Wer redet da mit wem?

G.: Man muß herausfinden, wo der Prozeß nicht mehr funktioniert, und das muß die jeweils übergeordnete Hierarchiestufe tun, denn wir gehen davon aus, daß diese Stufe noch akzeptiert wird. Das bedeutet mitunter eine ganze Menge Bescheidenheit, die in einem hierarchischen System nicht unbedingt vorhanden ist. Auf der einen Seite müssen Sie Stellung nehmen, Sie müssen einreden – um Himmels willen nicht überreden –, und Sie müssen Vorbild sein – Vorbild kleingeschrieben: Sie müssen ganz natürlich sein, ohne jede Attitude, denn man will sich ja auch mit Ihnen identifizieren können. Sie müssen echt sein – das verlangen vor allem die Jungen! Dabei zeigen Sie notwendigerweise auch Schwächen und Fehler, aber Sie geraten nicht in die Gefahr, aufgrund Ihrer Position eine Kunstfigur aufzubauen, die eines Tages dann zusammenbricht, weil sie nicht beständig aufrechterhalten werden kann. Da muß sich jeder für ein Bild von sich selbst entscheiden. Ich habe für mich eine Lösung gefunden, aber ich habe sie nur für mich und nicht für andere. Das Grundprinzip ist dabei der uneingeschränkte Respekt vor dem anderen, egal wo er steht. Wenn man davon ausgeht, daß »der Mensch« die entscheidende Rolle in einem Unternehmen spielt und nicht »das System«, dann muß man auch akzeptieren, daß jeder in einem Unternehmen auf seinem Niveau über einen Teil der Unternehmenswahrheit verfügt.

Das hat vielfältige Konsequenzen: Einmal muß man immer wieder zuhören können, und man muß auch demjenigen, auf dessen Rat man nicht hört, klarmachen, warum man diesmal auf ihn nicht hören kann. Für viele, die seit 20 Jahren in einem hierarchischen System leben, ist das oft unmöglich, weil sie glauben, dann das Gesicht zu verlieren –

B.: – und aus ihrer angestammten Rolle zu fallen –

G.: ... das ist das große Problem. Stellen Sie sich ein Unternehmen wie FORD vor, dann bedeutet dies, daß so etwas funktionieren muß z. B. zwischen Fertigungsleuten und Ingenieuren, also zwischen Gruppen mit oft höchst unterschiedlicher Identität, mit eigenem Wortschatz und entsprechender Denkweise.

B.: Darf ich meine vorausgegangene Zusammenfassung also noch um ein paar Begriffe erweitern: Motivation durch Information, durch Vertrauen, durch Ernstgenommenwerden – nicht nur Angehöriger eines Unternehmens sein, sondern in seinem Unternehmen auch angehört werden – dadurch Identifikation mit der Arbeit –

G.: Dazu kommt noch ein Letztes: die Unternehmensphilosophie. Es ist ganz wichtig, daß die Mitarbeiter die Unternehmensphilosophie, die Unternehmensethik, akzeptieren. Das ist nicht einfach der Unternehmenszweck, bei FORD also Autos zu bauen, es ist vielmehr der Sinn, der hinter allem steht. Meiner Meinung nach gibt es eigentlich erst ein Unternehmen, das es geschafft hat, eine solche Philosophie seinen Mitarbeitern deutlich zu machen und dafür eine einfache Formel zu finden. Das ist IBM, und die Formel dort heißt: Endverbraucher. Vom Pförtner bis zum Chef, von der Produktentwicklung bis zum Verkauf, gibt es nur eine Priorität: Endverbraucher. Das hilft den Mitarbeitern unerhört viel, weil sie einen Bezugspunkt haben, der für alle verbindlich ist, über alle Unternehmensbereiche hinweg, und der auch in der Lage ist, vielfältigste Interessen zu harmonisieren, denn dieser Bezug liegt außerhalb des Unternehmens selbst.

Wenn es uns gelingt, so etwas auch bei FORD durchzusetzen, haben wir viel geschafft: Qualität in jeder Weise und in jedem Zusammenhang – nicht daß wir nicht auch jetzt schon Qualität bei unseren Autos hätten, das ist keine Frage – nein, ich meine damit, daß Qualitätsdenken ein Prinzip für jegliches

Handeln sein muß und für alle Objekte, mit denen wir uns abgeben, vom Werbegeschenk bis zu unseren eigenen Produkten, der Art unserer Kommunikation und jeder Handhabung an unseren Bändern. Je einfacher das Ziel, um so größer die Chance des Erfolgs. Es gibt für ein Unternehmen nichts Schlimmeres als a) kein Ziel zu haben oder b) ein unklares Ziel oder c) alle paar Jahre ein anderes.

Denken Sie an das zuvor über die Armee Gesagte: Die Armee hat eine Aufgabe und einen Sinn – Landesverteidigung! Das steht hinter allem, was sie tut. So muß auch ein Unternehmen geführt werden. In den Jahren des stürmischen Wachstums wurde viel zu sehr kurzfristig gedacht. Menschenführung war damals nicht so wichtig. Das Wachstum hat alles in Beschlag genommen. Aber seit 1974/75 sind wir – Gott sei Dank – gezwungen, anders zu denken. Das Kernelement der neuen Philosophie ist Menschenführung: Motivation der Mitarbeiter, Identitätsfindung, Identifikation mit der Arbeit und mit dem Unternehmen, mit der Unternehmensphilosophie.

B.: Unternehmensphilosophie ... Sie sprachen ja sogar von Unternehmensethik. Während die Philosophie frei im Raum schweben kann, ist eine Ethik immer auf jemanden bezogen. Auf wen würde das bei Ihnen zutreffen: auf den Mitarbeiter, das Unternehmen sozusagen als mitarbeiter-bezogener Selbstzweck, oder auf den Konsumenten, das Unternehmen als Dienstleistungseinrichtung für die Allgemeinheit?

G.: ... Letzteres. Sinn des Unternehmens ist Dienstleistung für die Allgemeinheit –

B.: ... also Zweck des Unternehmens: Fahrzeugbau, Sinn: Dienstleistung an der Gesellschaft ...

G.: Ja –

B.: Ich möchte noch einmal auf die Situation des Mitarbeiters zurückkommen, auf den Mitarbeiter in seiner Arbeitsgruppe. Eine solche Gruppe bedeutet ja nicht nur Geborgenheit, sondern auch Eingeengtsein –

G.: ... Zwang

B.: Welche Möglichkeiten hat ein Mitarbeiter, sich in einer solchen Lage zu artikulieren, wie kommt er da heraus – vielleicht aus der Gruppe überhaupt oder aus Schwierigkeiten mit einem Vorgesetzten oder mit Kollegen oder aus einer für ihn unmöglichen Arbeit? Was macht er, wenn in seiner unmittelbaren Umgebung niemand da ist, der ihm helfen kann oder will?

G.: Sie sprechen da ein ganz wichtiges Problem an ... Im Grunde genommen läuft dies darauf hinaus, daß die Gruppen selbst nicht in Ordnung sind. Zuerst einmal müssen die Gruppen so organisiert, so zusammengesetzt sein, daß keine Störungen auftreten, personelle wie arbeitsmäßige. Und dann kommt es auf den einzelnen Menschen an. Der Mitarbeiter selbst, der Schwierigkeiten hat, kann nicht in Ordnung sein oder das System seiner Gruppe. Das ist letztendlich ein Problem der Führung und damit ein Problem der Ausbildung und Schulung der Gruppenleiter. Aber die Lösung liegt immer in der Gruppe. Entweder die Schwierigkeiten werden dort geklärt oder der Betreffende wird versetzt und findet sich vielleicht in einer anderen Gruppe besser zurecht.

Ich muß gestehen, daß unser System z. Z. noch wenig flexibel ist, vor allem was Versetzungen in ganz andere Bereiche betrifft, z. B. von der Fertigung in die Verwaltung; Hierarchien verhalten sich immer recht starr ... Aber ihre Frage war: Wie kann er sich äußern, kann er sich überhaupt äußern? Meine Antwort ist: ... jein. Im Grunde genommen läuft es immer wieder auf ein Gespräch mit dem Vorgesetzten hinaus ... bzw. er organisiert sich selbst, um mit seinem Problem fertig zu werden ...

B.: Vor einiger Zeit, noch vor Ihrem Antritt hier bei FORD, rief mich eines Sonntags ein FORD-Mitarbeiter an, der sich hier außerordentlich unwohl fühlte. Er hatte den Eindruck, mit seiner Arbeit nicht ernst genommen zu werden, sie erschien ihm deshalb reichlich sinnlos – dabei war er ein hochbezahlter Mann –, und er fragte mich, ob es nicht besser sei, fortzugehen, um anderswo sinnvoller zu arbeiten. Es ist ja mein Beruf als psychologischer Berater, Gesprächspartner von Menschen zu sein, die dort keine Gesprächspartner finden, wo sie eigentlich für sie am nötigsten waren.

G.: Nun, wir haben ja in Deutschland eine Einrichtung, die vor allem in Beschwerdefällen angegangen wird, und das ist der Betriebsrat –

B.: ... ob der Betriebsrat hier der richtige Gesprächspartner wäre –

G.: ... ganz bestimmt nicht. Aber es ist typisch, daß er eben in vielen Fällen allein überzubleiben scheint. Und das liegt an der mangelhaften Qualität der Führung. Denn wenn das System der Führung funktionierte, dann würde man in bestimmten Fällen zwar auch mit dem Betriebsrat reden oder mit der Gewerkschaft, aber man würde eben auch mit den Vorgesetzten reden. Das geschieht jedoch zur Zeit noch nicht im wünschenswertem Maße. Aber ich gehe zur Zeit mit einer anderen Überlegung um. Mir schwebt vor, daß es in jeder größeren Gruppe ein Gruppenmitglied gibt, das – von dieser Gruppe für eine bestimmte Zeit gewählt – der Gesprächspartner für solche Personal- und Arbeitsplatzprobleme ist, für die der Betriebsrat nicht zuständig ist. Das brauchen keinesfalls nur solche Fälle zu sein, die man glaubt, mit dem unmittelbaren Vorgesetzten nicht besprechen zu können, das trifft ebensogut auch auf solche Fälle zu, die man mit einem anderen erst einmal vorbesprechen möchte oder auf Schwierigkeiten vielleicht zwischen Kollegen, die sich regeln lassen, ohne daß man sie erst bei dem Vorgesetzten an die große Glocke hängt. Es erscheint mir wichtig, daß es solche Gesprächspartner offiziell gibt, damit mancher, der vielleicht wenig Kontakte hat, weiß, an wen er sich wenden kann und wer das Vertrauen seiner Kollegen genießt –

B.: ... ohne in die Hierarchie so eingebaut zu sein, daß er wieder Machtpositionen verteidigen muß –

G.: ... nein – nein ... völlig außerhalb. Und dann natürlich ein Mann, der weiß, daß er sowohl von seinen Kollegen anerkannt ist und von oben jede Unterstützung hat –

B.: – vielleicht auch zuvor ein bißchen Anleitung –

G.: Durchaus, denn auch er muß sich ja so verhalten, daß er nach Ablauf seiner Zeit nicht permanent über Bananenschalen fällt, die andere ihm in den Weg geworfen haben.

B.: Damit hätten Sie so eine Art Ombudsman im kleinen auf der einen Seite und den Betriebsrat für gesellschaftspolitische bzw. betriebspolitische Belange auf der anderen Seite.

G.: Die Bedeutung der Führungsstruktur bleibt dabei ungeschmälert, und für die einzelnen Führungskräfte heißt das auch Weiterarbeit an sich selbst, Abkehr von dem Wahn, alles zu wissen, alles zu beherrschen, auf alles und jedes eine Antwort zu haben und nie eine Antwort schuldig zu bleiben. Auch an der Spitze stehen immer nur Menschen mit ganz menschlichen Problemen, und diese Menschen müssen lernen, sich auch als Top-Leute vor allem menschlich zu geben, mit Schwächen, Sorgen und Problemen, denn die Aufgaben werden für sie ja von Tag zu Tag komplizierter. Das bedeutet, delegieren zu können; zu entscheiden, aber diese Entscheidungen auch zu begründen und auch einmal das Wort einem anderen zu erteilen und zu sagen: Sprechen Sie, hier wissen Sie besser Bescheid. Das alles ist sehr schwer, und solche Gewöhnungsprozesse brauchen Zeit, aber der Wille ist da, und wir werden es schaffen.

Werner von Scheven

Von den Streitkräften in einem Buch über Führung nicht zu reden, wäre unverzeihlich gewesen: Einmal weil sich »das Militär« als Großorganisation, die es in den Relationen seiner Zeit immer gewesen ist, eher als andere Einrichtungen der Gesellschaft den Kopf darüber zerbrechen mußte, wie es einen Menschen dazu bringen konnte, aus gemeinnützigen Gründen etwas zu tun oder zu erleiden, was dem Eigennutz in vielen Fällen widerstrebte, und zum anderen, weil es eben unter diesem Aspekt die »aus dem Herzen« kommende Motivation braucht, nachdem sich alle drakonischen Zwangsmittel wie Dezimieren (die Römer pflegten z. B. bei Feigheit der Truppe jeden zehnten Soldaten von einem Felsen herunterzustürzen), Aufhängen, Erschlagen, Spießrutenlaufen (durch eine Gasse von Spießen, später von Bajonetten, laufen, wobei jeder Spieß- bzw. Bajonettträger das Recht und die Pflicht zum Zustechen hatte), Auspeitschen und schlichtes Erschießen als nicht so wirkungsvoll erwiesen hatten wie der eigene Antrieb. Das aber war immer nur dann möglich, wenn der Betreffende wußte, wofür er antrat.

Das ›Wofür‹ waren erst Heimat, dann Land, Volk und Reich, wenn man einmal die Übergangsphase vernachlässigt, in der sich diese Begriffe unter dem persönlichen Etikett von ›König und Vaterland‹ bzw. ›Führer, Volk und Vaterland‹ aus dem Spätfeudalismus zur modernen Gesellschaftsbewußtheit mauserten. Während sich bei unseren politischen Nachbarn die Integration von Gemeinschaft und Lebensraum (Volk und Staat) in der Realität von ›Nationalstaaten‹ verwirklichte, blieb diese Idee für die Deutschen immer eine Utopie. Daß darin auch eine Chance lag, haben sie bis heute nicht begriffen. Auf jeden Fall hat diese Tatsache die Motivation aus dem Geiste des Nationalstaates, aus der Einsicht in die irgendwann einmal nötige Verteidigung von Nation – im kulturellen Sinne – und von Staatsgebiet – als Lebensraum für die nicht nur Zeit-, sondern auch Volksgenossen – immer erschwert. Vor allem heute, wo es besonders schwer ist, einem durch Gesetz zur Wehrpflicht gezwungenen, also keineswegs immer eigenmotivierten Soldaten klarzumachen, wofür er kämpfen soll – wir hatten zuvor bereits davon gesprochen –, stellt dies an die Fähigkeit zu führen die höchsten Anforderungen. Die für uns alle gar nicht vorstellbaren Bedingungen eines modernen Krieges sind dabei noch ausgenommen.

Deshalb kommt dem, was oben ›Herz‹ genannt wurde, eine besondere Bedeutung zu. Unter den heutigen Bedingungen, bei denen sich ›große Gefühle‹ hinter kleinkalibrigen Begriffen verkrochen zu haben scheinen, ist auch das ›Herz‹ auf der Strecke geblieben. Aber dieser Eindruck trügt. Natürlich könnte man lediglich ernüchtert feststellen, daß aus Liebe ›Partnerschaft‹ geworden sei, aus Ehre ›Sozialprestige‹, aus Volksgemeinschaft ›Gesellschaft‹ ... und aus ›Herz‹ womöglich ›Sinn‹. Aber genau dies ist die Realität, denn alle diese Begriffe sind zugleich Ausdruck einer neuen Form von Zusammenleben – zwischen Jungen, Älteren und Alten, zwischen den Geschlechtern, den Angehörigen unterschiedlicher Kulturen, Religionen und Hautfarben und Ideologien: auf engstem Raum und innerhalb der Grenzen eines Staates, dessen Grenzziehung und Gesellschaftsverfassung nicht gerade das Ergebnis einer souveränen deutschen Politik gewesen sind. Das ist die Wirklichkeit, und nur davon können wir ausgehen.

Und nur diese Wirklichkeit kann auch sinn-vermittelnd sein. Sich zu fragen, wo die Sinn-Möglichkeiten einer solchen Gesellschaft liegen und daraus konkrete Sinn-Angebote zu machen – das ist die Führungsaufgabe heute in Wirtschaft und Gesellschaft und damit auch in der Bundeswehr.

Daß angesichts der atomaren und chemischen Waffen jegliches Militär auf der Welt an und für sich ein Anachronismus ist, ändert nichts an dem Erfordernis der jetzigen Bundeswehroffiziere, sich über individuelle wie kollektive Motivation den Kopf zu zerbrechen, es macht dies nur noch schwerer. Die Lösung des nuklearen und ideologischen Dilemmas kann nur auf dem politischen Feld erfolgen. Die Bundeswehr wie die Rote Armee oder die US-Army sind nicht Ursache, sondern Ausdruck dieses Dilemmas, zumindest solange, wie sie nicht zu dem Hauptfaktor in ihren Staaten werden. In der Bundesrepublik Deutschland läßt das Konzept des ›Bürgers in Uniform‹ hoffen. Aber gibt es ihn schon, diesen ›Bürger in Uniform‹? Hat es ihn je gegeben oder steht er noch immer erst auf dem Papier? Hat man ihn vielleicht sogar bereits wieder ad acta gelegt – zugunsten alter oder ganz anderer neuer Vorstellungen? Und wie sehen diese aus?

Wirft man einmal einen Blick auf eine Reihe von Bundeswehrveröffentlichungen zum Thema Führung, dann fällt zunächst die Unsicherheit auf, die jene Hinweise kennzeichnet, die sich mit dem Problem der Motivation und dem sogenannten ›sozialintegrativen Führungsstil‹ beschäftigen. Allein schon diese Formulierung – gegenübergestellt einem ›autokratischen‹ und einem ›personalen‹ Führungsstil – macht deutlich, daß man offenbar in der Integrierung des sozialen Elementes bei der Führung etwas Besonderes sieht. Letzteres ist jedoch nicht die Ausnahme, sondern die Voraussetzung, es sei denn, man geht grundsätzlich erst einmal vom Kommandieren und von ›Befehl und Gehorsam‹ aus.

Zumindest bei einigen Autoren scheint dies der Fall zu sein. So ist zu lesen: »Eine wertende Betrachtung der Führungsstile setzt ihre Zuordnung zum Prinzip von Befehl und Gehorsam voraus. Befehlsbefugnis und Gehorsamsanspruch schließen als personales und organisatorisches Funktionsprinzip Motivation und Vertrauen nicht aus.« Das klingt fast so, als sei man der Meinung: Motivation und Vertrauen, na ja – aber wenn alle Stränge reißen, gibt es ja noch anderes ...

Befehlsbefugnis und Gehorsamsanspruch sollten im Gegenteil den Offizier wie den Unteroffizier verpflichten, beides durch motivierendes und Vertrauen hervorrufendes Verhalten überhaupt erst zu rechtfertigen. Auch die Einsicht, daß Befehl und Gehorsam allein nicht mehr ausreichten und eine zeitgemäße Menschenführung vielmehr anstreben müsse, »besser an die Geführten ›heranzukommen‹ und durch Motivation und Vertrauen ein qualifizierteres Leistungsangebot zu erzielen«, hat den fatalen Beigeschmack, als handele es sich hier um ›Tricks‹, mit denen man seine Pappenheimern schon kriegen werde (57).

Man täte diesem wie anderen Autoren jedoch Unrecht, wollte

man ihnen die Ernsthaftigkeit bestreiten, nunmehr auch in der Bundeswehr einem neuen, kooperativen Führungsstil den Weg zu bahnen. Aber einmal scheinen die retardierenden Kräfte in der Truppe noch recht groß zu sein (Lehrgangsteilnehmer, die mit dem sozialintegrativen Führungsstil vertraut gemacht worden sind, »stoßen bei Rückkehr zur Einheit damit häufig auf Vorbehalte und Skepsis ihrer Vorgesetzten und älteren Kameraden«) (58), und zum anderen dürfte die gesellschaftliche Motivierung vieler Wehrpflichtiger diese Aufgabe der Offiziere und Unteroffiziere nicht gerade erleichtern.

Die Unsicherheit besteht also. Selbst dort, wo es überall längst selbstverständlich ist, daß Beteiligte mitreden, scheint es ›beim Bund‹ noch die Ausnahme zu sein. So wird z. B. »bei der Vorbereitung eines Zugabends, der Stubenausgestaltung oder der Einteilung zu einem Sonderdienst«, also in Angelegenheiten, in denen man den Rekruten die Fähigkeit »mitreden zu können« ausdrücklich nicht bestreitet, noch immer nur davon gesprochen, daß ihre »Beteiligung bei (solchen) Fragen ... *nicht ausgeschlossen*« wird (59).

In den *Leitsätzen für Vorgesetzte* (60) heißt es: »Führungsstil – Leitsatz 1: Der Vorgesetzte festigt seine Autorität *auch* durch Beispiel in Haltung und Pflichterfüllung. Dazu gehören *auch* Überzeugungskraft und Initiative, fachliches Können und ein gutes menschliches Verhältnis zu seinen Untergebenen.« (Hervorhebung: W. B.) Setzt man Dienstgrad und Befehlsbefugnis nicht irrtümlicherweise mit Autorität gleich, dann wird letztere nicht a u c h durch Beispiel in Haltung und Pflichterfüllung gefestigt wie durch die weiteren genannten Eigenschaften und Fähigkeiten, sondern Autorität entsteht überhaupt erst, wenn ein Vorgesetzter all dies nachgewiesen hat. Bis dahin hat er Befehlsgewalt, Amtsgewalt, aber nicht Autorität. Man hat zuweilen den Eindruck, als verbinde man mit den Begriffen ›Kooperation‹ und ›Sozialintegration‹ die Vorstellung von einem endlos Diskutierenmüssen, so wie Demokratie in früheren Jahrzehnten oft als ›Quatschbude‹ mißverstanden wurde. Auch in der Wirtschaft begegnet man immer wieder diesem ›Alptraum‹, daß Demokratisierung ›Abstimmen‹ heiße, Verantwortung aller für alles und damit von niemandem für etwas Konkretes.

Hier zeigt sich offenbar, daß es um den Grundkonsens in dieser Gesellschaft bezüglich des Wehrwillens und damit auch um den

Grundkonsens zwischen Offizier und Mann schwach bestellt ist, denn im Endeffekt kommt es vor allem *darauf* an. Wie im Detail etwas taktisch-technisch am besten angefaßt wird, das wird gerade im Einsatz sehr rasch nur noch der Bessere entscheiden. Dienstgrade verbrauchen sich dabei rasch. Gerade deshalb muß jede Art von militärischem Zusammenwirken auf Vertrauen und Motivation beruhen, weil zur Erklärung und Begründung meist keine Zeit ist. Das suspendiert jedoch ein partnerschaftliches Verhalten nicht, sondern setzt es auch in diesem Fall wiederum voraus. Es ist deshalb schlicht falsch, wenn der bereits zitierte Autor befürchtet, ein »Außenstehender könne in Versuchung« gebracht werden, den »kooperativen Führungsstil als den einzig richtigen anzusehen«, während jeder erfahrene Vorgesetzte doch wisse, »daß er in vielen militärischen Führungssituationen überhaupt nicht anwendbar ist oder häufig bald an Grenzen stößt. Seine Anwendung muß möglich und zweckmäßig/sinnvoll sein ...« Einschränkungen sieht dieser Autor in Zeitproblemen oder der ungenügenden Qualifikation der Mitarbeiter zur Kooperation. Hier tut sich das Mißverständnis ›kooperativer Führungsstil‹ in aller Deutlichkeit auf:

Führungs›stile‹ erscheinen wie Schraubenschlüssel, die mal passen und mal nicht. Über ihre Anwendung entscheidet die Größe der Schraube. Hängt darüber hinaus seine Anwendung auch noch von der Einschätzung der Untergebenen durch den Vorgesetzten ab, so wird es wohl nicht viele Situationen geben, in denen kooperationsunlustige Vorgesetzte sich für den Schraubenschlüssel ›sozialintegrativer Führungsstil‹ entscheiden.

Führung durch Motivation und Motivieren zur Leistung nach eigenen Maßstäben sind jedoch ein immerwährendes Bemühen und die Grundlage jeglichen Führens, vor allem unter den erschwerten Bedingungen der Bundeswehr. *Führen durch Motivation ist Grundlagenarbeit,* ist Vermittlung von Vertrauen und zwischenmenschlicher Achtung in *allen* Situationen des Lebens, ganz gleich, ob man Freiwillige für einen Auftrag sucht oder einen schlichten Befehl geben muß ohne Wenn und Aber. Gerade dann wird sich zeigen, ob der Ausführende durch eine vorausgegangene Erziehung zum partnerschaftlichen Verständnis der gemeinsamen Aufgabe sich auch dann an den Befehl hält, wenn einmal keine Kontrolle möglich ist. Im Einsatz ist das eher die Regel als die Ausnahme.

Erziehung zur Befehlsausführung/Auftragserfüllung ohne Kontrolle ist Erziehung zum Handeln unter kriegsmäßigen Bedingungen – Kontrolldenken orientiert sich mehr am Kasernenhof. Gerade deshalb sprechen wir in der Wirtschaft und in anderen Bereichen von Ausbildung und in der Bundeswehr von Erziehung. Ausbildung richtet sich auf Kenntnisse und Fertigkeiten – Erziehung auf Gesinnung. »Erziehe zuerst den Menschen und pfropfe darauf den Soldaten«, hat Maria Theresia gesagt (61). Wer glaubt, Soldaten ohne motivierende Erziehung auch nur in einer Situation führen zu können, muß theoretisch davon ausgehen, daß dann auch immer jemand notwendig ist, der im Zweifelsfall mit der gezogenen Pistole hinter solchen Soldaten steht. Ein kooperativer Führungsstil stößt nie an seine Grenzen, selbst dann nicht, wenn nur noch mit Handzeichen geführt wird, und vor allem bewährt er sich, wenn überhaupt keine personale Führung mehr möglich ist.

So greift auch der Grundsatz »Kooperation, wo möglich, Subordination, wo nötig« (62) zu kurz. Subordination ist ja keine Zumutung, sondern ergibt sich aus der Arbeitsteilung auch im militärischen Handeln (personale Fehlbesetzungen kommen in allen sozialen Systemen vor). Unterordnung als richtig verstandene Einordnung (auch eine Erziehungsaufgabe!) wird durch Kooperation nicht nur nicht außer Kraft gesetzt, sondern erst verständlich ...

»Menschenführung ist erlernbar«, und »durch Verhaltenstraining in den unterschiedlichen Lernsituationen werden mit zunehmender ... Dauer Fortschritte ... erkennbar« (63) – so kann man nachlesen. Zu wünschen ist, daß der instrumentelle Funktionalismus, wie er gerade aus dem Umgang mit den Begriffen Motivation, Vertrauen, Sozialintegration, Kooperation hervorgeht, einem mehr ganzheitlichen Verständnis von Führung Platz macht.

Nicht nur die zitierten begrifflichen, sondern auch sprachliche Unklarheiten dürften einem eindeutigeren Verständnis des modernen Führungsdenkens entgegenstehen. So fällt es einem durchschnittlichen jungen Offizier, der nicht gerade Linguist ist, sicher nicht leicht, sich »das übergeordnete Ziel der Inneren Führung« nach der folgenden Formulierung anschaulich vor Augen zu führen: »Militärische Funktionstüchtigkeit der Bundeswehr im Bereich Motivation und Moral der Soldaten und der Truppe (Identifikation) unter der Vorgabe politischer und sozialer Integration des Soldaten und des Militärs« (64).

Da drückt sich ein ausscheidender Kampftruppenkommandeur schon klarer aus: »Machen Sie selber vor, was Ihre Untergebenen lernen müssen, d. h., um mit Goethe zu sprechen: ›Mit einem Herren steht es gut, der, was er befohlen, selber tut‹ –, und er erinnert unter anderem auch daran, was Erziehung ist, indem er den Ausspruch eines bayrischen Offiziers aus dem vorigen Jahrhundert zitiert: ›Mit ungemäßer Milde, Freund, erziehst Du einen Weichling, und dieser wird zuletzt ein Schelm und ein Feigling. Mit Strenge ohne Liebe jedoch, der Geier soll Dich holen, erziehst Du Heuchler nur, mein Freund, und würdelose Sklaven« (65).

Bereits vor zwanzig Jahren wies das Handbuch Innere Führung den richtigen Weg, indem es zum »Wagnis« aufrief, »neue Wege« zu gehen: »Alle Menschenführung in der Truppe wird nur dann erfolgreich sein, wenn die Führenden – d. h. die Erziehenden – sich nüchtern, vorurteilslos und konsequent um Erkenntnis der Wirklichkeit und ihre Bewältigung bemühen; wenn sie erkennen, daß es nicht damit getan ist, Zöpfe abzuschneiden und Pflästerchen aufzukleben; wenn sie an sich selbst den Maßstab der Bildung und Leistung legen; wenn sie bereit sind, Autorität im Wagnis zu neuen Wegen zu gewinnen« (66).

»Die alten Formen zerstören, die Bande des Vorurteils lösen, die Wiedergeburt leiten, pflegen und sie in ihrem freien Wachstum nicht hemmen – weiter reicht unser hoher Wirkungskreis nicht«, schrieb der General Scharnhorst seinem jungen Freund Clausewitz, als dieser aus der französischen Gefangenschaft nach Preußen zurückkehrte. Nach großen militärischen wie politischen Katastrophen läßt sich's besonders gut nachdenken. Vielleicht liegt unsere letzte Katastrophe schon zu lange zurück.

Aber es gibt immer noch viele, die nachdenken und die dabei auch gegen einen Grundsatz verstoßen, den ebenfalls schon der General Scharnhorst festgehalten hatte, daß nämlich »... Soldaten und Theologen, wenn sie den Ansprüchen ihrer Vorgesetzten genügen wollen, nicht zuviel Geist zeigen dürfen« (67).

Dem Oberst Werner v. Scheven, unserem nächsten Gesprächspartner, ist auch dies schon vorgeworfen worden.

In dem anschließenden Interview äußert er sich nicht nur als Truppenführer, Kommandeur einer Panzerbrigade, sondern auch als ehemaliger Referent für Grundsatzfragen im Bundesministerium der Verteidigung.

B.: Wenn man heute die Werbeanzeigen der Bundeswehr in den verschiedenen Zeitschriften betrachtet, dann hat man den Eindruck, als sei die Bundeswehr in erster Linie dazu da, um jungen Leuten zu einer erstklassigen Ausbildung unter besonders günstigen Umständen zu verhelfen, z. B. zu einem Studium bei vollem Gehalt ... Ist das als Motivation für den Beruf des Soldaten und Vaterlandsverteidigers nicht ein bißchen wenig?

v. Sch.: Das wäre sicher zu wenig. Das Studium und die Bundeswehrhochschule sind auch nicht Motivation Nr. 1. Ursprünglich ging es sicher einmal darum, die Attraktivität des Offiziersberufes zu erhöhen – um die Jahre 1970/71 hatten wir z. B. für die Panzeraufklärung nicht einen einzigen Offiziersbewerber –, aber in erster Linie geht es doch darum, den künftigen Offizier vor allem als späteren Stabsoffizier auf seine vielfältigen technischen und Managementaufgaben vorzubereiten. Der Offizier der neunziger Jahre kommt genauso wie der Manager oder der Politiker um eine hochqualifizierte Ausbildung nicht herum.

B.: Dagegen ist sicher nichts zu sagen. Die Frage ist jedoch: Was ist jemand als Soldat w e r t, der eine solche Ausbildung bekommt? Wie lange hält er stand, wenn es ernst wird, und aus welchem Grund ist er überhaupt Soldat geworden?

v. Sch.: Wir haben sicher in der Anfangszeit Leute dabeigehabt, die sich das Studium ein bißchen leichter machen wollten ... numerus clausus, Bafög, na, das kennen Sie ja. Aber nach zwei, drei Jahrgängen hatte sich das auf ein normales Maß eingependelt. Wir haben jetzt etwa zwei Gruppen: Die eine betrachtet das Studium als eine mehr oder weniger notwendige Zugabe, diese Leute wollen vor allem in die Truppe und dort Menschen führen – die anderen verbeißen sich mit Eifer in ihre wissenschaftlichen Arbeiten und sehen alle darüber hinausgehenden militärischen Anforderungen als lästig an. In der letztgenannten Gruppe findet man dann auch – als Extremfall – diejenigen, die eines Tages Antrag auf Anerkennung als Wehrdienstverweigerer stellen. Solche Fälle sind in der Mehrzahl positiv entschieden worden, heute müssen die Betreffenden dann einen Teil ihrer Ausbildungskosten zurückzahlen.

B.: ... durch das Hochschulstudium erstreckt sich die Offiziersausbildung dann über viele Jahre.

v. Sch.: Ja, das ist die Crux. Da das Studium zivil anerkannt sein muß, dauert die Offiziersausbildung rund 6½ Jahre, und bei dem, was vor und nach dem Studium dann noch militärisch vermittelt werden kann, bleibt doch viel Militärisch-Handwerkliches auf der Strecke ... am Rande allein schon die Forderung, daß der Kompanieführer seine Männer alle mit Namen kennen soll.

B.: Damit hätten wir ja einen alten Führungsgrundsatz schon der Wehrmacht und ihrer Vorgängerinnen, nach dem das Vertrauensverhältnis zwischen Offizier und Mannschaft mit dem namentlich-persönlichen Umgang beginnt.

Wie sieht es sonst aus mit den militärischen Traditionen in der Bundeswehr, wie steht es z. B. mit dem Prinzip des bedingungslosen Gehorsams und mit dem Eid?

v. Sch.: In der Wehrmacht und überhaupt in der deutschen militärischen Tradition hat es den bedingungslosen Gehorsam als Prinzip nie gegeben. Ein unehrenhafter oder gar ein verbrecherischer Befehl durfte auch früher nicht ausgeführt werden.

B.: Na ja – aber Begriffe wie »unehrenhaft« oder »verbrecherisch« kann man je nach Ideologie so oder so interpretieren. Früher bekam man es ja auch fertig, »Gott mit uns« auf die Koppelschlösser zu schreiben, und jede kriegführende Partei schleppte dann ihren Gott mit sich wie ein Nomadenstamm seinen Fetisch. Als das eines Tages für viele fragwürdig geworden war, drängte sich dann bei uns ein Begriff wie »Deutschland« an diese Stelle – Deutschland nicht als politischer oder geographischer Inhalt, sondern als Ideal an sich ... »Deutschland, heiliges Wort, du voll Unendlichkeit«, und derjenige, der diesen Begriff nach allgemeiner Auffassung am eindringlichsten verkörperte – und jahrelang war dies Hitler –, der avancierte dann auch zum Herrn des Rechts und bestimmte, was ehrenhaft oder verbrecherisch war und was nicht.

Die Ideologen aller Zeiten und Völker sind sich doch darüber einig, daß zur Durchsetzung ihrer Ideologie nun einmal auch Opfer notwendig sind – wo gehobelt wird, da fallen Späne, so sagt man doch –, und auf diese Weise sind dann schon so manche »brave Männer« zu Hoblern geworden und andere zu Spänen.

v. Sch.: Gewiß. Wir haben 1945 ja nicht nur den Zusammenbruch der deutschen Wehrmacht und die Zerstörung unseres Landes erlebt, sondern auch den totalen Zusammenbruch unseres Wertesystems. Daraus hervorgegangen ist Unsicherheit ... wir leben nach meiner Überzeugung in einer Dauerkrise unserer Identität, deshalb sagen uns auch Begriffe wie Vaterland, Deutschland, Deutsches Reich wenig, und für die jungen Leute sind alle diese Begriffe kaum benutzbar. Wenn man einmal das Gespräch darauf bringt und nach dem Inhalt fragt, stürzt man sie damit in Verlegenheit.

B.: Ist aus diesem Grunde auch der manchmal geradezu irrationale Antisowjetismus zu verstehen? Man hat nichts so Rechtes, wofür es sich einzusetzen lohnte, dafür weiß man wenigstens, wogegen man kämpft ...?

v. Sch.: Das war sicher in der ersten Zeit der Bundeswehr so, das war ein ganz starkes politisches Motiv. Aber man brauchte deshalb ja nicht seinen Verstand auszuschalten, und ich mache vor allem einen erheblichen Unterschied zwischen den Russen und dem sowjetischen Herrschaftssystem. Ebensowenig verstehe ich jedoch, warum manche Leute keinen Unterschied zwischen dem amerikanischen und dem sowjetischen System machen.

B.: Vielleicht liegt das ebenfalls daran, daß man keinen Maßstab hat. Wenn man nicht weiß, wer man selbst ist, hat man auch keinen Maßstab für andere.

v. Sch.: Aber ja, und damit sind wir wieder beim Eid bzw. beim Gelöbnis. Wir haben in der Bundeswehr ja zweierlei: Eid und Gelöbnis. Beides ist sozusagen noch draufgesetzt auf das, was schon das Soldatengesetz, § 6, verlangt. Die gesetzliche Pflicht des Soldaten ist wortgetreu dasselbe wie Eid und Gelöbnis. Der Eid ist nur ... eine Art Beteuerungsritual ... daß man diese Grundpflicht, die einem der Gesetzgeber auferlegt hat – ob man will oder nicht –, auch annimmt, daß man sie anerkennt. Daß man dies in der Form des Eides tun soll, und zwar öffentlich, hat eigentlich mehr mit der Absicht der

Bundesregierung zu tun, die Bundeswehr so nahe wie möglich an das Beamtenrecht heranzuführen. Da der Beamte einen Eid auf seine Amtspflichten leisten muß, soll das der Berufs- oder Zeitsoldat auch tun. Im Grunde genommen ist das überflüssig, denn auch sonst müssen ja gesetzliche Verpflichtungen durch den Bürger nicht besonders »angenommen« oder »anerkannt« werden.

Es gibt auch in der Bundeswehr viele – so die Schule Baudissin –, die einen Eid für überflüssig halten und an dessen Stelle lieber eine schlichte Verpflichtung sähen, und zwar innerhalb der Gruppe oder des Zuges, also innerhalb der kleinen Gemeinschaft.

B.: Das wäre übrigens ein unmittelbar erlebbarer sozialer Zusammenhang: eine Verpflichtung in der Gruppe, in der und mit der man kämpft, manchem mag dies in der Tat realer erscheinen als die imaginäre Vielheit Staat oder Gesellschaft, denn der Begriff »Volk« ist uns ja genauso entglitten wie die vorher schon von Ihnen genannten Begriffe »Vaterland«, »Deutschland« u. a.

v. Sch.: Als Referatsleiter für Grundsatzfragen im Ministerium – bevor ich Brigadekommandeur wurde – habe ich mich sehr nahe am politischen Dienstherrn befunden, sehr nahe am Generalinspekteur und sehr nahe am Parlament. Wir sind ja die »Armee des Parlaments« genannt worden, und Sie glauben gar nicht, wie stark das Parlament in die Bundeswehr hineinregiert. Die Bundeswehr darf zum Beispiel mit ihrer militärischen Führung noch nicht einmal Fragen der Grußordnung entscheiden. So ist es auch eine Forderung des Gesetzgebers gewesen, daß das Gelöbnis des Soldaten in feierlicher Form stattzufinden hat – man hielt dies immer für eine Forderung der Bundeswehr selbst –, eine Fehlentwicklung war es vielleicht, daß man daraus Großveranstaltungen gemacht hat, ich war selbst daran beteiligt, dies wieder zurückzudrehen und der Truppe anzuempfehlen, einen internen Rahmen vorzuziehen mit den eingeladenen Angehörigen und innerhalb der Kaserne.

B.: Sollte man sich nicht grundsätzlich auf den Standpunkt stellen, daß ein Gelöbnis genügte und es überflüssig sei, Gott als Eideshelfer einzubringen? Ist unsere Gesellschaft nicht stark genug, durch ihre Wertepräsentation den entsprechenden Hintergrund zu bieten?

v. Sch.: Ich hielte dies durchaus für ausreichend. Wichtig ist mir nur, daß es überhaupt stattfindet, denn es ist eine Gelegenheit, sich noch einmal auf seine Pflicht zu besinnen, und zwar in der Gemeinschaft der Truppe, in der sich der eine auf den anderen verlassen können muß, und das sollte man sich noch einmal bestätigen. Meiner Meinung nach ist es nicht damit getan, daß man ein Formular unterschreibt, seine gesetzliche Verpflichtung lediglich zur Kenntnis genommen zu haben.

Der Streit Eid/Gelöbnis ist 1973 noch einmal von der Kirche aufgegriffen worden, weil nach unserer alten Vorschrift dabei ein Choral gespielt werden sollte. Das ist inkonsequent, denn das Gelöbnis ist ein säkularer und kein kirchlicher Vorgang. Ich habe die Vorschrift dann auf Weisung geändert, jetzt ist »eine feierliche Musik«, aber nicht mehr ein Choral, vorgeschrieben. Dasselbe betrifft im übrigen auch den Großen Zapfenstreich.

B.: Kommen wir auf unseren Ausgangspunkt »die Motivation des Soldaten« zurück: Halten Sie es überhaupt für möglich, einen militärischen Verband, für den ja Aufopferungsprinzip besteht, nur auf Verabredungsbasis zusammenzuhalten, oder muß dahinter nicht doch ein Gemeinschaftswert stehen, der letztendlich Grundlage und Ziel der Verpflichtung ist?

v. Sch.: Die Diskussion darüber in der Bundeswehr ist alt. Baudissin ist der Vertreter derer gewesen, die davor gewarnt haben, Emotionen überhaupt anzusprechen ... dahinter steht ein idealistisches Bild vom Staatsbürger.

B.: Ist ein idealistisches Bild vom Staatsbürger nicht die komprimierteste Emotion?

v. Sch. ... kann man so sehen. Ich halte Baudissin deshalb für einen Traditionalisten, weil er die Entwicklung, die wir seit 30 Jahren durchgemacht haben, nicht mitvollzieht. Er hält fest an dem Idealbild des Staatsbürgers, wie er ihn sich Anfang der fünfziger Jahre einmal vorgestellt hat. Aber diesen Staatsbürger haben wir nicht bekommen. Das hängt mit unserer Identitätskrise zusammen. Für uns bedeutet das: Wir haben eben keinen ausgeprägten Staatsbürger, auf den wir sozusagen den Soldaten draufsetzen können, den Staatsbürger in der ursprünglichen Vorstellung als ein überzeugtes Mitglied unserer demokratischen Gemeinschaft, der sich auch seiner Verantwortung für diese Gemeinschaft bewußt ist.

B.: Wie sieht denn nun in der Bundeswehr das aus, was unter all diesen pluralistischen Einflüssen an Führung noch übrigbleibt?

v. Sch.: Wir haben kein anderes Erziehungsziel, weil der Gesetzgeber nach wie vor an diesem Leitbild festhält. Ich halte dieses Leitbild auch für richtig, nur fehlen uns einfach in der Praxis die Voraussetzungen, um auf einer solchen Grundlage arbeiten zu können.

B.: Was wären dazu Ihre wichtigsten Forderungen?

v. Sch.: Nun, die erzieherischen Institutionen, vom Elternhaus und der Schule angefangen, müßten einmal die staatsbürgerlichen Pflichten zum Thema machen.

B.: Abkehr vom Staat als sozialer Selbstbedienungsladen?

v. Sch.: Ja – eine staatsbürgerliche Grunderziehung in der Schule, die darauf abzielt, entscheidende Prinzipien der Demokratie und des Zusammenlebens in unserem Land zu bejahen. In der Ständigen Konferenz der Kultusminister wird ja doch bestritten, daß dies notwendig sei.

B.: Gibt es parteipolitische Präferenzen oder ist dies bei allen Parteien so?

v. Sch.: Im Grunde ist dies bei allen Parteien so gewesen . . . erst in den letzten Jahren zeichnet sich eine gewisse Unterscheidung in den Ländern ab.

B.: Was macht nun ein armer Kompaniechef, der es mit Leuten zu tun hat, denen durch ihre Entwicklung jede Vorstellung von dem fehlt, was dieser Staat, was diese Gesellschaft eigentlich sind und was sie von ihm erwarten – was macht ein solcher Kompaniechef, der obendrein mit seinen Männern zeitlich auch noch ungenügend zusammenkommt?

v. Sch.: Wenn er richtig ausgebildet ist, besinnt er sich darauf, daß eine Truppe auch im Kriege, im Gefecht, vor allem durch den inneren Zusammenhang der Einheit, durch die Kameradschaft und das Vertrauen untereinander, stabilisiert wird, und daraufhin erzieht er vor allem. Aber das würde schließlich auch für jede Legionärstruppe zutreffen. Deshalb darf es dabei allein nicht bleiben – das Wehrmotiv, die Erziehung zum Wehrwillen, muß auch mit einfließen.

B.: Und wie sieht das in der Praxis aus?

v. Sch.: Die Vorstellungen der Inneren Führung gehen davon aus, daß durch das tägliche Verhalten der Offiziere und Unteroffiziere dem einzelnen Soldaten vorgelebt wird, was das Leitbild »Staatsbürger als Soldat« bedeutet.

B.: ... Erziehung durch Vorbild ...

v. Sch.: ... und wie das Prinzip der Freiheit des Bürgers mit der Einschränkung von Freiheiten als Soldat in ein Gleichgewicht gebracht werden kann. Das muß in erster Linie eine Erfahrung aus dem Führungsverhalten sein und keine Sache des theoretischen Unterrichts.

Darüber hinaus gibt es auch noch ein Minimum an staatsbürgerlichem Unterricht, bei dem wir den Anspruch des Staatsbürgers zu erfüllen suchen, informiert und über Hintergründe und Zusammenhänge aufgeklärt zu werden.

An sich ist das im Laufe der 15 Monate zwar eine ganze Menge, aber angesichts dessen, was wir an Ausbildung in dieser Zeit sonst noch zu leisten haben, ist es natürlich viel zu wenig. Angesichts der zuvor ja schon erwähnten Lücken, vor allem auf dem Gebiet der Geschichte und Zeitgeschichte, ist es immer nur ein Tropfen auf den heißen Stein.

B.: Was meinen Sie, wie lange hält die Wirkung eines solchen Vorbilderlebens an? Glauben Sie, daß sich ein heutiger Wehrpflichtiger auch noch in ... 5 Jahren, vielleicht unter ganz anderen familiären und politischen Bedingungen, noch seines Kompaniechefs erinnert, um sich dann hochmotiviert zu seinem Gelöbnis von einst zu bekennen?

v. Sch.: Nun hängt ja dieses über die Person wirkende Erziehungssystem, wie wir es verlangen, in hohem Maße von der Qualität dieser führenden Personen ab und davon, ob überhaupt alle Führungspositionen besetzt werden können.

Da haben wir aber bis in die jüngste Vergangenheit über große Mängel zu klagen gehabt, jahrelang waren allein 60 Prozent unserer Unteroffiziersstellen unbesetzt. Erst jetzt eröffnen sich für uns durch die veränderte Arbeitsmarktlage neue Chancen. Erst jetzt sind in der Bundeswehr die personellen Voraussetzungen gegeben, um die Führungsprinzipien auch voll in die Praxis umzusetzen.

B.: Heißt das auch, daß sich nun für die Gemeinschaftserziehung ebenfalls neue Möglichkeiten bieten, werden jetzt mehr Führungskräfte länger und intensiver mit den Soldaten zusammensein und zusammenleben?

v. Sch.: Da stoßen wir natürlich auch an Grenzen, die uns das Gesetz auferlegt. Dem Soldaten dürfen nicht mehr Einschränkungen seiner Freizügigkeit zugemutet werden, als es der Dienst unbedingt verlangt. Der Soldat rückt zur Dienstleistung in die Kasernen täglich ein wie ein Arbeitnehmer an seinen Arbeitsplatz. Ein Großteil der Soldaten fährt ja abends nach Hause ... mitunter 200 bis 250 km weit. Die Soldaten haben nach der Grundausbildung, also nach den ersten 3 Monaten, grundsätzlich Ausgang bis zum Wecken.

Immerhin gibt es innerhalb der 15monatigen Wehrdienstzeit eine etwa dreimonatige Intensivzeit auf Truppenübungsplätzen, auch im Winter, und diese Monate nutzen wir intensiv. In dieser Zeit erleben wir – und dies macht uns auch immer wieder sicher gegen die übliche Kritik von außen –, wie die Soldaten wirklich leistungsmotiviert sein können.

B.: ... also wie überall: Leistungsmotivation durch soziale Erlebnisse ...

v. Sch.: ... durch Gemeinschaft, wobei sie im praktischen Handeln auch den Sinn dessen erfahren, was sie tun. Bei den unmittelbaren Kampftruppen ist das mitunter ein wenig problematisch. Die wenigsten Probleme haben wir mit denen, deren Kriegsaufgaben denen im Frieden entsprechen, wie es bei den kampfunterstützenden Verbänden der Fall ist, den Stabs- und Versorgungseinheiten, bei denen also täglich Betrieb ist.

B.: ... also Motivation aus dem Handeln heraus: weil ich handele, hat das Handeln auch Sinn ... Kann man darauf vertrauen oder spielt der dabei ja ausgeblendete idealistische Hintergrund – das Handeln aus ideeller Zielsetzung – nicht doch noch eine Rolle?

v. Sch.: Da ist gerade ein sehr aufschlußreiches Buch von Oberst Linte erschienen über Führen im Gefecht, in dem englische, kanadische und amerikanische Quellen ausgewertet worden sind: Was motiviert den Soldaten im Gefecht. Der Autor hat nichts gefunden, was darauf hinweist, daß irgendeine Art von politischer Motivation eine Rolle spielt. Er hat nichts, aber auch gar nichts darüber gefunden. Es ist nur der Zusammenhalt der kleinen Gemeinschaft, nur die Geborgenheit des Aufeinandereingespieltseins bringt die Standfestigkeit im Gefecht.

B.: Also doch Landsknechtsmentalität, Zusammenhalt im »verlorenen Haufen« ... »Jörg von Frundsberg führt uns an, tralalala tralala ...«

v. Sch.: Ich bin auch anderer Meinung. Es gibt doch Beispiele genug, wo Truppen, die aufgrund ihres sogenannten Zusammenhalts sehr hoch eingeschätzt worden waren, in ganz kurzer Zeit auseinandergefallen sind, man denke an die iranische Armee des Schahs, die buchstäblich in Stunden unter dem Ansturm des fundamentalistischen Islam zusammenbrach.

B.: Ich könnte Ihnen ebenfalls Beispiele genug aus dem Zweiten Weltkrieg aufzählen ... das Gefühl, zu einem gut geölten Team zu gehören, reicht wahrlich nicht aus, um auch dann noch stehenzubleiben, wenn die anderen längst weggelaufen sind.

v. Sch.: Ich möchte da auf eine soziologische Studie verweisen, die sich mit dem moralischen Urteil in der Bevölkerung befaßt. Darin fällt die überwiegende Mehrzahl unserer Mitbürger in die Kategorie derjenigen, deren moralisches Urteil auf einem ganz persönlichen Gefühl von Recht und Unrecht beruht. Die Leute wissen, daß man eben bestimmte Dinge tut und andere Dinge nicht, pragmatische Verhaltensweisen ... Und unsere jungen Wehrpflichtigen unterscheiden sich da nicht. Wir können nach unseren Erfahrungen davon ausgehen, daß diese Jungen, die in Elternhäusern erzogen worden sind, in denen man noch zu wissen glaubt, was recht und was unrecht ist, zu 90 Prozent auch zu ihrer Wehrpflicht stehen. Und das wird auch in Krisenzeiten tragfähig bleiben, wenn auch das persönliche Führungsverhalten der Vorgesetzten glaubwürdig ist.

B.: Und wie wollen Sie dies glaubwürdig ... noch glaubwürdiger machen?

v. Sch.: Wir haben in der Panzertruppe eine bestimmte Gruppe von erfahrenen Feldwebeln, die alle Panzerschießübungen auf den Schießplätzen beobachten und die Truppe bei der Verbesserung ihrer Schießleistungen beraten. Die Wirkung dieser Einrichtung ist ganz erheblich, und etwas Ähnliches schwebt mir auch für die Verbesserung der Führungsleistungen vor: Unabhängige Beobachter, die nicht in der Hierarchie stehen – sie können sogar in Zivil sein –, erfahrene Fachleute, mit einem guten Blick für Menschen und Situationen.

B.: – eine hervorragende Idee! –

v. Sch.: ... solche Leute könnten erheblich zur allgemeinen Verbesserung der Führung in der Truppe beitragen.

Franz Uhle-Wettler

Sich an den Generalmajor und designierten Chef des Nato-Defense-College in Rom Dr. Franz Uhle-Wettler zu wenden, dazu hatte ein Pressehinweis Veranlassung gegeben, der erstaunlich genug war für einen General, der Karriere im Sinne japanischer Traditionen gemacht zu haben scheint, denn nach japanischer Auffassung ›steigt der Drache nur gegen den Wind‹. Ein akademisch gebildeter Offizier wie Uhle-Wettler, der weder Techniker von Betriebswirt/Manager, sondern Orientalist ist, der auf eigene Kosten, als Werkstudent und noch vor Erfindung des Bafög studiert hatte und mit dem Fahrrad nach Indien gefahren war, mußte eigentlich auch auf Schwierigkeiten stoßen: auf der Offiziersschule wie auf der Führungsakademie. Daß er dann noch den Kommandeur einer Panzerbrigade seiner Division, den Oberst Werner v. Scheven, als weiteren Gesprächspartner benannte, obwohl v. Scheven und er keineswegs in allen Fragen einer Meinung sind, mußte noch einmal für ihn sprechen. Uhle-Wettler wie v. Scheven stimmen jedoch beide darin überein, daß die Bundeswehr in Führungsfragen noch auf einer recht unsicheren Motivationsbasis operiert.

»Verzicht auf Erziehung völlig unverständlich«

B.: Wenn man einmal das zuvor Gesagte alles in allem nimmt, dann konzentriert sich Führung in der Bundeswehr (bei Abgrenzung zur Leitung wie auch in anderen Bereichen) auf drei Praxisfelder: Einmal auf den unmittelbaren Kontakt zu den direkten Vorgesetzten, also auf Führen durch Vorbild, zum anderen – wenn wir Führen als das Schaffen optimaler Motivationsbedingungen interpretieren – auf die Motivierung des Soldaten durch den Rückhalt, den er in seiner militärischen Primärgruppe erfährt, in seiner Infanteriegruppe, in seinem Zug, in der Panzerbesatzung, zu der er gehört, und durch den Zusammenhalt dieser Gruppe, ihre Verläßlichkeit und Kameradschaft. Drittens käme dann sein staatsbürgerliches Selbstverständnis, sei dies nun ideologisch oder religiös oder wie auch immer geprägt.

Nun stehen diese drei Bereiche aber untereinander in einer gewissen Abhängigkeit: Der starke Rückhalt in der Gruppe als Motivationsmoment, von dem ja auch in dem Gespräch zuvor die Rede war – bei den amerikanischen Streitkräften offenbar das einzige ins Gewicht fallende Moment –, reicht meines Erachtens nicht aus. Wegen eines noch so netten Leutnants und wegen meiner Freunde Heinz oder Otto allein bleibe ich vielleicht eines Tages doch nicht stehen, sondern werfe die Waffen weg ...

Und deshalb meine erste Frage: Wie sehen Sie hier die Prioritäten, wer erzieht nun diese Vorgesetzten, die Vorbild sein sollen, und wie sieht das Motivationsmuster aus, das dahintersteht?

U.-W.: Wollen Sie wissen, wie es in der Praxis aussieht oder wie der Idealzustand sein sollte?

B.: ... sagen wir: Was ist unter den gegenwärtigen Bedingungen erreichbar?

U.-W.: Ich glaube, daß der Hauptanteil der Motivation beim persönlichen Vorbild liegt, ein geringerer bei der Gruppe und der geringste bei der staatsbürgerlichen Verantwortung. Ich möchte das wie folgt begründen: Wir leben heute in einer stark vom Privaten her gekennzeichneten Gesellschaft. Dabei hat der Begriff Demokratie zwar einen beinah religiösen Rang gewonnen, aber etwa im Gegensatz zu 1848 drängt der Bürger nicht zum Staat hin, sondern eher vom Staat weg. Er sieht den Staat zwar als Sozialwesen an, aber in einer eher indifferenten Weise, denn er hat diesen Begriff ja auch bezeichnenderweise durch den unverbindlicheren Ausdruck »Gesellschaft« ersetzt.

B.: ... der weniger verpflichtet.

U.-W.: Ganz recht. Ich behaupte also, daß das staatsbürgerliche Bewußtsein als Motivationsfaktor gering ist.

B.: Um so wichtiger müßten dann die beiden anderen Faktoren sein.

U.-W.: Vor etwa fünfzehn, zwanzig Jahren hätte man wahrscheinlich den Faktor Primärgruppe noch sehr hoch einschätzen können, aber seitdem haben sich die Verhältnisse grundlegend gewandelt. Wenn Sie heute nach Dienstschluß in die Kasernen kommen, sind diese oft leer. Aus verständlichen Gründen bemüht sich die Bundeswehr, die Wehrpflichtigen heimatnah einzuberufen. Die Soldaten, die ein Auto haben, nehmen die Gelegenheit natürlich wahr und fahren dann abends bis zum Wecken am anderen Morgen nach Haus. Damit entfällt automatisch ein ganz wesentlicher Zeitraum, in dem die Gruppe zusammenwachsen könnte: die Freizeit.

Hätten Sie vor zwanzig Jahren die Soldaten nach ihrem wichtigsten Erlebnis in ihrer Bundeswehrzeit gefragt, so hätten Sie mit Sicherheit die Antwort bekommen: die Kameradschaft.

B.: Und das ist heute anders?

U.-W.: Ja, denn die Möglichkeiten, diese Kameradschaft zu erfahren, haben nachgelassen.

B.: ... kann ich mir vorstellen: Die eigentliche Dienstzeit ist strukturiert ... irgend jemand ist immer da, der einem sagt, was man tun soll, und Kameradschaft entsteht ja in erster Linie durch spontanes Handeln, und dafür läßt der Dienst selbst eben nur einen geringen Spielraum ...

U.-W.: Genau.

B.: Wenn also dieser Freiraum »Freizeit« entfällt, dann reduzieren sich auch die erzieherischen Möglichkeiten. Würde das bedeuten, daß Führung ganz erheblich hinter Leitung zurücktritt, denn Ausbildung ist ja in erster Linie Einübung in Leitungsaufgaben?

U.-W.: Ich glaube, so ist es. Ich möchte allerdings einschränkend sagen, daß man sich in dieser Beziehung um so mehr irren kann, je weiter entfernt man diese Prozesse beobachtet.

B.: ... und ein General ist schon ziemlich weit entfernt.

U.-W.: ... er überblickt zwar einen größeren Bereich, aber im Detail kann dies auch zu Fehlbeurteilungen Anlaß geben.

B.: In den letzten Tagen hat mir ein Luftwaffenhauptmann erzählt, daß man in seiner Abteilung schon seit Wochen auf ein wichtiges neues Gerät warte und deshalb weitgehend zum Leerlauf verurteilt sei. Aber gerade diese Gammelwochen (der Ausdruck ist von mir) hätten ihn endlich in den Kontakt zu seinen Männern gebracht, zu dem es sonst in der Hektik der dienstlichen Abläufe nie gekommen sei. Jetzt habe er sich intensiv um jene kümmern und auch einmal über persönliche Dinge mit ihnen sprechen können. Plötzlich habe man in dem anderen nicht nur den militärischen Funktionsträger, sondern den Menschen gesehen. Diese Wochen seien für die Ausbildung eine Katastrophe gewesen, für die Kameradschaft jedoch ein Segen. Beide Seiten, Soldaten wie Vorgesetzte, hätten auf diese Weise miteinander Erfahrungen gemacht, die unter anderen Bedingungen gar nicht möglich gewesen wären.

U.-W.: Das sehe ich genauso.

B.: Damit tritt die Bedeutung des Vorbilds nur noch deutlicher in Erscheinung.

U.-W.: Jawohl.

B.: Wer erzieht denn nun aber diese Vorgesetzten, damit sie ihre Pflichten nicht nur im Hinblick auf ihre Leitungsaufgaben, sondern auch auf ihre Führungsaufgaben wahrnehmen können?

U.-W.: Ich lasse einmal aus, daß ein Teil unserer jungen Offiziere Pädagogik studiert.

B.: Darf ich mir als promovierter Pädagoge die Zwischenfrage erlauben, ob vielleicht die Illusion besteht, daß ein Pädagogikstudium Führungsfähigkeit vermittelte?

U.-W.: ... weiß ich nicht. Ich habe allerdings meine Zweifel.

B.: Diese Zweifel lassen sich durchaus zur Gewißheit verdichten.

U.-W.: Sieht man davon einmal ab, so möchte ich sagen, daß wir wohl die erste Armee in der deutschen Geschichte sind – und möglicherweise die erste Armee überhaupt –, die auf die Erziehung ihrer Offiziere verzichtet.

B.: Die Armee ist sicher nicht der einzige Bereich bei uns, der auf Erziehung verzichtet.

U.-W.: Das ist, geschichtlich gesehen, sicher ein Unikum, ganz besonders im Hinblick auf die historische Tatsache, daß – so wie unser ganzes Volk – auch das Offizierkorps angesichts eines totalitären Regimes sich der Situation moralisch und ethisch nicht voll gewachsen gezeigt hat.

Vor diesem Hintergrund ist der totale Verzicht auf Erziehung, auf das Vermitteln von Vorbildern und Wertvorstellungen völlig unverständlich.

B.: Vielleicht wird dieser »Verzicht« verständlich, wenn auch nicht vertretbar, wenn man davon ausgeht, daß wir ja auch auf eine verbindliche Werteordnung »verzichtet« haben. Dabei scheint jedoch ein Mißverständnis unterlaufen zu sein: Demokratie beruht zwar auf Pluralismus, aber Pluralismus ist kein Wert an sich, sondern setzt zunächst einmal eine Vielzahl von Werten voraus, und zwar nicht nur individuelle, sondern auch gemeinschafts-verbindende, »verbindliche« Werte.

Auf welche gemeinschaftsverbindende Werte soll man einen jungen Leutnant und soll dieser seine Männer erziehen? Auf demokratischen Pluralismus als Form ohne Inhalt, auf eine »Form« von Partnerschaft, die eine klare inhaltliche, nämlich werteorientierte Definition ebenfalls vermissen läßt – woran hat man den Teil bei dieser Partnerschaft, denn Partnerschaft heißt ja »Teilhabe« – und hält Partnerschaft auch »auf Leben und Tod« oder nur solange, wie jeder s e i n e n Teil hat und abbekommt? Kameradschaft hieß doch einstmals: Ein jeder trage des a n d e r e n Last. Meinen wir wirklich nur Partnerschaft oder letztlich doch Kameradschaft, denn die heute vielzitierte Art der Partnerschaft scheint mir eher die Kameradschaft zu verdrängen, um nicht zu sagen: zu erschlagen.

U.-W.: Richtig.

B.: Also was machen wir nun?

U.-W.: Ich meine allerdings, es liegt nicht nur an dem von Ihnen geschilderten Werte-Pluralismus ohne Werte ...

Wenn Sie zum Beispiel einem jungen Offizier heutzutage einen Namen wie Seeckt an den Kopf werfen oder einen Namen wie Manstein oder Ludendorff – von Cannae und Hannibal ganz zu schweigen –, dann ist die Wahrscheinlichkeit sehr groß, daß Sie eine Fehlanzeige erhalten. »Tannenberg« hat er vielleicht schon einmal gehört, weil er an der Tannenberg-Kaserne in Marburg vorbeigekommen ist. Die gleiche Unkenntnis besteht bezüglich der Militärsoziologie bei Schlüsselnamen wie Janowitz. Clausewitz wird heute nur noch auf der anderen Seite der Mauer gelesen, hier nicht.

Nach meiner Meinung gehört zur Bildung eines Menschen: Kenntnis der Grundlagen seines Berufes, der Wurzeln wie der Bedingtheiten und des geistigen Umfeldes. Bildung so definiert, würde bedeuten, daß das heutige Offizierkorps das ungebildetste der deutschen Geschichte ist. Die jungen Offiziere heute erfahren in ihrem Offiziersschnellkursus weder etwas Ernstzunehmendes über solche Männer wie die Zuvorgenannten noch etwas Ernstzunehmendes über moderne Militärsoziologie, noch über die Entwicklung von Taktik, Technik und ähnlichem. Es wird alles drei Dingen geopfert: Einem Hochgeschwindigkeitsstudium (Maschinenbau, Informatik, Betriebswirtschaft ...), dann einem Notprogrammlehrgang »Abrichtung zum Allgemeinoffizier des Heeres« und einem Anschlußlehrgang »Abrichtung zum Fachoffizier«, also Panzergrenadier- oder Panzeroffizier. Zeit, um über diesen Zaun zu schauen, bleibt nicht. Diese Zeit wird gefressen von der Bundeswehrhochschule.

B.: Wenn die Bundeswehr wenig Unterstützung durch das gesellschaftliche Klima erwarten kann, in dem sie existiert, wenn die Gruppenbedingungen immer schwächer werden, unter denen erzogen werden könnte und wenn die verbleibenden Erziehungsbedingungen nicht ausreichen, um die präsumtiven Erzieher zu erziehen und zu bilden – warum verkündet die Bundeswehr nicht einfach einmal eine Art geistigen Generalstreik, warum erklärt sie sich nicht selbst einmal als technisch zwar hochgerüstet und erstklassig geleitet, aber ideell mangels ausreichender Führungsmöglichkeit nur bedingt abwehrbereit?

U.-W.: Ich glaube, es würde nichts bringen, nach den Sternen zu greifen. Erst kürzlich noch konnten sich die Kultusminister der Länder nicht einmal auf Richtlinien einigen, wie Verteidigungspolitik in den Schulen zu behandeln wäre.

B.: Nun kann man geteilter Meinung sein, ob heute Verteidigung überhaupt noch bei den gegenwärtigen Waffenwirkungen sinnvoll ist. Aber solange man eine bewaffnete Macht unterhält, darf man sie geistig nicht im luftleeren Raum existieren lassen ...

U.-W.: Sie erinnern sich vielleicht noch an die Gedanken zur Inneren Führung des Generals Schnez, der sinngemäß gesagt hat, daß eine Verbesserung der Zustände in der Armee eine Verbesserung der Zustände auch in der Gesellschaft voraussetzten. Darauf ist die gesamte Presse über ihn hergefallen. Man hat ihm vorgeworfen, nach der Militarisierung der Gesellschaft zu streben, und die Schnez-Denkschrift gilt für weite Teile auch heute noch als ein Beispiel für völlig verfehltes militaristisches Denken.

Die von Ihnen erwähnte Forderung – Sie sprachen ja sogar von einer Art geistigem Generalstreik – kann nicht einmal laut gedacht werden. Wir müssen mit der gegenwärtigen Situation einfach leben, aber man wird sich Sorgen machen dürfen.

B.: Sie hatten zuvor den Generaloberst v. Seeckt erwähnt ... Seeckt hat sich ja nun auch jahrelang politisch zur Wehr setzen müssen, und er ist nach seinem Ausscheiden aus dem aktiven Dienst noch eine Zeitlang Abgeordneter gewesen. Damals ist der Chef der Reichswehr also auch politisch geworden.

Nun bin ich auch nicht dafür, daß man den Geschichtsunterricht und die Sozialkunde vorwiegend als Vorbereitung auf den gesetzlichen Wehrdienst betrachten sollte. Aber Gesetz, Wehrdienst und Milliardenausgaben auf der einen Seite und weitgehend geistiges Vakuum auf der anderen, das stimmt doch nicht überein.

U.-W.: Wir werden hier eine Güterabwägung vornehmen müssen. Die Armee würde sicherlich bei einer veränderten Einstellung weiter Kreise in der Gesellschaft auch leistungsfähiger werden. Aber man muß sich auch fragen, ob die qualitative Verbesserung der Bundeswehr den Preis wert ist, der dafür gezahlt werden müßte.

B.: ... ein Absinken des Demokratie-Levels?

U.-W.: ... ein sehr viel stärkeres Ansteigen der Weisungseingriffe des Staates ...

Eine solche Lösung wäre sicher nicht wünschenswert. Ich hoffe vielmehr, daß wir ganz von selbst wieder zu Verhältnissen kommen, unter denen der Dienst am Staat, der Dienst an der Gemeinschaft selbstverständlich ist.

B.: Nun, auf eine solche ganz selbstverständliche Veränderung hat die Bundeswehr keinen ... sagen wir mal »gesetzlichen Anspruch«, und auf Zufälle kann man nicht rechnen. Es fragt sich also, wie man seitens der Bundeswehr selbst eine solche Entwicklung zumindest beeinflussen könnte – oder, wenn es hier keine Möglichkeiten gäbe – muß die Bundeswehr in Zukunft davon ausgehen, daß ihr von dieser Seite, vom staatsbürgerlichen Bewußtsein und von der allgemeinen Verteidigungsbereitschaft her, keine Motivationshilfe zur Verfügung steht?

U.-W.: Erstens: ich weiß keine Antwort, wer das wie einleiten könnte. Aber zweitens: Die Verteidigungsbereitschaft ist ja Teil einer allgemeinen Einstellung zum Staat, zur Gesellschaft, zum Volk, wie Sie wollen, und diese Einstellung wird sich individuell überhaupt nicht provozieren lassen.

B.: – ich habe da ein Bild aus dem Fernsehen vor Augen, wo junge Demonstranten mit jungen Polizeibeamten sehr vernünftig diskutiert haben, und beide Seiten hatten ihre Argumente. Das sah ganz so aus, als ob die Vorgesetzten dieser Polizeibeamten zuvor mit ihren Männern über Sinn und gegebenenfalls Fragwürdigkeit dieser Demonstration gesprochen hätten. Und ganz gewiß hat man auf beiden Seiten während dieser Demonstration voneinander gelernt.

Warum soll der Bürger nicht nach und nach von seinen Wehrpflichtigen lernen, wenn diese nach ihrer Dienstzeit wieder an ihren zivilen Platz in der Gesellschaft zurückkehren, in dem sich der Wehrpflichtige nicht dafür rechtfertigt, daß er überhaupt seinen Wehrdienst abgeleistet hat, sondern daß er *es ist, der diesen Wehrdienst rechtfertigt.*

U.-W.: Richtig.

B.: Mao hat einmal gesagt, daß der Fisch für das Wasser verantwortlich ist, in dem er schwimmt ... Wenn das Staats- und Gesellschaftsbewußtsein nicht mehr genügend Motivation vermittelt, wenn die Gruppe, wie wir zuvor unterstellt hatten, ebenfalls an Attraktivität einbüßt, dann bleibt schließlich alles an der Person des Vorgesetzten hängen: Entweder ist er ein feiner Kerl oder nicht. Seine Männer wie er selbst haben ihre Stärken und Schwächen, darüber kann man sich ja nach und nach einigen, und so trifft man sich eben auf der Mitte und nennt das Ganze »Partnerschaft« ... Das ist doch nichts!

U.-W.: –

B.: ... wie fühlt man sich unter solchen Motivationsbedingungen? Wäre dann ein Berufsheer nicht die bessere Lösung?

U.-W.: Nein. Selbst angesichts der gesteigerten Waffenwirkung brauchten wir heute mehr Männer, als uns in einer Freiwilligenarmee zur Verfügung stünden. Man muß das auch im Hinblick auf die vielfältigen Waffensysteme sehen, die in einem durchschnittenen Gelände – im Gegensatz etwa zur Wüste – zum Einsatz gelangen. Die gesamte Technisierung bringt hier also keinen Ausgleich ... c'est tous –

B.: Und in bezug auf die Standfestigkeit einer solchen Truppe brächte dies auch nichts –

U.-W.: Nein, eine Freiwilligenarmee würde sich in dieser Beziehung wohl nur in Nuancen von einem Wehrpflichtigenheer unterscheiden ...

Aber lassen Sie uns noch einmal auf unseren Ausgangspunkt zurückkommen – ich wiederhole:

Wir gingen von drei Motivationsbereichen aus – dem staatsbürgerlichen Bewußtsein, der Integration in der Gruppe und dem Vorbild der unmittelbaren Vorgesetzten. Zu Anfang hat die Bundeswehr unter Einfluß des Grafen Baudissin vor allem auf den ersten Bereich gesetzt, ja fast ausschließlich, trotz mancher Vorbehalte, die es schon damals gegeben hat. Über diesen Bereich haben wir gesprochen. Bleiben also noch Gruppe und Vorbild. Auf diese beiden hat die Bundeswehr einen erheblichen Einfluß, dazu aber auch einen erheblichen Nachholbedarf, was ihre diesbezüglichen Bemühungen angeht –

B.: ... also ist hier manches versäumt worden?

U.-W.: Für mich ist symbolisch, daß etwa noch vor einem Jahr 60–70 Prozent der Kompaniechefs (entsetzlich zu sagen!) ihre Männer nicht mit Namen kannten.

B.: ... hm

U.-W.: Rein äußerlich kann man das natürlich mit Brachialgewalt ändern, aber das Schlimme daran ist das mangelnde Interesse am einzelnen Mann. Dazu kommt, daß unsere jungen Offiziere, die ja die meiste Zeit auf der Bundeswehrhochschule zugebracht haben, auch in vielen technischen Fertigkeiten, z. B. bei der Waffenhandhabung, maximal unsicher sind. Ist so etwas dann bei einem Kompaniechef der Fall, wird er natürlich um so mehr zögern, sich bei der Ausbildung im Gelände sehen zu lassen und diese lieber einem erfahrenen Hauptfeldwebel überlassen, der seit zwanzig Jahren einen Zug führt. Das ist sicher nicht bei allen so, wohl aber bei vielen.

Ergebnis: Das Führen durch Vorbild hat bei weitem noch nicht den Stand erreicht, den es erreichen könnte. Hier hat also die Bundeswehr noch erhebliche Möglichkeiten. Ich zweifele nicht daran, daß vor noch nicht allzulanger Zeit ein nicht gerade geringer Teil der Kompanie- und Batteriechefs nicht in der Lage war, den Verschluß eines Maschinengewehrs zusammenzusetzen. Das sind dann Diplom-Ingenieure und diplomierte Pädagogen ...

B.: Aber irgend jemand muß diesen Leuten doch einmal Ziele gesetzt haben. Es ist nicht vorstellbar, daß sie alle nur zur Bundeswehr gekommen sind, um danach gute Techniker oder Lehrer zu werden. Außerdem wäre es doch sicher der Laufbahn abträglich, wenn man um fernerer Ziele willen die gegenwärtigen Anforderungen vernachlässigte –

U.-W.: Hier wirkt sich das gegenüber früheren Jahren veränderte geistige Klima aus. Die Notwendigkeit, daß der Chef in der Lage sein muß, alle anfallenden Handhabungen, wenn auch nicht als Bester, zu beherrschen oder doch wenigstens erklären zu können, wird nicht mehr gesehen. Heute schwebt man gern über den Dingen, den Kleinkram machen die Unteroffiziere ...

Hier müssen wir also in starkem Maße ansetzen. Wir können und müssen aber auch das Zusammengehörigkeitsgefühl in der Gruppe verbessern. In der letzten Woche habe ich erlebt, wie ein Chef in der Ausbildung seine Männer ohne Rücksicht auf die eigentlichen Gruppen unterschiedlos auf seine Schützenpanzerwagen verteilte, nur um überall die Besatzungen vollzählig zu haben. In manchen Besatzungen fehlen ja Männer, so daß immer wieder einmal eine Gruppe aufgeteilt werden muß, wohlbemerkt: immer wieder einmal, aber nicht prinzipiell und gedankenlos wie Nummern und Kartoffelsäcke. Es fehlt eben das Gefühl dafür, was diese Gruppen wirklich bedeuten –

B.: Das geht ja in der Schule schon los, wo man auch die Klassenverbände, die für das wichtige Lernen in der Gruppe eine Voraussetzung sind, einem personell indifferenten Arbeitsgemeinschaftsprinzip geopfert hat, wobei dann nur noch von Arbeit, genauer gesagt von Konkurrenz, aber nicht mehr von Gemeinschaft die Rede ist.

U.-W.: Jawohl.

B.: Und das wird von den betreffenden Offizieren auch gar nicht als Mangel empfunden?

U.-W.: Es gibt natürlich zahlreiche Offiziere, bei denen das besser ist; ich habe das lediglich als ein Beispiel dafür angeführt, das dieses Mißverstehen der Gruppen kennzeichnet.

B.: Also sind wir wieder bei dem persönlichen Vorbild. Und wer wird diesen persönlichen Vorbildern nun selbst als Vorbild vor Augen gestellt?

U.-W.: ... ein Zwangsstudium: Maschinenbau, Vermessungswesen, Wirtschafts- und Organisationswissenschaften, am Rande Pädagogik ...

B.: Aus derselben Vorstellung heraus haben die Fachhochschulen für Ingenieurwesen auch alle früheren sozialwissenschaftlichen Fächer abgebaut, in denen die angehenden Ingenieure auch auf ihre Führungsaufgaben vorbereitet wurden, denn diese fallen jenen ja automatisch mit ihrer herausgehobenen Stellung als Ingenieure zu. Eine weise Ministerialbürokratie war der Meinung, daß man besser ein bißchen mehr Mathematik lernen solle –

U.-W.: Für mich ist das alles unfaßbar –

B.: Nun brauchte man ja gar nicht bei der Suche nach Beispielen für vorbildliches Verhalten strittige Figuren aus der Geschichte heranzuziehen. Es gibt doch in jedem Alltagszusammenhang, und sicher auch in der Bundeswehr, spektakuläre Fälle genug, die sich zur Demonstration und zur Diskussion eignen, Fälle mit Gelingen und Versagen, mit Stärken und mit Schwächen –

U.-W.: Ansätze sind natürlich da. Da gibt es z. B. Wehrausbildung in Wort und Bild, kleine bescheidene Hefte, die bis zur Kompanieebene hinunter verteilt werden. Da sind häufig, nicht immer, Anderthalbseiten-Artikel darin, mit Themen, wie Sie sie meinen. Aber das ist eben alles sehr, sehr wenig. Ich meine der eigentliche Anfang, so wie wir ihn unter den veränderten Bedingungen heute nötig haben, dieser Anfang ist noch nicht gemacht.

Der weite Weg

An Einsichten und Führern fehlt es also nicht, wenngleich letztere dünn gesät zu sein scheinen. Das Problem ist jedoch selbst dort, wo man sich bereits seit Jahrzehnten ernsthaft mit ›Führung‹ beschäftigt, die Umsetzung der Erkenntnisse und Erfahrungen in die Praxis. Dabei zeigt sich, daß nichts ein so zähes Leben hat wie eingefahrene Verhaltensweisen und selbst solche Vorurteile, die sich immer wieder auch gegen einen selbst kehren, je nachdem, welche Rolle man im Kräftespiel übernehmen muß.

Ausreden, um sich vor einschneidenden Konsequenzen zu drükken, gibt es immer. Wie sagte doch Albert Camus? »Der Mensch ist kein rationales, sondern ein rationalisierendes Wesen.«

Nicht nur bei Bertelsmann, in der Bundeswehr und bei FORD liegen die Hauptprobleme nicht in der Erkenntnis, sondern letztendlich in der Angst des ›sozialen Systems Unternehmen‹ vor dem Neuen. Die Angst vor Veränderungen rangiert in der Skala beunruhigender wie krankmachender Bedingungen an erster Stelle.

Rollen und Hierarchien, von denen Struktur und Funktion eines Systems abhängen, können nicht isoliert, sondern nur zusammen mit der Ganzheit des Systems verändert werden. Aber kein System existiert für sich allein, ein jedes ist wieder, wie ›die Puppe in der Puppe‹, eingebettet in übergeordnete Bereiche.

So bedeutet Systemveränderung – vor allem dann, wenn es dabei auch um den Wandel des Menschenbildes geht – die Reformierung eines ganzen Systemgefüges, was uns betrifft: unseres gesamten soziokulturellen Lebensraumes.

Aber diese Wandlung kann nicht von ›oben‹ kommen, sondern nur von ganz ›unten‹: von den kleinsten Einheiten des menschlichen Zusammenlebens, den Familien und Nachbarschaften, von dem Zusammenarbeiten in der Wirtschaft in kleinen wie großen Unternehmen, und von dem Miteinanderwirken in den gesellschaftlichen Großorganisationen, die sich – vor allem, wenn sie den Charakter von Tendenzbetrieben annehmen – immer besonders schwertun.

Die Katastrophe von 1807 hatte Preußen zum Umdenken und zu einem neuen Anfang bewogen. Die Niederlagen von 1918 und 1945 waren ebenso schmerzhafte wie heilsame Anlässe zur Neubesinnung gewesen, und über die Angst vor dem Neuen hatte uns damals die noch nachhallende Angst vor dem gerade erst überstandenen ›Alten‹ hinweggeholfen. Diese letzte Katastrophe liegt für ein zügiges Voranschreiten im Geiste des Umdenkens schon wieder weit zurück. Wir sollten nicht erst wieder auf den nächsten ›Wink des Schicksals‹ warten, denn niemand hat eine Garantie darauf, daß er jede Niederlage überstehen wird.

Der Mensch, jeder Mensch, als Partner – Führung als Hinführung zur Sinn-Erfüllung und Werteverwirklichung – Orientierung in Wirtschaft und Gesellschaft am Sinn des Daseins ... das könnte eine Chance sein.

Zur Ergänzung: Was ist Logotherapie?

Die Logotherapie wurde von dem Wiener Neurologen und Psychiater Viktor E. Frankl in den letzten fünfzig Jahren als die sogenannte Dritte Wiener Schule der Psychotherapie (nach Freud und Adler) entwickelt. Gleichzeitig stellt sie die Überwindung insbesondere der Freud'schen Tiefenpsychologie und deren Menschenbild dar. Ist nach Freud der Mensch vor allem ein triebabhängiges Wesen, dessen Ich einmal von den animalischen Trieben seines ES und zum anderen von den soziokulturellen Forderungen seines Über-Ichs, den Zwängen und Tabus der Gesellschaft, beherrscht wird, so steht im Mittelpunkt der Frankl'schen Logotherapie (Logos = Wort, Geist, Sinn) der seiner selbst bewußte und für sich selbst verantwortliche Mensch mit seiner ›Suche nach Sinn‹.

Auch Frankl weiß, daß der Mensch nicht von den Bedingungen seiner individuellen und sozialen Existenz unabhängig ist; so muß sich der Mensch zunächst ebenso seinen körperlichen und geistigen wie sonstigen schicksalhaften Gegebenheiten stellen, die mit seiner Geburt verbunden sind. Aber dieses Schicksal ist für ihn kein unabänderliches Fatum, sondern Herausforderung und Aufgabe, das Beste daraus zu machen.

Zentraler Ansatzpunkt für die Existenzbewältigung und Schicksalsgestaltung ist die Verwirklichung von Sinn im Leben. Damit wird die Suche nach Sinn in jeder Situation des Lebens zur ursprünglichsten, zur ›primären‹ Motivation des Menschen überhaupt.

Frankl beläßt es jedoch nicht bei einem formellen Sinn-Konzept. Seine herausragende Leistung besteht nicht zuletzt darin, daß er den Begriff ›Sinn‹ in konkreten Fragen und Antworten, vor allem aber in konkreten Handlungen deutlich gemacht hat. Mit seiner

Formulierung ›Sinn-Erfüllung ist Werte-Verwirklichung‹ wird klar, daß Sinn nicht nur etwas Denkbares, sondern auch etwas Praktizierbares ist, etwas, das man nicht nur erleben, sondern auch aktiv gestalten kann und muß.

So hat Frankl die Werte, in deren Verwirklichung sich Sinn für den Menschen offenbart, in bestimmte Kategorien gefaßt: Um kreative Werte geht es, wenn ein Mensch Sinn vor allem im Schaffen eines Werkes sieht, und zwar ganz gleich, auf welchem Gebiet und welchem technischen oder künstlerischen Niveau. Von Erlebniswerten spricht er, wenn es um die Zuwendung anderen gegenüber geht von der Liebe bis zum Engagement in den großen sozialen Gemeinschaften, die unser Leben bestimmen, aber auch bei Erlebnissen allgemeiner – emotionaler oder ästhetischer – Art. Mit der dritten seiner Kategorien, den sog. Einstellungswerten, verweist Frankl auf die menschlichste Form einer Werteverwirklichung, dann nämlich, wenn der Mensch sich durch Einstellungsveränderung über sein Schicksal hinaus erhebt und selbst dann noch einen Sinn in seinem Dasein findet, wenn es für ihn nur noch Schmerzen und Leiden bereit zu halten scheint. Diese ›Trotzmacht des Geistes‹ ist es vor allem, die den Menschen befähigt, Widerstand zu leisten, auch einmal ›nein‹ zu sagen und sein Leben selbst in die Hand zu nehmen und etwas Sinnvolles daraus zu machen.

Damit wird dem Individuum bei aller sozialen Verwurzelung und sozialen Verantwortung wieder die oberste Priorität eingeräumt. Sinn kann jeder nur auf *seine* Weise finden, in jeder einzelnen Situation und nach dem individuellen ›Gesetz, nach dem er angetreten‹ ist. Darum kann ihm auch kein Staat und keine Wirtschaft den notwendigen Sinn liefern, wohl aber müssen in Wirtschaft und Gesellschaft Sinnmöglichkeiten enthalten sein, die der einzelne für sich entdecken und für sich und im allgemeinen Interesse nutzen kann.

Die Adaption logotherapeutischer Prinzipien an die moderne Arbeitswelt und die gesellschaftliche Situation setzt die Wertekategorien aus dem spezifisch Therapeutischen in eine mehr sinnorientierte Handlungstheorie um und geht dabei von dreierlei aus:

Einmal von Individuum, das jeweils nur seinen ganz persönlichen Sinn finden und verwirklichen kann; zum anderen von der grundlegenden anthropologisch-kulturellen Bedeutung der Arbeit, die den menschlichen Sinn-Erwartungen in ihren kreativ/produktiven wie sozialen Aspekten entsprechen muß, und schließlich in ihren Führungsgrundsätzen: Die hochtechnisierte Arbeit unserer Zeit ist mehr als je zuvor sowohl Arbeitsteilung wie Zusammenarbeit. Deshalb muß Führung heute in Wirtschaft und Gesellschaft vor allem Schaffung von Sinn-Möglichkeiten sein und Heranführung an Sinnmöglichkeiten, die noch immer in nahezu allen Arbeits- und Lebensbereichen auf uns warten.

Literatur- und Quellenverzeichnis

1 In diesem Zusammenhang interessant ist das antike Führertum, wie es z. B. das griechische Heer vor Troja aufwies und wie es auch noch die Cherusker zu Zeiten des Arminius kannten: Der ›Führer‹, obschon von allen gewählt und anerkannt, hatte de facto militärisch aber wenig zu sagen. Man folgte ihm vor allem freiwillig und besonders dann, wenn ein persönliches Treueverhältnis vorlag. Im Kampf war er vor allem Vorkämpfer, jedenfalls nicht ›Befehlshaber‹, seiner Taktik schloß man sich an, wenn sie überzeugte.

2 Nach GÜNTER WÖHE/ *Einführung in die Allgemeine Betriebswirtschaftslehre,* Vahlen, München 1973, sind »alle Entscheidungen, die sich auf die Grundfunktionen des dispositiven Faktors beziehen, ... Führungsentscheidungen.« Zum Beispiel, wenn »ein hohes Maß an Bedeutung für die Vermögens- und Ertragslage und damit für den Bestand des Unternehmens ...« vorliegt. »Als Leistungssystem im engeren Sinne wird das hierarchische Gefüge der Weisungsbefugnisse, das Über-, Unter- und Nebeneinander der einzelnen Stellen bzw. Stelleninhaber verstanden.« S. 110/152.

3 Wörtlich: »... der Krieg nicht bloß ein politischer Akt, sondern ein wahres politisches Instrument ..., eine Fortsetzung des politischen Verkehrs, ein Durchführen desselben mit anderen Mitteln.« Carl von Clausewitz/Vom Kriege, Vier Falken Verlag, Berlin o. Jahreszahl, Seite 34.

4 WALTER BÖCKMANN/ *Sinn-orientierte Leistungsmotivation und Mitarbeiterführung,* Enke, Stuttgart, 1980. Dieses Buch enthält auch eine konzentrierte Dartstellung der Franklschen »Sinn-Erfüllung als Werte-Verwirklichung«.

5 Fritz Bisani/ *Personalführung,* Gabler Wiesbaden 1982, S. 24.
6 päd. extra lex. 6/7, 75.
7 Horst W. Brand/ *Die Legende von den »geheimen« Verführern, Beltz,* Weinheim 1978.
8 Abraham H. Maslow/ *On Dr. Frankls Paper. Journal of Humanistic Psychology,* 6/66, S. 107.
9 Walter Böckmann/ *Psychologie des Heilens. Arbeit – Konflikt – Kranksein in der Industriegesellschaft,* Herder-Bücherei 996, 1982.
10 s. Nomenklatura-Serie in DER SPIEGEL, 1982.
11 Weiner u. a./ *Psychologie, I, S. 149, Fischer,* Frankfurt 1975.
12 J. Vontobel/ *Leistungsbedürfnis und soziale Umwelt. Zur soziokulturellen Determination der Leistungsmotivation,* Huber, Bern 1970.
13 Walter Böckmann/ *Das SINN-System. Psychotherapie des Erfolgsstrebens und der Mißerfolgsangst,* Econ, Düsseldorf 1981.
14 Bernard Weiner/ *Theorien der Motivation,* Klett, Stuttgart 1976 – siehe dazu auch John W. Atkinson/ *Einführung in die Motivationsforschung,* Klett, Stuttgart 1975.
– siehe auch *Wulf Uwe Meyer/* Leistungsmotivation und Ursachenerklärung für Erfolg und Mißerfolg, Klett, Stuttgart
15 siehe 14.
16 siehe 14.
17 Psychologie heute, Beltz, Weinheim, 9/1976.
18 Walter Böckmann/ *Botschaft der Urzeit. Wurzeln des menschlichen Verhaltens,* Econ, Düsseldorf 1979.
19 Frederic Vester/ *Denken, lernen, vergessen.* DTV, Stuttgart 1975.
20 siehe 17.
21 siehe 13.
22 siehe 14. Zu Seite 79 Ziffer 1: Aufgaben sollten immer einen klaren Adressaten haben, eine Person oder eine genau umrissene Gruppe; die Auftragserteilung sollte dabei möglichst persönlich erfolgen, so daß auch eine personenbezogene und nicht nur eine sachliche Verpflichtung entsteht.

Das wichtigste Feedback ist immer das Lob. Es sollte stets unmittelbar gegenüber dem tatsächlichen Urheber, dem einzelnen oder der Gruppe, ausgesprochen werden.

Ziffer 6: Aufgaben sollten nicht mechanisch übertragen, sondern – falls realisierbar – einer Mehrzahl geeigneter Personen angeboten werden, damit die Möglichkeit einer freiwilligen Übernahme entsteht.

Ziffer 7: Die Erfolgswahrscheinlichkeit sollte nicht nur als »fifty:fifty« dargestellt werden, sondern möglichst auch so groß sein. Anderenfalls ist es besser, den Auftragnehmer auch darüber nicht im Unklaren zu lassen, denn »Glück hat bekanntlich nur der Tüchtige«.

Ziffer 11: ... indem man sachlich und ohne Vorwürfe die tatsächlichen und nachweisbaren Ursachen aufzeigt.

Ziffer 13: ... wenn dadurch kein unangemessener Erfolgsdruck entsteht und der/die Angesprochene(n) als ausreichend befähigt angesehen werden können: ja!

Ziffer 18: Gleichzeitige Betonung des intrinsischen Wertes der Aufgabe wie der äußeren Belohnung, sofern eine solche vorgesehen ist.

Ziffer 19: Sich als Menschenführer auch der Diskussion allgemeiner gesellschaftlicher Entwicklungen stellen und vor allem die Werte-Diskussion nicht nur den ideologischen Gruppen in der Gesellschaft allein überlassen.

23 siehe 19.

24 siehe 13.

25 Erich Jantsch/ *Die Selbstorganisation des Universums,* DTV, München 1982 und 19.

26 siehe 25, S. 75.

27 siehe 25, S. 185.

28 Friedman, 1975, nach 25.

29 Typischer Fall einer solchen Suggestion war die Politik Nassers, der zur innenpolitischen Konsolidierung einen außenpolitischen Feind, Israel, ›an die Wand malte‹, der erst durch die dadurch ausgelöste politisch-militärische Entwicklung so stark wurde, wie er zunächst aus politischer Opportunität dargestellt worden war. Eine ähnliche Wirkung hat auch die sowjetische Politik gehabt.

30 Demokratische Gesellschaft, II, S. 301/302, Olzog, München 1978.

31 siehe 30, S. 302.

32 siehe 30.

33 DER SPIEGEL, 37/1983, S. 40.
34 siehe 30, S. 303.
35 siehe 13.
36 ... (Baudissin 25 Mio).
37 *Manager Magazin,* Hamburg, 10/1972.
38 aus dem im folgenden genannten Papier.
39 *Handbuch der Inneren Führung.* Hrsg. BuMi d. Verteidg., 2. Aufl., 1960.
40 *Bild der Wissenschaft,* Stuttgart, 8/1975.
41 BERND ENGELMANN/ *Krupp, S. 164,* DTV, München 1970.
42 ABRAHAM H. MASLOW/ *Motivation und Persönlichkeit,* Walter, Olten 1978.
DOUGLAS MCGREGOR/ *Der Mensch im Unternehmen,* Econ, Düsseldorf 1970.
BLAKE-MOUTON/ *Verhaltenspsychologie im Betrieb,* Econ, Düsseldorf 1969.
43 siehe 8.
44 siehe 5.
45 Berühmte politische und militärische Führer, die schon in jungen Jahren Ungewöhnliches leisteten: Der Markomannenkönig Marbod besetzte mit 16 Jahren Böhmen, Alexander von Mazedonien schlug mit 23 Jahren eine zehnfache persische Übermacht bei Issos, der Cherusker Arminius vernichtete mit 25 Jahren im Teutoburger Wald drei römische Legionen, Hannibal schlug als 31jähriger die berühmte Schlacht bei Cannae ... und Napoleon war vor etwas mehr als 200 Jahren auch schon mit 24 Jahren General.
46 siehe 5.
47 siehe 13.
48 siehe 18.
49 siehe 18.
50 WOLFGANG KELLNER/ *Soziale Situation und Krankheit,* Rathgeber, München 1975.
51 siehe 9.
52 Äußerungen hamburgischer Werftarbeiter bei dem Streik im Oktober 1983 im Fernsehen (ARD).
53 – 54 – 55 siehe 4.
56 1, 2: Unternehmensverfassung; 3: Vortrag Davos 4. 2. 1977; 4: Luth. Monatshefte 10/1977; 5: Bertelsmann Texte, Heft 9; 6:

Vortrag Davos, s. o.; 7: Luth. Monatshefte, s. o.; 8: FAZ vom 30. 9. 1976; 9: FAZ, s. o.; 10: Vortrag Davos, s. o.; 11: Vortrag 23. 9. 1981 Bundesakademie für öffentliche Verwaltung; 12: Bertelsmann Texte, s. o.; 13: Luth. Monatshefte, s. o.; 14: Bertelsmann Texte, s. o.; 15: Vortrag Davos, s. o.; 16: DLAG-Gespräch 2/1974.

57 Dieter von Consbruch/ *Soziale Integration – in »Kampftruppen/Kampfunterstützungstruppen«* 6/1982.

58 ebd.

59 ebd.

60 *Leitsätze für Vorgesetzte.* Hrsg. BuMi d. Vertdg., Führungsstab I 4, 1979.

61 *aus »Kampftruppen/Kampfunterstützungstruppen«* 6/82.

62 siehe 57.

63 Hans Graf/ *Ausbildung in den Grundsätzen der Menschenführung – »Kampftruppen/Kampfunterstützungstruppen«* 6/1982.

64 *Aus »Informationen für die Truppe«,* 8/1982, *zitiert nach Horst Zobel/»Kampftruppen/Kampfunterstützungstruppen«* 6/1982.

65 Generalmajor Oskar Munzel in *»Kampftruppen/Kampfunterstützungstruppen«,* 6/1982.

66 siehe 39.

67 *beide Scharnhorst-Zitate aus einem Brief von Oberst a. D. Otto Wolters an Oberst Werner v. Scheven, ohne Datum, mit frdl. Genehmigung.*

Register

In diesem Register sind Personennamen und Sachbegriffe sowie die Titel von Büchern und Schriften aufgeführt. Personennamen sind durch kursive Schrift, Buchtitel usw. (ohne Artikel) durch Anführungszeichen gekennzeichnet.

Petra Schmidt-Decker

Die jungen Bosse

264 Seiten, 9 Abbildungen, gebunden

Sie stehen an der Spitze eines bedeutenden Unternehmens. Sie können sich nicht verkriechen, sie stehen im Rampenlicht, ob sie es wollen oder nicht.

»Die jungen Bosse« geben Auskunft:

- über ihr Unternehmen;
- über Mitarbeiterführung und Motivation;
- über Struktur, Umsatz, Expansion;
- über Innovation und Ziele, aber auch über unternehmerische Mißerfolge.

Sie lassen sich von Petra Schmidt-Decker in die Karten schauen, erzählen, wie sie für ihren Beruf vorbereitet wurden, geben Auskunft auch über ihr Privatleben, ihre persönlichen Interessen, Schwächen und Stärken. Sie definieren ihre Maximen und verteilen - last not least - Rat an diejenigen, die in Zukunft selbst zu den jungen Bossen gehören wollen.

Auskunft geben u. a.:
Dr. Michael Otto (Otto-Versand, Hamburg); Dr. Bernd Otto (Coop, Frankfurt); Dr. Mark Wössner (Bertelsmann AG, Gütersloh); Dr. Jörn M. Kreke (Hussel AG, Hagen); Dr. Dieter Hans Vogel (Pegulan AG); Heinrich Weiss (Siemag); Bernd Hebbering (Horten AG, Düsseldorf); Randolf Rodenstock (Optik); Caroline Hagenbeck (Hamburger Tierpark).

ECON Verlag, Postfach 9229, 4000 Düsseldorf 1

David Ogilvy

über Werbung

224 Seiten, 253 teils farbige Abbildungen, gebunden

David Ogilvy, heute kreativer Kopf der von ihm gegründeten Werbeagentur Ogilvy + Mather, betrachtet Werbung weder als eine Kunstform noch als reines Vergnügen – auch wenn sie ihm Spaß macht –, für ihn ist Werbung ein Instrument der Meinungsbildung, ein Weg zur Verbreitung sachlicher Information. Sein Erfolg, der aus der Verbindung von persönlichem Temperament und dem Einfluß der ihn umgebenden amerikanischen Werbewelt resultiert, führte dazu, daß das französische Magazin »EXPANSION« ihn als »Papst der modernen Werbung« bezeichnet. David Ogilvy versuchte sich nach seinem Studium in Oxford in verschiedenen Jobs und Ländern. 1949 gründete er dann in New Yorks Madison Avenue seine Agentur, heute die viertgrößte der Welt und in 40 Ländern vertreten.

Sein Credo war und ist, »in der Werbung Gutes über Produkte zu sagen«, damit anderen der Kauf dieser Produkte soviel Spaß macht, wie ihm die Werbung dafür.

Ein praxisbezogener, reich illustrierter Insider-Report vom »meistbegehrten Genie der Werbebranche«.

ECON Verlag, Postfach 9229, 4000 Düsseldorf 1